数字化表达的
著作权法问题研究

周澎 著

知识产权出版社
全国百佳图书出版单位
—北京—

图书在版编目（CIP）数据

数字化表达的著作权法问题研究／周澎著. —北京：
知识产权出版社，2025.6. —ISBN 978-7-5130-9774-1

Ⅰ.D923.414

中国国家版本馆 CIP 数据核字第 2025ZX1430 号

| 责任编辑：刘　江 | 责任校对：王　岩 |
| 封面设计：杨杨工作室·张冀 | 责任印制：刘译文 |

数字化表达的著作权法问题研究
周　澎　著

出版发行：知识产权出版社有限责任公司	网　　址：http://www.ipph.cn
社　　址：北京市海淀区气象路 50 号院	邮　　编：100081
责编电话：010-82000860 转 8344	责编邮箱：liujiang@cnipr.com
发行电话：010-82000860 转 8101/8102	发行传真：010-82000893/82005070/82000270
印　　刷：天津嘉恒印务有限公司	经　　销：新华书店、各大网上书店及相关专业书店
开　　本：720mm×1000mm　1/16	印　　张：18
版　　次：2025 年 6 月第 1 版	印　　次：2025 年 6 月第 1 次印刷
字　　数：262 千字	定　　价：98.00 元

ISBN 978-7-5130-9774-1

出版权专有　侵权必究
如有印装质量问题，本社负责调换。

数字时代的著作权法：
挑战、变革与未来
（代序）

当今世界，数字技术正以前所未有的速度重塑人类社会的知识生产与传播方式。云计算、人工智能、虚拟现实等新兴技术，不仅改变了作品的创作、存储与使用模式，也对传统著作权法律制度提出了深刻挑战。在此背景下，《数字化表达的著作权法问题研究》一书的出版，恰逢其时。

作为长期关注知识产权法治发展的研究者，我欣喜地看到，本书作者以敏锐的学术洞察力，聚焦数字化环境下著作权法的前沿问题，系统探讨了数字化表达的著作权前端、中端和后端等关键议题。这些研究不仅具有理论价值，更对司法实践和产业政策制定具有重要参考意义。

本书的突出贡献在于：

理论创新——深入分析了"数字化表达"的法律属性，提出"技术—法律"双轨保护框架，为新型著作权客体提供理论支撑；

实践导向——结合中外司法实践，对人工智能、虚拟现实等热点案例进行法律解析；

国际视野——比较域内外立法价值、理论基础和司法导向，探索中国方案的优化路径。

在数字经济成为全球竞争新高地的今天，著作权法已不仅是调整创作者、传播者与使用者关系的规范工具，更成为国家文化软实力和数字技术治理能力的体现。希望读者通过本书，既能把握技术变革下的法律应对逻辑，也能思考如何构建兼顾创新激励与公共利益平衡的现代化著作权制度。

本书作者周澎曾是我指导的博士，现任教于杭州师范大学沈钧儒法学院。她勤于思考，不懈追求，在学术上多有建树。读博期间，多次参与我主持的课题项目，均能保质保量地完成所负责的内容，并在参与课题项目期间，善于从中挖掘自己感兴趣的问题，形成具备刊发水准的学术论文。本书的成稿亦体现出她学术研究的两方面特质：一是独立的思考能力，不盲从既有观点，善于在批判中审视自己的理论观点；二是踏实的研究作风，无论是文献梳理还是实证调研，她都能沉下心来细致完成。在她耐心梳理下，希望本书的内容能够为数字时代著作权体系的研究贡献创新性和独特性的学理价值和研究视角。

本书的出版，是学术传统的延续。期待更多青年学子投身该领域研究，为全球数字时代的知识产权制度治理贡献中国智慧。

2025 年 5 月作于晓南湖

目 录

导　　论 / 1

第一章　著作权法视域下数字化表达概述 / 22
　　第一节　数字化表达的释义 / 23
　　第二节　数字化表达与思想表达的关系 / 37
　　第三节　数字化表达与著作权保护 / 46
　　第四节　数字化表达的著作权法国际规制现状 / 57
　　本章小结 / 62

第二章　数字化表达的著作权法问题分析 / 64
　　第一节　数字化表达的著作权法具体问题表现 / 64
　　第二节　数字化表达的著作权立法例之困 / 73
　　第三节　数字化表达的著作权法司法适用障碍 / 84
　　第四节　数字化表达的著作权法理论证成之困 / 91
　　本章小结 / 97

第三章　探析数字化表达的著作权法理论本质 / 99
　　第一节　多维度视角下数字化表达的阐释 / 99
　　第二节　利益平衡视角下数字化表达主体范畴的解析 / 114
　　第三节　数字化表达突破地域限制的根源 / 118
　　第四节　数字化表达与作品合法使用的制度选择 / 124
　　本章小结 / 134

第四章 数字化表达的著作权法重塑之立法考量 / 135
第一节 数字化表达的著作权法立法例宏观考量 / 135
第二节 数字化表达的著作权法具体考量之主体论 / 141
第三节 数字化表达的著作权保护具体考量之客体论 / 159
第四节 数字化表达的著作权法具体考量之限制论 / 163
本章小结 / 175

第五章 数字化表达的著作权法重塑之司法调整 / 177
第一节 允许数字化表达司法标准的细微差别 / 177
第二节 数字化表达的著作权法保护认定标准探索 / 193
本章小结 / 208

第六章 我国数字化表达的著作权法现状审视 / 210
第一节 我国作品的著作权立法演变 / 210
第二节 我国数字化表达的著作权法问题探讨之必要性 / 218
第三节 我国数字化表达的著作权法问题检视 / 223
本章小结 / 234

第七章 我国数字化表达的著作权法问题应对之策 / 235
第一节 我国数字化表达的著作权立法完善 / 235
第二节 我国著作权法范畴下数字化表达之具体设计 / 243
第三节 我国数字化表达的可版权性认定之司法完善 / 249
本章小结 / 258

结　　语 / 259

参考文献 / 262

导　　论

一、研究背景

数字化表达由来已久，数字音乐、电脑程序等均是著作权法❶所涉及的范畴，但这些均不在本研究所探讨的范围之内，因《著作权法》（2020）将"数字化"直接规定为"复制权"涵盖的复制行为的一种类型。随着人工智能、虚拟现实等技术的出现，将数字化后的内容进行再加工并"表达"出来，尤其是ChatGPT、Sora等生成式人工智能以及元宇宙等虚拟现实的出现，可能导致"数字化"并非只是单一的复制行为，从而给著作权法中主体、客体的范畴和著作权侵权认定的相关规定带来挑战。因此，数字化表达的分类也就新增了智能化和虚拟化两种。

就人工智能而言，它其实是一类依托设备载体的智能化的数字化技术，首次出现在1956年美国达特茅斯召开的一场学术研讨会上，随着数字化技术的日臻成熟，人工智能所具有的"智能"特征开始颠覆人类传统思想，也在著作权制度体系中激起层层涟漪。智能化的数字化表达因创作过程的非人类参与而导致其主体认定存在争议，同时客体所包含的"思想"认定要素也存在争议。就虚拟现实以及所依托的设备而言，虚拟现实中无论是"虚拟歌姬"还是"数字人"等虚拟场景，均需要借助虚拟眼镜等设备进行观看，裸眼的虚拟现实技术无论未来能否呈现，但是目前而言均存在于数字化技术中，

---

❶ 本书中"著作权"与"版权"同义，因行文方便和各国不同使用习惯，故在本书中并见。

因而其虚拟性则令一定形式表现（或固定性）的作品认定产生混乱。另外，无论是人工智能还是虚拟现实，均需作品素材，这些素材有些则在版权期限内需要授权。1994年春，美国专利商标局主持召开数字时代合理使用大会（Conference of the Fair Use in Digital Age），预示着数字化表达呈现的作品使用问题初现端倪，且随着时间的推进，这一问题仍是数字化表达的版权问题难点之一。可以预见的是，数字化表达必然会给著作权制度带来新的挑战，而首当其冲的则是智能化和虚拟化的数字化表达冲击了著作权制度体系。

故本研究以数字化表达的智能化和虚拟化为限定，数字化表达的本质就是一种数字，能否突破著作权制度的作品使用限制将对数字化表达的发展产生重要影响，而随着科技进步，固守法律思维中的"人类中心主义"才能保证著作权制度中所蕴含的自然人所具备"思想表达"的深刻含义。合理使用的难点在于它必须保持弹性，❶ 著作权侵权认定又何尝不是？数字化表达的发展日新月异，在固守法律基本原则的基础上，赋予著作权法新的视野与意涵，将是现今著作权制度的核心议题。

二、研究意义

（一）理论价值

（1）研究数字化表达的著作权法问题将有助于研究著作权制度所保护客体的整体问题。该研究从理论上区分著作权制度的主体应当为自然人或者法律拟制主体，而数字化表达中数字化基于"智能化"也无法突破其仅仅是一种人类发明的技术的牢笼。通过主体资格的认定可以明确客体本质在于人类创作，包含了人类的"思想个性"，因而排除动物创作，更不可能认可机器创作。数字化表达的"思想源泉"与人类稍有不同，人类通过阅读理解或者思维活动能够在一定程度上避免作品的复制，而数字化表达则是直接地批量化复制，因而在一定程度上落入侵权领域。但由于数字化表达是一个从"输

---

❶ 张世柱. 数字时代网路环境中合理使用原则之研究：以欧美立法及案例为重心［D］. 北京：中国政法大学，2008.

入到输出"的整体过程,应当对输入端和输出端进行对比,从而最终保障数字化表达的作品使用合法性问题的解决,同时为了保障数字化表达中原作品作者的利益,应当预先支付著作权使用费(补偿金制度),并通过版权登记制度和知识产权信用体系结合,辅助数字化表达达成多方利益的平衡。

(2) 数字化表达的著作权法问题涉及多方利益主体,即便认为数字化表达具备"智能化"属性,其生成物的权属也应当归于人类,以此为前提,则就需要明确设计者、投资者、使用者和服务提供者的权利归属问题。归属问题在明确权利后,才有助于数字化表达产生的利益分配以及侵权后果的承担。

(3) 数字化表达的著作权法问题研究有助于著作权制度终极目标的实现。数字化表达一旦被纳入著作权客体保护的范畴,则意味着基于数字化技术的作品增加,无论是在数字化表达的创作上,还是数字化表达的传播上,都有助于社会公共领域精神文化的传播和丰满。

(二) 实践价值

著作权制度在实务界通常以处理如下利益关系为己任:首先是自由表达和作品可控性间的关系,这一层面关乎作品使用的多方利益关系(这种关系包括利益关系、交易关系和非商业关系);其次是作品认定与版权宗旨体现的经济、文化、科技发展的关系;最后则是数字化表达的作品认定会对传统法律规定产生影响(将从主客体制度以及合法来源的逻辑前提产生影响)。现实表明,非人类主体的智能化生成、客体表达必须以一定形式表现,以及作品使用授权与侵权的利益考量均向其发出警告,这些事实产生的法律问题,在传统且严格的著作权制度中显得如履薄冰,即便各国均对著作权制度修改多次。数字化表达的著作权问题研究将产生的实践价值包括:对制度发展而言,如何尽可能保证作品可控的有限性以维护使用者和传播者的社会利益,同时还能保证作品创作者的合理回报能够激励原创作品的继续。同时,司法实践中,主要包括如何解决作品的创作主体能否突破自然人、作品以一定形式表现的具体标准以及著作权作品使用制度的适度放宽与数字化表达的复制行为侵权认定的困难。因此,研究著作权制度体系如何应对数字化表达带来的挑战，如何实现著作权制度的实践价值，对于著作权制度体系以及社会利益的发展具有重要实践意义。

(三) 战略价值

我国的知识产权制度属于舶来品和快成品，仅有四十余年的历史。自2005年起，我国开始构建并准备实施国家知识产权战略，并为此制定了一系列与知识产权战略相关的具体规划措施，版权战略也是国家知识产权战略的核心组成部分之一。当今世界的科技日新月异，知识产权成为经济社会的重要焦点，并在国家交往中发挥重要作用。2021年中共中央、国务院印发的《知识产权强国建设纲要（2021—2035年）》指出，要"开展国家版权创新发展建设试点工作"。著作权制度作为知识产权制度中三大单行立法支柱之一，不仅关系国家文化产业的发展，更影响国际文化交流与繁荣，同时还影响国家间文化经济的竞争。无论是著作权主体、作品认定还是著作权使用制度，均是版权体系构建的核心。数字化表达所带来的这些著作权制度问题，将不可避免地影响版权强国战略的实施。研究数字化表达的著作权法问题，具备时代性、国际性的战略视野。而考察各国应对数字化技术，从而进行的制度创新，均对我国产生一定影响，具备国际版权战略的重要意义。

三、研究现状

目前，国内外关于数字化技术背景下著作权制度的困境与出路这一主题已有不少研究成果。这些成果的研究涉及著作权制度与新技术的互动、数字与网络技术对版权法的影响、版权法在新技术背景下出现的具体问题、版权法的改革和出路等主题。本书中的国外文献综述是基于对外国数据库 Lexis Nexis、Westlaw、Heionline、Google Scholar 中的文献资源，以及和国外留学的同学、国外学者的信件往来作出文献探讨。国内文献综述材料主要基于中国知网、万方、维普、读秀以及法条，同时向各位师长请教点拨、与同学交流而得。

通过检索发现，将数字化表达已经认定为作品的研究已有部分，因此没有争议的数字化作品不是本书具体研究的范畴。基于本书所研究的数字化表达，现有的著作权法问题研究探讨大多是人工智能生成物的可版权性或者前端复制以及输出端侵权的学理研究和司法实践，也有少部分学者对虚拟现实、混合现实的版权问题进行探讨。因此，基于人工智能和虚拟现实的发展，将数字化表达分为智能化和虚拟化两种类型仍具有著作权法的制度体系研究价值，但仍需从现有的研究内容出发，进行体系化、逻辑化梳理。

（一）国外研究现状

首先，人工智能生成物的可版权性研究丰富，虚拟类的版权问题研究较少。如果将上述检索中的数字化替代为人工智能，就会发现其学术成果颇丰。大多数学者对人工智能生成物的研究聚焦在主体资格的具备、作品要件的满足以及作品使用模式的调适之上。就主体资格的研究而言，我国多数学者认为人工智能的本质为一种技术，因而无法将人工智能作为主体进行规制，并突破现有民事主体资格制度。以在中国知网检索到的人工智能与主体资格问题的文献引用量与下载量来看相关研究的影响，学者吴汉东的《人工智能时代的制度安排与法律规制》（2017）一文影响较大，其认为机器人不是具有生命的自然人，也区别于具有自己独立意志并作为自然人集合体的法人，将其作为拟制之人以享有法律主体资格，在法理上尚有斟榷之处。❶ 这一论证在贯穿其后的《人工智能生成发明的专利法之问》（2019）和《人工智能生成作品的著作权法之问》（2020）研究之中时，提出人工智能更多是电子流水线上的"生产者""制作者"，而不是具有自由思想、独立人格的创作者；机器人工作的行为性质完全不同于由人类意志所支配的行为，由自然人和自然人集合体（法人）控制的机器人虽然具有相当的智性，但不具有人之心性和灵性，因此不足以取得独立的主体地位。❷ 有学者指出法律主体的扩张是

---

❶ 吴汉东. 人工智能时代的制度安排与法律规制 [J]. 法律科学（西北政法大学学报），2017（5）.
❷ 吴汉东. 人工智能生成发明的专利法之问 [J]. 当代法学，2019，33（4）：24-38；吴汉东. 人工智能生成作品的著作权法之问 [J]. 中外法学，2020，32（3）：653-673.

有限制的，不应超越以自然人为原点的底线，人工智能的产生源于人类追求全面发展对工具的需求，不具备主体资格。❶但也有学者认为，当超级人工智能出现时，人工智能则具备主体资格，《认识论视域下人工智能著作权主体适格性分析》（2019）一文从认识论的角度出发，认为弱人工智能与强人工智能阶段，人工智能扮演"工具"角色，不可作为著作权主体，其行为视为自然人的机能器官的延伸，行为产生侵权责任由制造者或使用者承担，但类人人工智能和超级人工智能阶段，人工智能具备自主意识，可作为创作者层面上的作者，具备著作权主体资格，在涉及著作权侵权时，如若侵权，则行为属于独立行为。❷在虚拟化的数字化表达中，因未将其与"智能化"联系，通常研究的是用户能否成为其表达的权利归属者，而有学者认为，可以用户参与方式是否是独创性还是基于原有设计者的程序进行区分，❸因而同电子游戏的主体资格认定方式有相通。诚然，还有学者基于利益分配原则，在明确数字化表达的主体资格必须为现有民法体系的主体后，认为可以从法人作品和雇佣作品中进行主体资格的认定。❹

其次，就客体的认定而言，多数学者认为数字化表达的内容，包括人工智能生成物、虚拟现实和增强现实的表达均应当在具备作品实质要素（独创性）和形式要素（一定形式表现、再现性或固定性）的基础上被认定为著作权法所保护的客体范畴。判断数字化表达的可版权性客体要件，首先要从独创性这一核心要素入手。以人工智能生成物为例，自然人的人格要素可在"算法创作"中充分体现，从整体来看，终端输出结果实则遵循了相关设计

---

❶ 曹新明，咸晨旭. 人工智能作为知识产权主体的伦理探讨［J］. 西北大学学报（哲学社会科学版），2020，50（1）：94–106；曹新明，杨绪东. 人工智能生成物著作权伦理探究［J］. 知识产权，2019（11）：31–39.

❷ 郭壬癸. 认识论视域下人工智能著作权主体适格性分析［J］. 北京理工大学学报（社会科学版），2019，21（4）：145–154.

❸ 乔宜梦. 增强现实图书出版物著作权侵权风险及应对——兼评《著作权法》第三次修改［J］. 编辑之友，2018（3）：90–93；乔宜梦. 增强现实技术最终成像版权问题研究［J］. 科技与出版，2017（11）：82–86；周澎. "VR+阅读障碍者图书"出版的著作权制度困境、价值与展望——兼评《中华人民共和国著作权法（修正案草案）》［J］. 编辑之友，2020（9）：94–100.

❹ 徐小奔. 人工智能"创作"的人格要素［J］. 求索，2019（6）：95–102.

者或使用者的"算法"意志。此外,有学者认为作品的独创性判断对象应当仅从数字化表达的终端进行推定,故在具备"思想表达"的基础上可以认定为作品。❶ 在独创性认定中,应当包括原创性、作者个性和社会认可。原创性的判断中,人类心智活动的"无机化"表现了人类无法预知的"随机性",体现出其原创;而人工智能无法排除人类的额外介入,故具有作者个性;"小冰"人工智能的多重身份,包括诗集的出版等,均表明社会对表达的认可。❷ 诚然,也有学者认为人工智能中虽有作者参与,但这一参与仅限于算法程序,在创作中仅作为遵循算法、规则和模板的运算结果,并未有人类主体的情感表达,更不具备人类的思想个性。❸ 在一定形式表现的基础上,因为虚拟化的数字化表达必须依托相应的载体设备进行表达,其本身并不存在于真实世界中,因而基于虚拟性,无法认定其具有表达的特征。但万物本质的客观存在性,即使是虚拟化的数字化表达,只要借助具体载体也能循环往复被人类感知,因而其一定形式表现的质疑不复存在。

在讨论数字化技术之时,应当明确数字化表达的作品来源合法性,从而避免后续数字化表达产生大量侵权案件。目前,明确为数字化表达的作品来源合法性讨论较少,我国学者通常针对人工智能训练数据中的作品合法来源进行讨论,其中包括机器学习的批量化复制。

首先,是对作品合法使用中合理使用和法定许可的制度比较。因"一对一"授权许可很难适应"海量许可"的需求,故而学者均是对这两种著作权权利限制制度进行比较选择。❹ 对合理使用和法定许可的区别,一般归类为:(1)法定许可必须使用已经发表的作品,合理使用馆藏图书则可以包括未发表的作品;(2)合理使用一般是对作品的非复制性使用,或者少量复制使

---

❶ 孙山. 人工智能生成内容著作权法保护的困境与出路 [J]. 知识产权,2018(11):60-65.
❷ 吴汉东. 人工智能生成作品的著作权法之问 [J]. 中外法学,2020,32(3):653-673.
❸ 王迁. 论人工智能生成的内容在著作权法中的定性 [J]. 法律科学(西北政法大学学报),2017,35(5):148-155.
❹ 刘友华,魏远山. 机器学习的著作权侵权问题及其解决 [J]. 华东政法大学学报,2019,22(2):68-79;徐小奔,杨依楠. 论人工智能深度学习中著作权的合理使用 [J]. 交大法学,2019(3):32-42.

用，法定许可则可以出版、发行这些作品；（3）合理使用中的引用只能是对作品少量且适当的使用，而教科书中使用的作品的比例因实际的教学需要可能要更大一些；（4）适用法定许可使用时，若权利人声明不许使用的则不得使用，合理使用无此条件的限制；（5）法定许可使用须向权利人支付报酬，而合理使用无须支付报酬。❶ 此外，有学者提出合理使用和法定许可的区别在于本质行为的不同，合理使用是一种事实行为，法定许可是一种准法律行为。❷ 因国际上合理使用的法律专业术语存在一定区分，我国学者还对合理使用、转换性使用和自由使用进行了区分。合理使用和转换性使用的区别在于，转换性使用是英美法系国家通常采用判定合理使用的要素标准。转换性使用最早出现在美国的判例❸中，通常认为使用原作品创作新作品的目的和特点以及在何种程度上是转换性的这一要素，是判断合理使用的关键因素。❹ 合理使用和自由使用的区别在于自由使用的判断并不取决于对原作品使用的量，而是在整体比较时，新作品独创性内容比原作品的独创性内容更具影响力。❺ 可见，针对数字化表达的作品合法使用方式，多数学者认为合理使用制度较为契合。

其次，在明确以合理使用较为有效路径之上，学者还进行了立法模式的研究，以国际视角为例，合理使用制度的立法模式包括开放式立法、半开放式立法和封闭式立法。有学者认为更形象直观的说法则是"具体规定性"模式、"抽象规定性"模式和"抽象规定性＋具体规定性"模式。❻ 同时对立法

---

❶ 国务院法制办公室. 中华人民共和国著作权法注解与配套 [M]. 4 版. 北京：中国法制出版社，2017：39.

❷ 吴汉东. 著作权合理使用制度研究 [M]. 3 版. 北京：中国人民大学出版社，2013.

❸ Campbell v. Acuff – Rose Music, 510 U. S. 569（1994）.

❹ 华劼. 美国转换性使用规则研究及对我国的启示——以大规模数字化与数字图书馆建设为视角 [J]. 同济大学学报（社会科学版），2018，29（3）：117 – 124；冯晓青，刁佳星. 转换性使用与版权侵权边界研究——基于市场主义与功能主义分析视角 [J]. 湖南大学学报（社会科学版），2019，33（5）：134 – 143；华劼. 版权转换性使用规则研究——以挪用艺术的合理使用判定为视角 [J]. 科技与法律，2019（4）：26 – 33.

❺ M. 雷炳德. 著作权法 [M]. 13 版. 张恩民，译. 北京：法律出版社，2004：259.

❻ 卢海君. 论合理使用制度的立法模式 [J]. 法商研究，2007（3）：24 – 30.

例的优劣作出对比。而后，对合理使用制度的配套制度进行梳理，认为应当对合理使用进行限制。著作权使用费则是为了补偿传统领域内因合理使用作品而导致著作权人的利益损失。有学者定义为著作权补偿金，认为这是一种保障著作权人获取经济收益而在生产和销售该复制媒介或产品时，按照一定的价格向著作权人支付补偿金，从而补偿随后的复制行为。❶ 此外，还有同合理使用制度一样都是对权利进行限制的权利穷竭原则。权利穷竭原则，在美国称为"首次销售原则"，原则的适用则是为了保证合法制成的作品复制件或录音制品的所有人，或该所有人授权的任何人，无须经著作权人的同意，即有权出售或以其他方式处置该复制件或录音制品的占有权。❷

最后，合理使用制度的理论价值，可以调和数字化表达前件使用作品的合法性。基于表达自由的合理使用，越是具有新闻报道与社会评论性质的言论，越是较多地享有表达自由利益，版权人的控制权也相应地受到弱化。所以，我国《著作权法》都意为政治、经济和宗教性文章规定了合理使用，因为这些类型的作品显然属于最受表达自由法所优待的言论。❸ 基于公共领域的合理使用，则源于"劳动财产学说"，即主体通过劳动获得所有权之前，必须为他人留下足够多且同样好的东西，并确保人们在为自身"自保"之需要而享用份额时，不能浪费。❹ 这无疑不体现平等、公平和合理的法律价值。

（二）国外文献综述

在通过 Weastlaw❺ 等相关数据库进行检索时，发现国外与数字化表达

---

❶ 王迁. 数字环境下私人复制补偿金制度的前景 [J]. 中国版权，2005（2）：21-22；冯晓青. 动态平衡中的著作权法"私人复制"及其著作权问题研究 [M]. 北京：中国政法大学出版社，2011.

❷ 《美国版权法》A109："（1）任何合法制作或复制的作品的合法所有人，均有权不经作品版权人许可而出售归他所有的那份作品或复制品，或作其他处置；（2）任何合法制作或复制的文学、戏剧、音乐或美术作品的合法所有人，均有权不经作品版权人同意而直接或间接在该物品放置之处，公开展示该物品。"

❸ 宋慧献. 版权保护与表达自由 [M]. 北京：知识产权出版社，2011：341.

❹ 洛克. 政府论（下篇）[M]. 叶启芳，翟菊农，译. 北京：商务印书馆，1964：21.

❺ 除 Westlaw 数据库，同时利用 Heinonline、SSRN、Westlaw Japan 等数据库和国外网站进行了相关检索，文章大体有所选择，其立法以及政策性文件也作出筛选，并有所阐述。

数字化表达的著作权法问题研究 >>>

（Digital Expression）完全契合的著作权法问题研究只有一篇相关文献，而如果将题目转换为"数字化作品"（digital work）或者"数字化作品和著作权"（digital work & copyright）进行检索，发现相关研究文献较多。通过数字化相关的人工智能、虚拟现实、混合现实和增强现进行检索时，文章篇数则大有不同，其中与人工智能著作权法问题相关的研究较多，而与虚拟现实相关的著作权法问题研究略少。故在此对相关文章进行解读，探究国外对数字化表达研究的领域，从而找出新的观点和遗略之处。

与数字化表达的著作权法问题研究较为契合的是《数字化表达的四种原则（你不会相信!）》[*Four Principles for Digital Expression（You Won't Believe #3!）*] 一文，但该文并不是对数字化表达的著作权法问题阐述，而是探讨了数字化技术的语言性表达与作品版权之间的平衡问题。❶ 文章首先论证了数字化表达的需求，源于言论自由。但言论自由下的数字化表达应当具备四个原则，即避免神话思维（Avoiding Magical Thinking）、投入要素（Inputs Matter）、体系化要素（Structure Matters）以及价值要素（Values Matter）。这些要素虽然是为了回应数字化时代言论自由受到冲击的问题，但也从宏观角度给出了数字化表达的著作权法问题研究的理论基点。首先，不能过分夸大数字化技术，并应当倾向于数字化表达能给我们带来哪些"创新"的好处；其次，自由表达需要资料的输入，而数字化表达也需要足够的"思想"作为支撑，即需要平衡前件作品使用合法性和版权保护的问题；再次，促进数字化表达的经济要素、社会要素甚至是技术结构也需要作为考量因素，因为法律的运作与构建在不同的要素中会有不同的运作方式，因此考量数字化表达的可版权性也离不开对这些要素的探讨；最后，则是对法律价值的呈现，言论自由的法律政策制定，同样昭示着基于著作权制度的最根本价值，数字化表达需要被版权体系承认。

在数字化作品著作权法问题的理论研究上，国外学者通过利益平衡、促

---

❶ Danielle Keats Citron, Neil M. Richards. Four Principles for Digital Expression（You Won't Believe #3!）[J]. Washington University Law Review, 2018, 95 (6): 1353 – 1388.

进数字作品传播等层面进行了探讨。以数字化作品的传播为基础,《版权法下的数字作品转售:法律与经济分析》(Resale of Digital Works Under Copyright Laws: A Legal and Economic Analysis)一文,利用增加用户、销售权的正外部性、确保数字化作品的提供、改善竞争的经济学分析以及著作权法中首次销售原则的规定,指出数字化作品的传播应当是没有国界的,应当在不存在交易价格歧视的市场规制的情况下确保数字化作品的跨地域性传播。[1] 也有观点认为,虽然数字技术的某些方面使未经授权的共享和盗版变得更容易,但在价格歧视的实际情况下,旨在减少个人复制的著作权扩张对于保持对著作权持有者的生产性激励并不是真正必要的。[2] 还有学者认为,技术带来的著作权法问题应当交给技术进行回应。[3] 此外,也有学者从合同法进行论证,认为虽然市场不一定会产生一套有效的条款来管理数字化作品的使用、复制和转让,相较于合同规制,著作权制度更加契合未来数字化作品的保护和发展。[4] 这些著述虽然是对数字化作品的保护和利用的探讨,但在一定程度上也为数字化表达的著作权法问题研究提供了一些有益的理论思考。

目前虽然没有与数字化表达的著作权法问题完全契合的研究,但是国外很早就有学者对数字化技术生成的内容进行了著作权法问题的探讨,这些与数字化表达相关的人工智能、虚拟现实、增强现实甚至是混合现实的著作权法问题研究均起步较早。早在1997年,就有学者对人工智能的著作权法问题进行研究,《从电子游戏到人工智能:将著作权授权给越来越复杂的计算机程序产生的作品》(From Video Games to Artificial Intelligence: Assigning Copyright Ownership to Works Generated by Increasingly Sophisticated Computer Programs)一

---

[1] Muhammad Masum Billah. Resale of Digital Works Under Copyright Laws: A Legal and Economic Analysis [J]. The John Marshall Review of Intellectual Property Law, 2018, 62 (18): 123 – 143.

[2] Michael J. Meurer. Price Discrimination, Personal Use and Piracy: Copyright Protection of Digital Works [J]. Boston University School of Law, 1997 (12): 1 – 44.

[3] Katherine Elizabeth Macdonald. Speed Bump on the Information Superhighway: Slowing Transmission of Digital Works to Protect Copyright Owners [J]. Louisiana Law Review, 2003, 63 (2): 411 – 439.

[4] Glynn Lunney. Protecting Digital Works: Copyright or Contract? [J]. Texas A&M University School of Law, 1999 (10): 1 – 30.

数字化表达的著作权法问题研究 >>>

文首次探讨了人工智能生成内容的著作权权属问题。[1]该文认定作为计算机程序的人工智能,无论如何都不可能作为作者,只能基于合作作者的条款,将权利归属于程序设计者和用户。同时,该文也认为"计算机生成的作品"包含太多不同类型的作品,有太多不同的方式来划分作者,期望未来能制定一条简单且明确的规则来确定著作权权利的归属。但要认识到,人工智能的出现不能撼动人类才能成为作者的地位,而人工智能基于著作权法也不需要进行主体资格的必要探讨。现阶段,随着生成式人工智能生成内容的技术越来越具有颠覆性,对著作权主体资格的研究也发生了改变,并且对人工智能生成物的作品认定研究也更加具体。

例如,在《杰克逊·波洛克的三十六个著作权权属观点》(Thirty-Six Views of Copyright Authorship, by Jackson Pollock) 一文中,作者由浅入深地从因果关系、意志和意图的概念为版权作者提供了信息,机器学习革命提供了揭示版权作者的隐藏假设的机会。[2]该文认为机器学习或人工智能的计算机系统,给人一种似乎是自主操作的错觉,但事实上,任何人工智能都有丰富的人类努力和支持。因此,人工智能的责任规制基础,可从雇佣关系加以解释,即人工智能为雇佣而工作(WMFH)模式,可以视为用户的创造性雇员或独立承包商。这种模式可以把所有权、控制权和责任施加给使用人工智能系统并享受其好处的人或法律实体。基于该模型,可以反映人工智能系统的人格化特征,并揭示人工智能系统运作背后的权力;因此,它有效地规定了明确身份的个人或法律实体的问责制。而在《如果人工智能写出这个怎么办?人工智能与版权法》(What If Artificial Intelligence Wrote This? Artificial Intelligence and Copyright Law) 一文中,作者认为将人工智能生成内容归为公共领域为最优方案。该文从"猴子自拍案"的角度,基于动物无法成为版权

---

[1] Andrew J. Wu. From Video Games to Artificial Intelligence: Assigning Copyright Ownership to Works Generated by Increasingly Sophisticated Computer Programs [J]. Aipla Quarterly Journal, 1997, 25 (1): 131–178.

[2] Dan L. Burk. Thirty-Six Views of Copyright Authorship, by Jackson Pollock [J]. Houston Law Review, 2020, 58 (2): 263–326.

法意义上规定的作者解释了人工智能不具备作者主体资格，同时提出人工智能基于用户、程序设计者以及投资者这些多元利益主体，可能具备相应主体资格，但最终推翻了这些主体的适格性。因为作者认为，只有立即进入公共领域将确保用户、程序员和公司得到充分的回报，并确保人类仍然是创造性领域的一个组成部分。❶ 这一观点与某些学者观点具有一致性。在《机器人会统治（艺术）世界吗？一种人工智能系统创作的法律地位模型》［*Will robots rule the（artistic）world? A proposed model for the legal status of creations by artificial intelligence systems*］一文中，作者也认为应当将人工智能创造物归于公共领域，但也指出应同时确立"传播者权利"，作为确保人工智能创造惠及公众的工具。❷ 但该文也进行了反思，指出这一解决办法并非没有缺陷，因为创作融合了人的投入和人工智能投入的情况下，很难准确区分，尤其是法院实践操作过程中，无法准确排除人类的智力投入。

诚然，只有在考虑人工智能生成物具有权利归属以及其主体资格的情况下，才能探讨人工智能生成物的作品构成要件，即独创性和再现性。而在这些层面，国外学者通常在研究人工智能生成物的著作权问题上进行阐述，但也有学者进行了单独阐述。在《机器人会梦想拥有电子版权吗？人工智能生成作品的比较分析》（*Do Androids Dream of Electric Copyright? Comparative analysis of originality in artificial intelligence generated works*）一文中，作者指出《英国版权法》与澳大利亚、加拿大和美国所制定的版权法不同，因"精神权利与创造性努力的个人性质密切相关，为创造计算机生成的工作作出必要安排的人本身不会作出任何个人的创造性努力"这一与创造性分离的观点，所以认为人类不是付出创造性劳动的主体。❸

---

❶ Victor M. Palace. What If Artificial Intelligence Wrote This? Artificial Intelligence and Copyright Law [J]. Florida Law Review, 2019, 71 (1): 217-242.

❷ Ana Ramalho. Will Robots Rule the (Artistic) World? A Proposed Model for the Legal Status of Creations by Artificial Intelligence Systems [J]. Journal of Internet Law, 2017, 21 (1): 12-25.

❸ Andres Guadamuz. Do Androids Dream of Electric Copyright? Comparative Analysis of Originality in Artificial Intelligence Generated Works [J]. Intellectual Property Quarterly, 2017 (2): 169-186.

数字化表达的著作权法问题研究 >>>

  除对人工智能的作品认定和权利归属的研究，国外还对虚拟现实类的著作权法问题进行了相关研究。这些研究的结果具有相对统一性，即认为虚拟现实更倾向于一种技术的展现。在固定性层面，多数学者认为只要能够存储在计算机程序或者相关的硬件设施中，便可以构成固定性要件。❶ 而对于独创性要素的判断，因为没有涉及智能化的非人类要素，基本上是由程序设计者完成的程序进行的展现，因而大多数学者认为可以作为版权保护的客体，但是具体应该作为文学作品的程序性作品还是视听作品仍具有争议。❷ 诚然，国外也有学者提出，虚拟现实类的数字化表达，除自行设定的内容还有对原有作品的技术性再现，这种再现通常把平面产品改为三维立体的虚拟镜像，此外还有虚拟与现实的内容结合，也可能在独创性认定层面存在争议。❸ 在实践中，法院通常认为虚拟现实对作品的再现不具版权性，但基于虚拟现实的应用来看，用户的参与度如果达到较高的标准，也有可能受到版权法的保护，而在这一标准下，用户与虚拟现实服务提供者之间出现了著作权权属问题。❹

  除这些著作权法保护研究的主体、客体要素，最重要的当属基于合理使用或者作品使用是数字化表达著作权法保护研究的逻辑前提，因为不合法来源的作品使用将可能面临著作权侵权危机。在《规范合理使用制度》（*Rulifying Fair Use*）一文中，作者认为应当对合理使用的"使用目的"这一法定适用标准的灵活性作出研究。该文指出，为了避免认定标准的"寒蝉效

---

 ❶ Andrew H. Rosen. Virtual Reality: Copyrightable Subject Matter and the Scope of Judicial Protection [J]. Jurimetrics, 1992, 33 (1): 35 – 65; Todd David Marcus. Fostering Creativity in Virtual Worlds: Easing the Restrictiveness of Copyright for User – Created Content [J]. New York Law School Law Review, 2007, 52 (1): 67 – 92; Alexis Dunne. Copyrighting Experiences: How Copyright Law Applies to Virtual Reality Programs [J]. The Journal of Business, Entrepreneurship & the Law, 2019, 12 (2): 329 – 360.

 ❷ Alexis Dunne. Copyrighting Experiences: How Copyright Law Applies to Virtual Reality Programs [J]. The Journal of Business, Entrepreneurship & the Law, 2019, 12 (2): 329 – 360.

 ❸ Alexis Dunne. Copyrighting Experiences: How Copyright Law Applies to Virtual Reality Programs [J]. The Journal of Business, Entrepreneurship & the Law, 2019, 12 (2): 329 – 360.

 ❹ Todd David Marcus. Fostering Creativity in Virtual Worlds: Easing the Restrictiveness of Copyright for User – Created Content [J]. New York Law School Law Review, 2007, 52 (1): 67 – 92.

应"，应当明确合理使用制度的研究需要集中在合理使用实质性问题上，即法院应考虑哪些因素；哪些因素应优先考虑；或者如何使合理使用适应新的技术环境，并提出在保持其灵活框架的同时，应加强合理使用规则化，从而促进版权法的完善。❶

随着数字化技术变革程度的加深，数字化技术批量复制作品的合法性理论研究也越发深入。与之产生学术火花碰撞的《人工智能的合理使用制度危机》(Artificial Intelligence's Fair Use Crisis)❷ 一文中，作者以机器学习数据集和研究作为案例研究，分三个部分讨论了这一问题：第一部分描述了程序如何从版权作品的语料库中"学习"，并对这种做法的法律风险进行了分析，得出合理使用可能不能保护表达型机器学习应用，包括新兴的自然语言生成领域。第二部分解释说，将合理使用理论应用于表达型机器学习将产生两种不可取的结果：如果美国法院拒绝为机器学习提供合理使用辩护，有价值的创新可能会转移到另一个法域或完全停止。或者如果法院认为人工智能构成合理使用，而会导致原作者作品的收入问题。最终，美国希望避免人工智能合理使用困境的两个方面，可以在技术进步的同时促进社会公平。

在《数字时代的合理使用制度》(Fair Use in the Digital Age) 一文中，作者着重以经济学成本为基础，从美国立法、司法判例梳理出数字时代合理使用制度是数字化作品的最佳选择。❸ 因为数字时代的科技改变了原作品的创作成本，也改变了二次创作作品的创作成本，而且二次作品创作的成本降低，有利于实现著作权创作新作品的最终目的。而在《数字时代合理使用对诚信的创作者来说真的是公平的吗？呼吁对数字时代的合理使用制度进行更广泛

---

❶ Niva Elkin–Koren, Orit Fischman–Afori. Rulifying Fair Use [J]. Arizona Law Review, 2017, 59 (1): 161–200.

❷ Benjamin L. W. Sobel. Artificial Intelligence's Fair Use Crisis [J]. The Columbia Journal of Law & The Arts, 2017, 41 (1): 45–97.

❸ 这些要素包括：(1) 原创作品成本高；(2) 原创作品市场规模小；(3) 盗版和其他形式的泄密，降低了原创作品的市场潜力；(4) 分配二次作品的成本较低；(5) 微量转换对消费者很有利；(6) 二次作品的固定成本较小。参见：T. Randolph Beard, George S. Ford, Michael Stern. Fair Use in the Digital Age [J]. Journal of the Copyright Society of the U. S. A, 2018, 65: 1–28.

的解释》(Is Fair Use Actually Fair in the Digital Age for Good – Faith Creators? A Call for A Broader Interpretation of the Fair Use Doctrine in the Digital Age) 一文中，作者另辟蹊径，从诚实信用原则视角出发，认为合理使用作为侵权使用的重要侵权抗辩制度，将会对善意的著作权人产生影响。❶ 因此，在合理使用原有的规则之外，法官应当突破四要素的限制，基于诚实信用原则来判定合理使用作品之后是否在一定层面促进了原作品的价值，但也要注意合理使用制度的广泛应用对抗辩成立的潜在保护。此外，亦有学者从言论自由的视角出发，认为司法案例将合理使用作为版权范围内言论自由的主要内部保障之一，且从来没有打算通过合理使用制度来限制版权。❷

可见，国外文献的主要研究内容主要包括以下几个方面：（1）国外学者对数字化表达的人工智能和虚拟现实等作出法律定义；明确数字化表达中人工智能和虚拟现实均为客观性程序。❸（2）国外学者对数字化表达的主体资格进行分析，以雇佣原则、合作作品、因果关系等论证方式，甚至基于法理价值。（3）国外学者针对特定的数字化作品的构成进行研究，例如独创性、固定性立法、司法层面等。（4）国外学者将数字化表达能否构成合理使用进行研究。有学者指出合理使用应当在立法层面和实践层面为数字化技术的发展进行调适，以适用数字化表达。综上，国外学者对数字化表达的著作权法问题作出的研究，也没有进行全方位解读，仅仅从法律经济学、法律伦理学、法解释学来单独说明一个问题。

（三）国内外文献综述小结与已有研究的不足

数字化技术不断变革，著作权制度体系也应当进行探寻固守传统和打破桎梏的平衡。虽然我国现行《著作权法》十年磨一剑，经过第三次修改后对

---

❶ Joseph Tromba. Is Fair Use Actually Fair in the Digital Age for Good – Faith Creators：A Call for a Broader Interpretation of the Fair Use Doctrine in the Digital Ages [J]. Touro Law Review, 2017, 33 (3)：1283 – 1308.

❷ Lee Ann Lockridge. The Myth of Copyright's Fair Use Doctrine as a Protector of Free Speech [J]. Santa Clara High Technology Law Journal, 2007, 24：31 – 103.

❸ Paul Goldstein. Copyright vol. II, §10.1 [M]. 2d ed. Little, Brown & Co., 1996.

这些出现在版权体系的核心问题予以回应，但仍需要关注的是，司法案例体现出的主体资格的争议、客体内容的扩张以及数字化使用作品的合法性问题仍显而易见，且有待真正解决。

（1）数字化表达与作品合法使用的范畴研究。数字化催生了作品的转变，因而作品不再是文字，而变成数字以交互式或非交互式内容传播。数字化表达基于文本与数据挖掘❶、数字采样❷等技术批量化、自动化复制原作品，而虚拟化技术通过对现实世界的再现导致其侵权显而易见，这些客体的诞生和变革如果无法规制，则最终将对原作品造成侵害，也会扰乱版权市场，因此合理使用制度的调适，应当基于主要价值，进行配套制度的探讨。

（2）数字化表达的著作权法主、客体问题的立法研究。诚然，明确数字化表达主体资格的自然人、法人地位有助于权利的形式，但是立法中体现的原则应当指出"智能化"具备的工具性特征。而数字化表达与我国法定作品类型进行匹配时，因存在嗅觉和触觉的虚拟化数字化表达，那么"一定形式表现"如何匹配人类感知程度，也是一个未来可能出现的问题。

（3）数字化表达的著作权法主、客体问题的司法研究。①合理使用问题。例如，国外频繁产生的人工智能训练作品侵权案件以及我国作出审判的"奥特曼案"，均需要在司法层面明确审判标准。②数字化表达下的著作权主体以及权利归属的认定，应当以何种标准认定。③在独创性和"一定形式表现"层面，如何论证数字化表达具备与人类创作等同的独创性标准，以及属于何种作品类型。同时，虚拟化的数字化表达，人类感知与"一定形式表现"之间有何区别与联系，同时应当归属于何种法定作品类型。

（四）可挖掘的问题总结

现阶段对数字化表达的著作权法问题研究仍旧停留在其制度内涵、制度

---

❶ 李钢. 大数据时代文本挖掘的版权例外 [J]. 图书馆工作与研究, 2016 (3): 28-31, 46; 董凡, 关永红. 论文本与数字挖掘技术应用的版权例外规则构建 [J]. 河北法学, 2019, 37 (9): 148-160; 阮开欣. 欧盟版权法下的文本与数据挖掘例外 [J]. 图书馆论坛, 2019, 39 (12): 102-108.

❷ 鲁甜. 音乐采样法律规制路径的解析与重构——以美、德规制路径为视角 [J]. 法律科学（西北政法大学学报）, 2019, 37 (4): 130-141.

价值、立法规定和司法适用的层面。数字化表达对著作权法自身体系造成冲击，影响牵一发而动全身。学者虽对人工智能的研究颇多，但基于文章篇幅的限制，或者基于文章研究内容的限制，也无法释明人工智能可版权性的范畴本质、对象本质、行为本质，更不会谈及数字化表达中重要的虚拟化表达。基于此，本研究在此提出一些困惑，以求可深入挖掘并尝试进行解答。

（1）数字化表达到底是什么？传统的数字化作品，如电子游戏、类电作品等均是已经确定为著作权法保护作品，而新兴研究的人工智能生成物，甚至虚拟现实交织的数字化表达是否也能纳入著作权法保护的客体范畴？数字化技术因出现智能化和虚拟化特征，与著作权法保护的客体范畴之间产生脱节。智能化导致数字化表达能够在一定程度上摆脱人类控制，而虚拟化导致数字化表达的"一定形式表现"产生认定标准的不适配，且与法定作品类型难以吻合。因此，对数字化表达在著作权法所保护的客体范畴中，如何进行法律定位，需要进一步探讨，并以此来回应数字化表达所带来的著作权法保护客体范畴的理论和研究。

（2）数字化表达导致著作权法出现何种问题？智能化的数字化表达出现，导致非人类主体扩张的现实，主体资格的原有认定体系出现裂痕，需要加以明确数字化表达的本质，才能从根本上解决无论是超级人工智能还是弱人工智能，均无法从根本上颠覆人类中心的问题。但在客体的认定上，现有的作品概念呈现出创作主体不明、创作包含思想不明、再现性的认定不明等问题，更有作品具体类型法定是否可以涵盖包含人类无感在内的作品也犹未可知。此外，合理使用制度复制行为的变革、机器学习的批量复制能否再从质和量的角度出发？现有行为的作用对象是否能够揭示作品的本质？

（3）现有立法和司法是否能有效解决现有问题？现有案例存在同案不同判的结果，同时还有无法找到立法基础的结果。例如，有关数字化表达的作品认定，不论是国内法还是国际法，均无法真正发挥作用。而我国和各国在司法实践中，对于数字化表达中所面临的作品使用合法性问题、作品认定问题、著作权权属问题等，均需要司法对现有立法进行调适，以及如何在不突破现有立法体例的基础上，考虑是应当仅对法律规制加以解读还是制定新的法条予以回应，这些都是仍有待商榷并进行进一步研究的重要内容。

（4）数字化表达依托的技术是否能够突破传统著作权制度的桎梏？依托技术的数字化表达本身就是一项技术，国外学者普遍认为技术的再现性本身就是一种复制行为，而这种复制将会产生无限侵权，并对公共利益造成侵害，而国内学者则认为探寻合理使用或者法定许可模式能减少诉累发生。因此，数字化表达对作品使用的合法性应当如何通过著作权法中的相关制度进行解决，也是抉择和考量的重点问题之一。

四、研究思路和研究方法

（一）研究思路

为实现对数字化表达的著作权法问题进行充分理论化、体系化和现代化分析，本研究在阐明数字化表达与著作权法问题关联的基础上，提取出制度自身体系的缺陷、立法例的不足以及司法例的束缚三大问题，并以此问题为进路，力求针对性地提出数字化表达的著作权法问题化解思路。在此基础上，本研究还将专门结合我国著作权法的制度体系，给出相应的完善建议。

（二）研究方法

（1）文献研究法。在本研究准备阶段，笔者对现有文献进行分类收集与分析，对主要的研究对象进行横向与纵向的研究，分析现有文献的重点研究内容、基于时代性和技术变革研究领域的不足，进而确立本研究的主要研究思路。

（2）实证研究法。该研究方法主要针对我国和外国因技术而产生立法变革、司法实践进行分析，类型化其问题产生与可借鉴方案。

（3）历史研究法。主要在概述部分对国外条约与其他各国和我国立法发展进行分析，探寻该问题解决的法理基础、适用路径、发展过程等。

（4）比较研究法。通过比较国际各国立法条文和司法判决的运用与创新实践，对我国数字化表达的著作权法问题的今后发展作出可行性分析。

五、创新点

数字化表达的著作权法问题研究并不是一个全新的话题，从现有文献来看，国内外学者已经对该问题有时代性的丰富研究，且时代和技术变革，现有研究广泛覆盖著作权制度的各个相关领域。已有研究成果早已预料到网络版权时代中所可能产生的问题，而与时俱进性的数字时代，与著作权法的冲突更深更广。与已有研究成果相比，本研究尝试从以下方面进行突破：

（1）以符号学解释数字化表达的本质内涵，并将其进行类型化归类。运用符号学解释数字化表达功能与作品的关系。数据符号、实体存储载体、信息内容之间日趋相互独立，数字符号在作品传播中的重要性和作为法律客体的意义也日益凸显。剖析这些外在，无论是哪种数字化表达都是作品表现的外在形式，属于中层内容，而非著作权法所保护的名为作品的客体最终概念，因而在最本质的基础数字之上，才是数字化表达的最终本质。

（2）试图在已有研究的基础上，厘定现行《著作权法》中作品的范畴应当具备的构成要件标准，以及法定作品类型应有的释义。以数字化表达的三个层次进行研究，同时分析其实质性本质，认为应当以整体性原则对数字化表达的事实本质进行行为主体参与、技术内容生成和客观事实的权利限制作出回应。同时，立足宪法、民法的基本原则，添加立法和司法适用的辅助性规则，强调立法可以增强配套措施，而在司法的案例化研究中，对整体性研究的因果关系作出判断，同时给予充分的基础理论论证，是本研究的创新点之一。

（3）以求对数字化表达突破的著作权权利地域性问题作出回应。本研究主要包括因数字化表达带来的跨国著作权侵权问题，这一问题并非我国与其他国家或地区的著作权侵权诉争，更是国际化的著作权侵权诉争问题。因此，如何寻求国际上普遍认同，且能够有效解决数字化表达带来的国际性著作权法问题与难题，同时促进国际数字化表达著作权法的制度化合作，是本研究的创新点之一。

（4）在我国著作权法的制度体系发展过程中，促进著作权高质量发展的知识产权强国战略、版权工作"十四五"规划的文化战略等支撑，均明确指出关于数字化技术与版权战略的密切关系。当数字化表达和著作权法产生冲突时，如何应对这些因技术变革带来的影响，是著作权法应当在保有制度宗旨目标之上，在版权战略的指引下，自发性地回应现有问题的制度创新。通过版权战略价值推动我国著作权法在制度创新中的高质量发展，实现著作权法的制定目标与制度宗旨，也是本研究的创新点之一。

（5）设置数字化表达使用作品的合理使用制度配套规制体系。现阶段，基于数字化表达使用作品的需求，使得作品使用行为存在是否侵权的争议。虽然美国出现大量人工智能训练作品的侵权案件，但仍没有明确最终审判结果。我国虽然在"奥特曼案"❶中，通过拒绝原告要求删除存在与人工智能机器学习数据集的奥特曼图片，间接表明数字化批量复制的作品使用具有正当性基础外，仍需要著作权制度回应这一突破原有合理使用制度领域的问题。因此，选择与合理使用制度同时能够提供著作权权利保护，并为利益平衡、作品传播发挥效用的配套著作权制度化体系尤为重要。而通过作品登记、信用评价、著作权预先支付使用许可费和预先抗辩制度等予以调整，也是本研究提出的创新点之一。

---

❶ 广州互联网法院（2024）粤 0192 民初 113 号民事判决书。

第一章　著作权法视域下数字化表达概述

著作权法保护的作品包括形式要件和实质要件，即著作权法保护的是"思想的表达"，而非纯粹的"思想"。所以，作品以"一定形式表现"的形式要件核心在于表达，"独创性"的实质要件在于表达中蕴含了"人类"思想。国外曾有学者用"表达性作品"（expressive works），意指任何根据现代法律而可能获得版权保护资格的作品。❶ 虽以"表达性"（expressive）这一特性作为作品的实质特征并不理想，但因为版权保护了表达某一思想的具体形式或方式，所以"表达性"用来指出作品的特征也并无不适。❷ 当表达以数字化技术作为媒介时，传统的如包括计算机程序、电影作品等在内的数字化表达以数字作品呈现，对"表达"进行"一定形式表现"的法律阐明并无不适性。但随着数字化技术水平的不断提升，变革程度加深，数字化表达朝着智能化、虚拟化的程度发展，传统计算机程序必须由人类操纵或者单纯以"视听"为主要呈现形式的数字作品，则开始朝着弱化人类参与度或者以"视听嗅触"形式呈现的方式发展。这种变化才是本研究要探讨的研究对象。然而数字化表达并非只在著作权法中具有意义，从著作权法视域出发，明确数字化表达的著作权法法义，探究数字化表达与著作权法之间的本质关联，将有助于本研究想要解决的数字化表达著作权法相关问题。

---

❶ 威廉·M. 兰德斯，理查德·A. 波斯纳. 知识产权法的经济结构 [M]. 金海军，译. 北京：北京大学出版社，2018：43.

❷ 威廉·M. 兰德斯，理查德·A. 波斯纳. 知识产权法的经济结构 [M]. 金海军，译. 北京：北京大学出版社，2018：43.

第一节　数字化表达的释义

传统数字化表达旨在强调数字技术，通常将其称为数字作品。本研究侧重点在于区分数字化表达现阶段的智能化与虚拟化技术特征，故只研究智能化和虚拟化技术进行的数字化表达类型。但无论如何，数字化表达的本质基于数字化技术，这一数字化技术自身与经济、政策、传播以及法律之间有着密不可分的关系，故而在此进行多维度释义，从而将其与传统表达、传统数字化表达进行区分。

一、多维度视角下数字化释义

研究数字化表达的基础在于明晰数字化的含义。数字化的本质源于技术，同时也是集多维度变革之大成，且重点体现在经济发展、政策运用、传播媒介、法律之基的辩证关系之上。

（一）技术本质的数字化

从技术维度出发，数字化其实是一种将复杂信息转化为二进制代码（0/1）的计算机技术。该技术中所用的二进制代码属于机器语言，通过计算机可以直接识别，其单位为比特（Bit）。在数字时代来临之前，信息基本通过模拟信号进行传输，即无线电广播对声音信号的传输。数字时代的到来，使声音信号可以直接转化为二进制代码，并且由计算机设备直接呈现，大大提升了传输效率。科技源于理论，理论使科技更好地前进，推动数字化发展的理论则是采样定理。20世纪20年代，哈里·奈奎斯特（Harry Nyquist）等人通过研究，发现带宽可以传送出独立脉冲，并将连续时间信号中所蕴含的全部信息进行独立剥离，从而为采样定理奠定基础。40年代，信息论的创始人香农（Shannon）在奈奎斯特等人的基础上，证明一个信号（时间或空间上的连续函数）在一定条件下，能够保留原信号的全部信息。❶ 数字化由此可

---

❶ 钟东，鲁敏. 信号与系统［M］. 成都：电子科技大学出版社，2018：83-85.

以将复杂信息变成0/1的蕴含一定信息的数字信号，且这些信息可以通过技术还原而没有任何实际损失（见图1-1）。

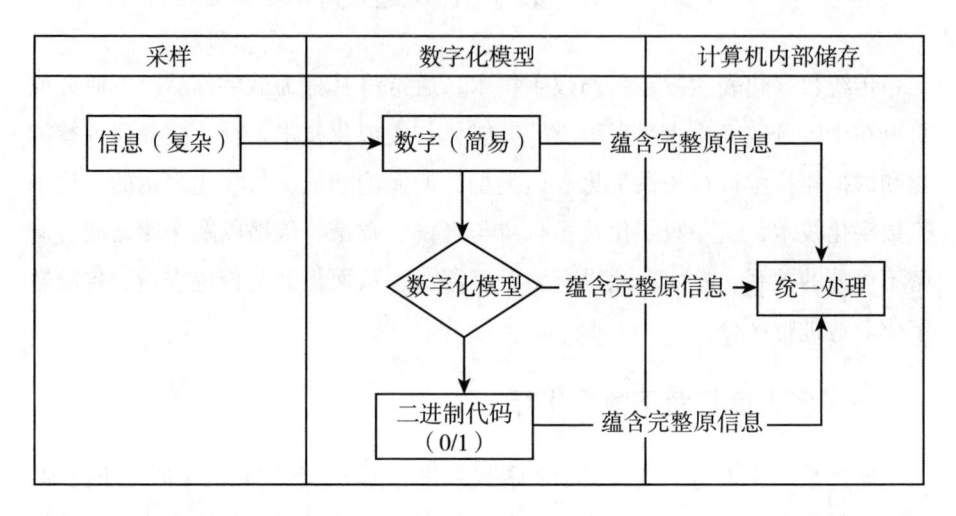

采样	数字化模型	计算机内部储存
信息（复杂）→	数字（简易）——蕴含完整原信息——	
	↓	
	数字化模型——蕴含完整原信息→	统一处理
	↓	
	二进制代码（0/1）——蕴含完整原信息——	

图1-1　数字化的实现过程

基于此，技术维度的数字化应当包含两个层面的寓意：一是数字化中蕴含信息，这些信息体现出数字化的价值；二是转换为二进制代码的信息是对原信息的原样重现抑或表达（无论什么方式）。

（二）经济维度的数字化

谈到技术，必然会将其与经济作出关联，共生的经济与技术是无法忽视的，其纽带也无法割裂。技术进步将直接提高劳动生产率，同时引起产业结构的变革，进而改变经济增长模式，尤其是计算机的出现，促使大量计量经济模型的诞生，并作用于经济发展的未来。这种技术不单单是一种技术方法，而且是一种智力技术，这种智力技术作用于技术的规则系统，通过集中方法本身来影响经济形态。❶ 1977年，世界知识产权组织（WIPO）出版《供发展中国家使用的许可证贸易手册》（*Licensing guide for developing Countries*），为技术作出规范定义：技术，是指创造一种产品的系统知识，所采用的一种

---

❶ 丹尼尔·贝尔. 后工业社会（简明本）[M]. 彭强, 编译. 北京：科学普及出版社, 1985：10.

工艺或提供的一项服务，不论这种知识是否反映在一项发明、一项外观设计、一项实用新型或者一种植物新品种，或者反映在技术情报或技能中，或者反映在专家为设计安装、开办或维修一个工厂，或管理一个工商业企业活动而提供的服务或协商等方面。❶ 该定义在各个层面皆反映出技术不仅具有交换价值的商品属性，还具有无形价值的知识属性。也正因如此，技术在本质上与经济无法割裂。

20 世纪 90 年代，美国学者基于美国信息高速公路普及化断言经济也将数字化，数字经济即将来临。❷ 美国统计局认为数字经济包括网络网际、电子商务、电子化企业以及网络交易；英国研究委员会则认为数字经济是以技术为纽带，以人为核心的能动性创造社会经济效益；澳大利亚政府则认为数字经济通过利用互联网等信息和通信技术，实现经济和社会的全球性网络化。❸ 可见，经济维度的数字化通过数字量模拟经济量仅是最基本的步骤，数字化是对社会生产力的重塑，而这一重塑导致了经济形态的转变。

我国也在 2016 年的《政府工作报告》中，首次将"数字经济"纳入政府文件，奠定了中国经济的数字化转型。现阶段，颠覆经济维度的数字化，使企业通过"数字化"转型至"数字化原生企业"，主要体现在它不仅会影响客户和市场、行业和经济以及价值链，还会影响到整个价值体系，是能推动依赖数字化的社会经济企业发展和转型的工具。❹

（三）哲学维度的数字化

技术与经济共生，从侧面反映出人类的目的性需求。数字化从技术本质上反映了人与自然界的相互作用，它既是人类有目的地改造与控制责任的活

---

❶ 杜奇华. 国际技术贸易 [M]. 3 版. 上海：复旦大学出版社，2018：3.
❷ 唐·泰普斯科特. 数据时代的经济学 [M]. 毕崇毅，译. 北京：机械工业出版社，2016：19-22.
❸ 上海 WTO 事务咨询中心. 中国贸易运行监控报告 2016 [M]. 上海：上海人民出版社，2016：89-92.
❹ 第一财经商业数据中心. 2020 中国产业带数字化发展报告 [EB/OL]. (2020-04-26) [2025-01-02]. https：//www.cbndata.com/report/2242/detail?isReading = report&page = 2&readway = stand.

动,也是这一活动赖以进行的各种物质与知识手段,同时也是这一活动的成果。❶ 自然辩证观指出,技术是在人类实践活动中产生的,人类活动需要借助劳动资料(中介)完成对劳动对象(自然界)的改造,从而达成目的,而这个中介则是技术,例如斧头、锤子、生产车间、火车、轮船等。❷ 因此,人类形而上的意志通过形而下的技术表现,成为"物化智力"。而数字化的技术本质注定了其与哲学理论存在千丝万缕的联系。古希腊时期,学者毕达哥拉斯提出"万物皆数"理论,指出数即数学,无论是揭示外在物质世界还是内在精神世界,数是构成实物世界的基础,数的法则在万物中起决定性作用,"数的和谐"推动了万物有序发展。❸ 这一论断虽然夸大了数的含义,但是打开了形而上哲学的理论缺口,揭示了万物的实在性本质。其后,留基博、德谟克利特提出"原子论"思想,将万物解构为当时视为最小微粒的原子,并在虚空这一运动场所中传递着信息。

而现在,社会迈入数字化时代,用于不是印刷的原子制品有了发展,更小的单位——比特(Bit)产生。1995 年,美国学者尼葛洛庞蒂(Negroponte)将数字化的单位比特比作"信息的 DNA",认为数字化的生存环境将改变人们的生活方式,"计算不再只和计算机有关,它决定我们的生存"。❹ 伴随着网络革命,人们周围越来越多的信息被数字化,数字化营造"完美的图形幻界、虚拟现实"等,实质上把人的所有生物特征都转化为可处理的数字信息,使人与数字融为一体。❺

可见,基于技术本质的数字化是人类对客观事物规律更深层次的理解,它将信息简化为 0/1 的数字化形态并能将其原样重现。哲学维度的数字化体现出两个层面:一是适应人类改造更复杂社会和自然的中介,改变了实践的

---

❶ 庞小宁. 哲学技术概论[M]. 西安:西北工业大学出版社,2008:225.
❷ 黄孟洲. 自然辩证法概论[M]. 成都:四川大学出版社,2006:162.
❸ 赵恒. 大数据的脚印[M]. 北京:中国税务出版社,2017:3.
❹ 尼古拉·尼葛洛庞帝. 数字化生存[M]. 胡泳,范海燕,译. 北京:电子工业出版社,2017:61.
❺ 金炳华. 马克思主义哲学大辞典[M]. 上海:上海辞书出版社,2003:1018.

生产方式；二是数字化因生产方式的改变导致阶级结构发生变化，劳动创造者（无论是物质劳动成果还是智力劳动成果）将会朝向非人格化的方向发展。但哲学维度的数字化不适宜作出具体定义，因为这种技术的变革依旧是劳动资料而非其他。

（四）传播维度的数字化

无论是技术维度还是哲学维度，数字化表达均因具有有用性，且基于有用性而创造经济价值。数字化的有用性更多地满足了人类交流需求的内容，于是交流推动了传播。传播不仅是人类社会的重要现象，而且是自然界的普遍现象。动物可以通过气味、超声波、动作以及声音等进行信号的传递，形成动物社会中的语言。人类也通过物质资料生产，政治、法律、道德和宗教等精神生产进行物质与精神层面的交往（verkehr），且交往源于马克思与恩格斯的精神传播理论。❶ 正如蝙蝠依靠超声波精准地捕捉昆虫，蜜蜂通过"8字舞"的飞行动作告知同伴食物的信息，孔雀开屏、萤火虫发光等均需要一定的信号，人类也需要通过一定方式（媒介、工具或手段等）进行传播。人类在劳动和社会协作中创造出语言，故而迈入口语传播时代，且直至今日，口语依旧是人类最基本、最灵活的传播方式。随后，结绳记事、原始的图画标识了文字时代的诞生，人类传播的信息得以长久保存，并能突破空间限制。文字传播经历了手抄阶段、印刷阶段，又随着新电子信息技术，进入电子传播阶段。但现阶段和未来，数字化可能使得文字、声音和影像混合而生，计算机也促使大脑体外化延伸发展，人类迈入高度信息化的社会，重新诠释了传播的意义。无论是语言、文字、印刷和数字化，均是传播工具抑或传播媒介，而传播的变革不如说是传播方式的变革，媒介的突破才是传播阶段性变革的根本，只有明晰这一逻辑根本，才能明确传播维度的数字化究竟为何意。

具体而言，数字化在传播维度中包括两个层面：一个是工具层面，数字化作为传播工具，促使传播方式进入无国界、无时差的阶段。另一个层面，

---

❶ 吴廷俊，舒咏平，张振亭. 传播素质论［M］. 郑州：河南人民出版社，2015：49.

则是深层次的传播变革导致社会变革，产业不再局限于传统模式，但也促使产业带来一系列的连锁反应。基于此，传播维度的数字化可被定义为，传播者通过数字化将传播信号通过 0/1 表示，再借助外化工具如计算机、互联网展现给受传者，这种传播是人与人之间相互作用和相互影响的社会过程，这种社会过程体现出人类思想信息的外化过程、交往过程，以及反馈过程，这些过程均依赖数字化，因而是数字化传播。

（五）政策维度的数字化

世界的进步与改变同社会技术的进步如影随形，政策作为经济的上层建设，也串联着数字化的纽带。政策，一般被认为是政党或国家为实现一定历史时期的任务而制定的行动纲领、方针和准则，这些任务通常是政治、经济、文化上的目的。[1] 技术与经济的关系，也将在此起到相应的作用。而技术的政策维度，则指人们在创造、运用和发展技术为人类服务的人工过程中，需要受到相应政策条件的制约影响，因为需要符合社会客观规律。

政策与技术的辩证关系在于，政策推动了技术的发展，而技术又在一定程度上让政策的制定更好地服务于技术。政策首先以实现人类社会的某种需要为目的，如果一项政策不能满足人类社会最基本的需求，则技术的产生都无从适用。任何技术目的的相关政策规定和实现，又都要受到政策所设立的经济、政治、文化、民族传统等社会条件的制约。例如，蒸汽机的原型实则产生于古希腊，而到了 17 世纪，蒸汽机成为实际性可能，与当时的政策相关。可见，政策基于现实需要制定而成，现实需要才能为技术提供动因。只有遵守政策制定规律的技术才得以有效发展，而违背政策目标的技术则很难实现。

回归数字化的政策内涵则可以发现，数字化的出现在很大程度上是基于现实需求而产生，并且政策的宽容与促进为数字化发展扫清障碍，使其大力发展。数字化的政策维度则体现两方面含义且均为正面：一是数字化乃世

---

[1] 张文显. 法理学 [M]. 4 版. 北京：高等教育出版社，2015：396.

各国政策大力扶持的技术；二是数字化技术通过各国政策的推动发展，转而在技术上、经济上增强各个国家的经济基础和社会实力。

（六）著作权制度维度的数字化

著作权制度从一开始就是技术之子，活字印刷术催生了调整作者、读者和出版商三方关系的著作权法律机制。❶ 新兴技术的发展无疑是版权革命浪潮中的重要力量。当版权通过复制权规制廉价的录音机和高速复印机时，互联网的发展扰乱了版权人对其作品的控制力。当版权通过广播权和信息网络传播权规制交互式和非交互式网络时，数字点播机的发展又成为新一轮著作权制度的磨合对象。更前沿的计算机领域也在不断发展，数字取样技术不费吹灰之力将作品分解成为数字碎片，再将这些碎片进行程度不一的取样、重排和重组，这种做法无意中也解构了版权的相关制度。现在，更加精致的智能化的数字化出现，不仅可以将声音转变为数字化的电脑编码，同时还能将作品转化为 0 和 1 的模式，然后再将这些原子化的东西重新编排。与传统复制不一样的是，数字化与智能化的结合，将可能像人类一样，将其自然地转化为自己的语言，而并不是单纯地将其学习的内容再度跃然纸上。可谓"熟读唐诗三百首，不会做诗也会吟"，著作权制度对财产权的规制并不单纯是复制层面，在宽泛的著作权财产权体系内，数字化与著作权之间存在不可避免的联系。

著作权制度下的数字化，不如定性为被数字化，无论表达出的声音、文本或者图像，这些内容只有经历被数字化的过程，才能体现其数字化的内涵。诚然，单纯的 0/1 数字化并不会被人眼轻易感觉到，即便被感知到，这些数字可能并不蕴含所谓相对有用的信息。因此版权领域的数字化必须被翻译成能够传达原本含义的内容，即可理解的信息，这些信息以文本、声音或者图像的形式显示在模拟技术设备（播放器、数字磁带、录音机等）或数字技

---

❶ 保罗·戈斯汀. 著作权之道：从谷登堡到数字点播机 [M]. 金海军, 译. 北京：北京大学出版, 2008：22.

设备（电子计算机、人工智能音箱、虚拟现实眼镜或增强现实眼镜等）上，这些应当是数字化再现或者表现。细思可知，数字化作为一种将信息进行加工成数字形态并存储的技术，可能与复制行为有关。因此，著作权制度下的数字化在现行《著作权法》第10条中，被规定为复制行为的一种，且仅仅是一种将作品再次"读取"的复制行为。但我国目前现行著作权制度体系下并未对数字化进行法律释义，故在此只能基于数字化技术的本质，将人类的参与剥离在外，释义为一种客观的工具性复制技术。

基于分析，可以明确数字化基于技术本质，从而具有经济、哲学、传播、政策和法律的多维度释义。基于多维度的释义，可以明确得出数字化具有多种特征。第一，数字化是一种无形性技术。无形性技术体现在其依靠的0/1代码是一种不能被人理解，且必须存储于一定有形载体中。第二，数字化自身具有虚拟性。虚拟性体现在数字化的过程之中，数字化将产品进行代码转化，代码转化的过程就是一种虚拟化过程。第三，数字化的"数字"必须经过再现才能展现价值。有形产品的价值通过交易直接进行收益，而"数字"无法直接成为商品，只有再现出有形产品并被认可才能获取收益。基于数字化的特征和多维度释义，将有助于区分数字化与数字化表达的差别。

二、数字化与数字化表达之区分

我们无法否定数字化时代的存在，也无法阻止数字化时代的前进，就像我们无法对抗大自然的力量一样。大法官布兰迪斯（Landis）曾说："人类创造的知识、真理、概念和思想，在传递给别人后，就可以像空气一样被公众自由使用。"[1] 版权领域的最基本格律是只保护思想的特定表达而不保护思想，表达是被纳入版权保护客体的逻辑前提。仅探讨数字化这一技术，通常无法与版权相关，但一旦将数字化技术的结果框定在"表达"之上，才有可能探索版权保护的作品与数字化表达的联系。数字化表达，即被数字化抑或

---

[1] Int'l News Serv. v. Associated Press, 248 U. S. 215, 39 S. Ct. 68, 63 L. Ed. 211 (1918).

借助数字化的表达。数字化所蕴含的信息无论是通过何种维度的数字化，都无法避免它是一种技术的事实，只有将数字化的内容再一次表达出来，才能体现出数字化的本质内涵。"技术是利用科学知识去确定能够以再生产方式做事的方法。"❶ 从"数字产业""数字出版"来看，数字化以改变生产方式、传播媒介等形式进行了不同领域的内容展现，而这种展现通常是一种表达。

文学意义上的表达一般指思想、感情层面的表示。❷ 而这恰恰对应了版权客体受保护的逻辑前提。1879 年，美国联邦最高法院审理了贝克诉塞尔登案（Baker v. Seldon），并针对一种简要记账分类方式（Selden's Condensed Ledger or Book-keeping Simplified）进行版权限制进行探讨。塞尔登对银行表格等一些公知信息的特定编排，并对记账方式设计出特定的标题和栏目。而贝克同时也设计出一种记账方式，这种记账方式和塞尔登的设计几近相同，但记账方式的特定的标题和栏目命名不同。那么，塞尔登是否就可以主张贝克不能使用该记账方法？首先，法院肯定了这种记账方式虽然是对公知领域的注解，但基于思想的表达仍然可以纳入版权保护的客体范围。其次，法院认为塞尔登所表述的记账方式是一种方法，这种技术方法可由专利权保护，但并不是版权保护的范围，这种记账方法通过不同的标题和栏目表述出来，就不能被认为是侵权。❸ 经过很长时间的探索，美国联邦最高法院在 1954 年审理马泽尔诉斯坦案（Mazer v. Stein）中明确指出，版权只保护思想的表达而不保护思想。❹ 此后，"思想表达二分法"（the Idea/Expression Dichotomy）便成为判定著作权保护客体的基本原则。

基于"思想表达二分法"可以发现，"表达"是作品构成要件的前提。若仅仅是将信息转变为 0/1 且存储在设备中的数字化，无法与版权客体产生

---

❶ 丹尼尔·贝尔. 后工业社会（简明本）[M]. 彭强, 编译. 北京：科学普及出版社, 1985: 11.
❷ 中国社会科学院语言研究所词典编辑室. 现代汉语词典 [M]. 北京：商务印书馆, 2003: 84.
❸ Baker v. Seldon. Supreme Court of the United States. 101 U. S. 99 (1879).
❹ Mazer v. Stein, 347 U. S. 201, 206 (1954).

数字化表达的著作权法问题研究 >>>

关联。而一旦将 0/1 通过计算机设备表达出图片、影像等内容，便可在现行《著作权法》所规定的作品类型中寻找关联，并加以保护，因而借助某种计算机设备表达的数字化，才能匹配著作权制度。以数字化音乐采样为例，假设对音乐所选择的信息仅仅通过乐器数字接口（musical instrument digital interface，MIDI）❶，形成一系列离散信号并进行量化处理，而后不再通过相应指令再现演奏参数，那么这些一系列离散信号并无任何意义。只有将这些离散信号能够通过 MIDI 实现演奏键盘、选择音色、改编调制轮等相应指令，并控制演奏参数的展现，才是数字化音乐采样的完整过程，才能通过著作权制度加以规制。

本研究之所以将研究范畴定位为"数字化表达"而非"数字化"，正如贝克诉塞尔登案的描述，数字化作为一种技术（无论是工具抑或方法），应当是专利法的客体研究范畴，而作为一种技术方法的表达，才能成为著作权制度的研究对象。

三、数字化表达与数字化表达方式之区分

在版权领域，思想与表达并非能够全然分开。就像一个分为三层的倒金字塔（见图 1-2），最底层的是思想，是不受著作权保护的部分；中间是思想的表达，通常是独创性内容；顶层则是作品的最终表达方式，如印刷在纸张上的文字作品。但无论是思想与表达之间还是表达与表达方式之间，均存在交界，交界线明确了表达乃思想的延伸，表达方式乃表达的延伸。一旦上层延伸受限，也就是思想无法触及无限性表达方式，从而停留在有限的思想层面，即表达方式限制表达出的思想，导致思想表达混同。❷ 如"云智能"直接表示了云计算技术的智能型特征，与所表述的内容直接紧密结合，表达已属思想范畴，故无法给予版权保护。再如，版权体系中明确排除了通用表

---

❶ David Miles Huber. MIDI 手册 [M]. 丁乔，张磊，周君，译，北京：人民邮电出版社，2009：1.
❷ 何怀文. 中国著作权法：判例综述与规范解释 [M]. 北京：北京大学出版社，2016：274–276.

格等因规范性统一导致的思想表达混同。一言以蔽之，当思想在抵达表达层面时，因表达方式仅限于一种或者有限的几种时，则无法受到著作权保护，这便是区分数字化表达与数字化表达方式差异的根本原因。

图 1-2　思想与表达的倒金字塔

"思想表达二分法"作为制度的舶来品，在法律移植时不免要探讨是否因语言差异导致移植误差。国内在对"expression"进行借鉴之时，便对译作"表达"还是"表达方式"进行过探讨。国内有学者将"思想表达二分法"等同于"内容形式二分法"，认为表达就是其思想、情感、观点、立场等综合理念的形式，表达与形式之间并无本质区别，因为著作权保护的是作品的具体表达。但贝克诉塞尔登案，法官认为版权不会授予图书内那些图纸和插图的表达方式，因为没有人会将一种透视线画法纳入版权客体范畴。在马泽尔诉斯坦案中，法官认为作者对思想的切实表达，需要印刷、雕刻等形式将作者头脑中的思想进行可视性表达，才能具有版权。[1] 可见，表达与表达方式（或形式）之间存在本质区别，表达方式是对表达的具体执行而不是对思想的具体执行，正如倒金字塔中表达与思想之间的交界线，并不意味着表达方式与思想之间也存在交界线。"将业经默示者予以明示则无济于事"，版权既然赋予了作者控制作品改编行为的权利，就证明版权保护不同表达方式表达同一内容的行为。若简单保护思想的表达方式即文字、图画等，那么将不会因作品改编而产生人身权和财产权的一系列侵权纠纷。基于此，表达应当

---

[1] Mazer v. Stein, 347 U.S. 201, 206 (1954).

蕴含两层含义：一是内在表达，涵盖人之内心以一定顺序形成之思想体系；二是外在表达，即利用文字、图像、色彩等使他人得以感知的表达方式。❶表达是表达方式的上位概念，更蕴含了思想的形成。鉴于此，区分数字化表达与数字化表达方式是必要的。

版权领域的数字化被认为是改变了知识产权的存在方式。❷作为一种机器语言，必须借助机器系统才能实现内容的表达，但机器系统的表达方式具有多样性。第一批被进行数字化表达的作品是电子书籍和录像带，随后更多的信息和娱乐产业因为数字化产品的方便性、经济性等共同作用，开始迈向数字化。数字化表达借助的机器基础设施是在不断改革和发展的，故将数字化表达进行纵向分类。早期数字化时代，数字化表达的内容通常依赖数字电视、电脑、手机等硬件设备表达现行著作权领域的作品；中期数字化时代，数字化表达体现在数字音乐、电子游戏、视频点播等应用程序的软件设备中，但其仍无法离开手机、电视的外壳；后数字化时代，基建设施的完备促使数字化表达与智能化关联，5G基建促使虚拟现实、增强现实、人工智能等一系列硬件与软件结合设备不仅增强了数字化表达方式的多样性，还挑战了作品的可版权性认定；而在未来数字化时代，个性化将更能体现出智能化的数字化表达，虽然不会像科幻小说中那样将人类直接与数字化智能表达方式进行生物学连接，但是计算机可能更加拟人化甚至具有"人格"，当你利用其进行创作时，它之表达正如你之所需，且会让你惊呼感叹。此时，你夸奖了它，它可能会以微笑图形以及语言表达喜悦，那么这种"人格"便对版权产生了新的冲击。

早期与中期的数字化表达可能更多探讨的是著作权领域权利人、使用者和传播者之间利益与权属问题，而后数字化时代以及未来，则开始挑战著作权制度的主体与客体，即基于智能化、个性化的数字化表达（人工智能生成、混合现实成像、虚拟现实直播等）能否纳入版权客体范畴，则需要进行

---

❶ 施文高. 比较著作权法制［M］. 台北：三民书局，1993：612.
❷ 吴汉东. 中国知识产权理论体系研究［M］. 北京：商务印书馆，2018：94.

可版权性探索，从而在现有的混沌中找寻合适的解决路径。❶

四、数字化表达与传统表达之区分

以人类表达思想的历史脉络来看，表达离不开其所依赖的生产方式。著作权制度的每一次修改都是对技术生产方式变革的回应，而本研究以传统和数字化进行概念区分是为了呈现技术变革的纵向对比。因数字化属于技术化的表达，传统表达的核心隐喻则应在于"传统"二字，在技术学中与新兴技术概念相对应。在技术领域，传统技术包括两种：一是第二次世界大战前的两次技术革命中产生和发展并已经在生产实践中得到广泛应用、基本上完善化了的技术，如机械制造与加工技术、公路铁路运输技术、化工技术等；二是历史上延续下来的技术，如传统的农业技术、建筑技术等。❷ 而新兴技术则对应了电子计算机技术、新材料技术等，可见数字化则属于新兴技术领域范畴。但版权领域的传统技术与新兴技术的内涵和外延与技术学领域的区分不同，在一定程度上致使著作权制度修改的传统技术可能在一定程度上涵盖了技术学中新兴技术的一部分。因技术变革导致的著作权法修改的历史脉络，也不免映射出各国著作权制度的技术变迁。在此，本研究以人工智能"人格"要素为例探讨，争取从版权维度厘清数字化表达与传统表达的边界。

著作权制度的每一次修改都将其保护的作品类型变为传统类型，从而释明数字化表达将以往被纳入著作权制度保护的思想表达都归为传统表达。相较于数字化表达，传统表达应为借助传统技术进行的表达，该表达不涉及任何数字化过程，即语言、文字、图片和声音等通过雕刻、印刷、模拟信号等加以表达，其借助的表达方式通常为印刷出版、有线电视、收音机、CD 盘、手工雕像等。此外计算机程序虽然借助计算机设备进行表达，但其源代码是自然语言，需要经过数字化表达才能转化为机器语言，因此基于其本质也应当是传统表达。而到了各国研究人工智能的"人格"要素之时，也正式将传

---

❶ 王坤. 论著作权保护的范围[J]. 知识产权，2013（8）：20-24.
❷ 姜振寰，吴明泰，王海山，等. 技术学辞典[M]. 沈阳：辽宁科学技术出版社，1990：69.

统表达转变至区别于传统表达中涵盖的数字化表达的另一阶段。这一阶段使人类对一种因具备"智能化"或者说"拟人化"的表达过程产生怀疑，认为这种表达不具备"人格"要素，不应具有可版权性，而有的则认为"人格"通过"算法"体现，具有可版权性。此外，虚拟化特征也逐渐凸显，学者对"虚拟化"的可版权性研究再次浮出水面，因为"虚拟化"具有了实时性、感官性，单纯的技术也并非原样复制，侵权也随之发生，人们开始研究技术要素是否能够作为独创性的判断要件（见图1-3）。

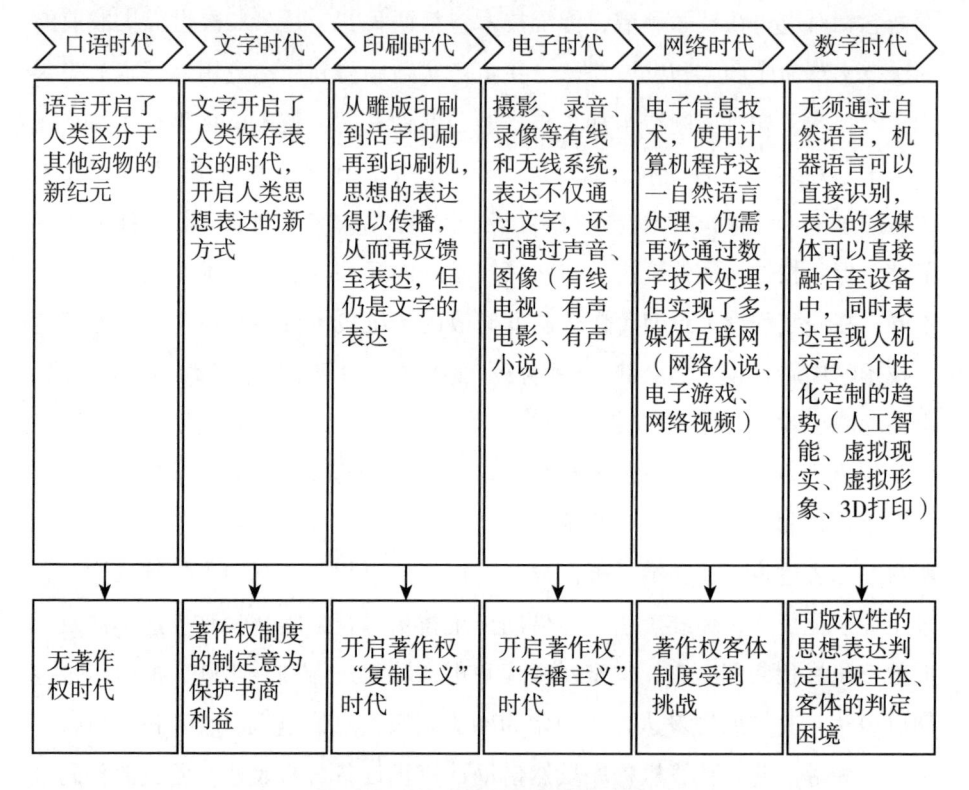

口语时代	文字时代	印刷时代	电子时代	网络时代	数字时代
语言开启了人类区分于其他动物的新纪元	文字开启了人类保存表达的时代，开启人类思想表达的新方式	从雕版印刷到活字印刷再到印刷机，思想的表达得以传播，从而再反馈至表达，但仍是文字的表达	摄影、录音、录像等有线和无线系统，表达不仅通过文字，还可通过声音图像（有线电视、有声电影、有声小说）	电子信息技术，使用计算机程序这一自然语言处理，仍需再次通过数字技术处理，但实现了多媒体互联网（网络小说、电子游戏、网络视频）	无须通过自然语言，机器语言可以直接识别，表达的多媒体可以直接融合至设备中，同时表达呈现人机交互、个性化定制的趋势（人工智能、虚拟现实、虚拟形象、3D打印）
无著作权时代	著作权制度的制定意为保护书商利益	开启著作权"复制主义"时代	开启著作权"传播主义"时代	著作权客体制度受到挑战	可版权性的思想表达判定出现主体、客体的判定困境

图1-3 基于媒介的表达更迭轴

基于此，传统表达与数字化表达的重要区别在于数字化表达的技术过于先进，从而冲击了具体的"人格"要素以及独创性的技术。这些问题虽然早有讨论，但是数字化表达更加深了其可版权性认定探讨的必要。

第二节 数字化表达与思想表达的关系

版权所保护的核心虽然在于表达,但应是具有思想的表达,上一节侧重表达之探讨,而本节侧重思想之探讨。思想表达可通过数字化进行表达,但是数字化表达可能并无思想表达,思想表达范畴内的数字化表达在于这些数字化技术是思想表达的工具,但数字化表达的智能化特点能否纳入思想表达范畴仍旧存疑。

一、数字化表达与传统思想表达之关联

数字化的出现在一定程度上打破了受保护表达和无保护思想之间的分界线,这可以看作因数字存储机制的本质导致的思想表达相对有限的扩展。[1] 所谓的"思想"与"表达"之间的二分法是法律用来区分版权领域的产权与可供任何人使用的公共财产的准则。

从哲学理论的角度看,数字化表达是区别于传统思想表达的新物质生产资料。马克思主义认为,思想是人们物质关系的产物。[2] 从认识论的角度来看,思想是人们对客观事物的理性认识,它反映了客观事物的存在,并以改造客观事物为目的。人们在社会实践中开始得到的是感性认识,"感性认识的材料积累多了,就会产生一个飞跃,变成了理性认识,这就是思想"。[3] 因此,思想需要通过劳动资料才能实现对客体的改造。以文学创作为例,早期因生产资料的限制,人们思想与表达呈现趋同,以至于现在公知领域才会有丰富的素材。随着生产方式的进步,人们开始通过文字符号、图画等表达思想,从而生成小说、剧本等不同表达形式。在早期的传统领域中,人们通过

---

[1] Warwick A. Rothnie. Idea and Expression in a Digital World [J]. Journal of Law and Information Science, 1998, 9 (1): 59-76.
[2] 马克思, 恩格斯. 马克思恩格斯选集: 第1卷 [M]. 中共中央马克思恩格斯列宁斯大林著作编译局, 编译. 北京: 人民出版社, 1995: 30.
[3] 毛泽东. 毛泽东著作选读: 甲种本 [M]. 北京: 人民出版社, 1965: 383.

认识论所表达的思想大多依附纸质媒介，再后来电子技术的出现使语言能够通过多样化的影像设备加以体现，再至网络时代计算机程序也成为思想的一种特殊表达。❶ 现阶段数字时代，人们可以借助机器语言直接代替大脑进行"思想"表达。从认识论的角度出发，思想需要借助物质资料表达，才能体现人们对客观事物进行感知与改造，因此思想表达的过程也同时是利用物质资料对客观事物的一种建构过程，只是因为物质资料的不同而产生纵向的变迁。基于该分析，数字化表达与传统思想表达之间出现因物质资料的不同而导致的分界线。

从市场经济的分析来看，数字化表达是对传统思想表达的承继。版权领域的思想与表达是一种隐喻（metaphor），思想暗指不受著作权法的保护，表达暗指受著作权法的保护，"思想"不是认识论的概念，而是经由合理化竞争提示的观念（通常是没有明确表述和未经证实的）所导致的法律结论。❷因此，版权才会附加"思想"这一标签，防止因"思想"受到版权保护而导致后续成本的增加。数字化表达的思想可能一开始并非以机器语言存储在相应设备中，而是以文字、图像和影像等表达于纸质图书、照片和电视机中，再由机器语言加以转化，应用于不同的数字化表达。因此，在一定条件下，传统思想表达可为数字化表达提供一定的思想，从而体现出传统之特点。

技术视角下，数字化表达区别于传统思想表达中的"思想"，从而导致数字化表达与传统思想表达之间既非交叉关系，也非包含与被包含的关系，对传统思想表达产生理论冲击。若数字化表达仅仅同人类通过一支笔、印刷机、摄影机或者自然语言对计算机程序进行编程那样，对其作出传统思想表达的区分则无意义。而技术发展至今，人类操纵下的思想表达，已经在向人

---

❶ Alfred C. Yen. A First Amendment Perspective on the Idea/expression Dichotomy and Copyright in A Work's "Total Concept and Feel" [J]. Emory Law Journal, 1989, 38: 393 - 436.

❷ Edward C. Wilde. Replacing the Idea/Expression Metaphor with A Market: Based Analysis in Copyright Infringement Actions [J]. Whittier Law Review, 1995, 16 (3): 793 - 844.

机共有表达、数字化的跨域表达，甚至是机器技术与现实世界的混合表达等转变。"智能脑"以及单纯性数字化表达等是否在一定程度上与"思想"相关开始出现争论。因而，技术视角下的数字化表达可能更是与传统思想表达进行比对探讨的核心问题。

概言之，传统思想表达在一定程度上为数字化表达提供"思想"，且因技术变迁而产生区分，同时数字化表达因"思想"之基础未定，从而有部分内容并非思想表达之所涵盖范畴，因而与传统思想表达之间为承继关系。

二、数字化表达与数字化思想表达之关联

数字化思想表达，即对思想加以数字化表达。皮尔斯（Peirce）认为每个人的思维过程边界是可以渗透的，思想存在于一个分布式网络里，该网络覆盖许多相隔千万里、千万年的个人。❶ 对思想加以数字化表达，只是为了连接更多地域甚至更多时代的人。当版权法对"计算机程序"进行保护时，表明"任何语言、代码等符号形式"的表达只要不涉及侵权，这种可被感知的指令集就能成为版权理论保护的基础。❷ 计算机程序为思想数字化表达剖开一道缺口，但是计算机程序与本研究所探讨的数字化思想表达之间仍有区别，这种区别源于编写计算机程序所使用的语言。计算机语言分为三级，分别为高级语言、汇编语言（中级语言）、机器语言（低级语言）。❸ 大多数程序员写的是高级别语言，因为这些语言模仿英语单词和语法，从而使人类更容易理解。用汇编语言编写的程序通常比高级语言更难让程序员理解，是因为汇编语言使用字母数字标签。用高级或汇编语言编写的程序称为"源代

---

❶ 罗伯特·洛根. 什么是信息 [M]. 何道宽, 译. 北京: 中国大百科全书出版社, 2019: (序) 17.

❷ Computer Edge Pty Ltd. v. Apple Computer Inc [1986] HCA 19; 161 CLR 171; 60 ALJR 313; 65 ALR 33; 6 IPR 1.

❸ Paul I. Kravetz. "Idea/Expression Dichotomy" and "Method of Operation": Determining Copyright Protection for Computer Programs [J]. DePaul Business Law Journal, 1995 (8): 76–118.

码"。计算机不能使用源代码，必须将所有源代码翻译成计算机可以理解的形式，即使用"编译器"将高级源代码转换为"目标代码"，也就是由 0/1 组成的二进制代码。因此，计算机理解的"目标代码"，实际上并不能被人类理解。版权保护的计算机程序，是程序的源代码和目标代码，而不保护例如数字或语言表达的排列（包括样式元素）以及各个组件之间关系的无形元素。由此观之，数字化思想表达是人通过计算机程序将其思想以数字化表达的延伸。

数字化表达则与数字化思想表达呈现交叉关系。数字化表达包含部分未经人类思想过程的表达，例如单纯的虚拟现实，抑或人工智能，同时，数字化表达不包含的则是计算机程序中的源代码，源代码属于自然语言，而数字化是机器语言，数字化表达即便是通过思想加以表达，但是源代码不在数字化范围之列。因此，数字化表达只涵盖部分数字化思想表达。

三、思想表达范畴内数字化表达的本质内涵

思想表达作为版权领域的基本准则之一，若要在其范畴内探讨本质内涵，则既不能规避"思想"也不能规避"表达"。若不经过表达，思想只能以意念形态的方式存在，且这种意念与"形而上"的精神没有任何区别，也不产生任何价值。❶

（一）思想表达本质的法理基础

哲学理论是探究思想表达本质内涵的首要基础。塞缪尔（Samuel）强调了人所拥有的六个属性，即灵魂、意识、意向性、感情和自由意志，且意识和意向性直接与个人的自我决定论联系在一起，没有这两个属性，个人权利主张就会不一致。❷ 依据胡塞尔（Husserl）的理论，意向性是思维活动与某物的关系，这种物则是意向的对象。任何思维现象都有其对象性的关系，且

---

❶ 俞鼎起. 智本论：第1卷 劳动与思想 [M]. 北京：中国经济出版社，2017：224.
❷ Dina Moussa, Garrett Windle. From Deep Blue to Deep Learning: A Quarter Century of Progress for Artificial Minds [J]. Georgetown Law Technology Review, 2016 (1): 72 – 88.

思维现象中存在客观实在性内容，基于诸因素综合的是在内容意义上构成思维现象，客观实在内容基于本质不同而被意指为不同的构造对象，因此思想基于思维活动，必定具有意向性。❶

此外，思想是一种动态过程，人们将客观存在经过大脑车间的运作而产生一定结果，且这种结果因个人思维活动不同而产生的结果不同。在胡塞尔看来，思维活动的内容和客观存在是不同的，它们的区别在于：内容是关于思维活动所指向客观存在的东西。通过内容，意识活动指向客观存在，所以"我们从不说一个意向的内容意味着一个意向的对象"。❷ 同样是路边的野花，小明的思想可能是路边的野花，而小红的思想则是漂亮的野花，小王则可能认为这是一株坚强且向阳而生的野花。但如果三人并不将其思想加以表达，不管对路边的野花经过多么长期刻苦地思考并形成多少思想，只要尚未以某种方式和途径表达出来，就不能被他人吸收和运用，就没有社会作用和现实价值。❸ 这些尚未表达的思想只能局限于个人，不属于社会。基于此，思想以客观实在为前提，但因为思维活动所反映客观实在的内容不同，需要加以表达，从而体现出人的思想的不同。

可见，"形而上"的思想需要以"形而下"的客观实在为基础，"形而下"的客观实在通过"形而上"的思想进行表达才能展现出客观实在的不同内容。基于哲学视角的分析，版权之所以不保护思想是因为思想仅仅是客观实在的反映，是一种抽象性、精神性且无法让其他人感知的存在，只有通过表达才能体现出思想，才能将思想变成客观存在，从而形成良性循环，并阐释著作权制度以激发创作和促进文化传播的宗旨。

（二）著作权制度价值体现的思想表达本质

哲学为著作权保护表达不保护思想提供理论层面的价值，而著作权制度本身表明"思想"并不单纯是哲学范畴内的思想。考默萨（Komesar）认为，

---

❶ 章启群. 意义的本体论：哲学解释学的缘起与要义 [M]. 北京：商务印书馆，2018：24-25.
❷ 章启群. 意义的本体论：哲学解释学的缘起与要义 [M]. 北京：商务印书馆，2018：27-28.
❸ 俞鼎起. 智本论：第1卷 劳动与思想 [M]. 北京：中国经济出版社，2017：224.

"如果原理中的术语看起来有些模棱两可，有经验的法学家就应该知道从制度选择和制度比较的角度去寻找问题的解"。❶ 因此，著作权制度的"思想"应体现在著作权制度赋予权利人的权利所不能到达的范围，且这些范围或多或少都影响著作权制度价值的实现。国内学者将版权保护不延及的领域分为思想概念、抽象内容、作品表达之基本元素、作品思想之实施行为。❷ 思想概念为创作的观念、风格，抽象内容代表了系列概念的组合，作品表达之基本元素则是特定情境、有限表达和公共素材，作品思想之实施行为则是实施作品表达所含思想（如行动方案或技术方案）不受著作权法调整。版权领域的思想即是所有阻碍公共文化传播的均为"思想"。以武松打虎为例，《水浒传》是首创武松打虎的文字作品，依法受到著作权法的保护。但如果因此而阻碍人们基于思想，而对武松打虎进行绘画表达，则无法体现著作权的制度宗旨。因此，著作权制度价值的实现才是区分"思想"与"表达"的关键。

"思想应如空气那样自由，没有人能对它主张所有权。"❸ 思想表达应当归属权利人控制，但"思想"在表达之后，也应当脱离权利人回归公共领域。如果仅从哲学价值区分"思想"与"表达"，便可认为只要将思想加以表达即可，无论是路边的野花，还是特定的武松打虎，都是人的思维活动的动态过程，但如果将这些客观存在的反映也予以版权法保护，则意味着路边的野花这一客观存在不能出现在社会交流之中，一旦出现，则意味着侵权。而著作权制度的本意不在于此，其调整的是后续文化创作的传播，是为创作行为提供自由可供选取的"思想"，如果思想表达阻碍了著作权制度的价值实现，那么思想表达就是"思想"。

（三）数字化表达涵盖基于思想的本质表达

著作权领域中思想表达的"思想"体现在两个层面：一是基于人类思维

---

❶ 考默萨. 法律的限度：法治、权利的供给与需求 [M]. 申卫星，王琦，译. 北京：商务印书馆，2007：191.

❷ 何怀文. 中国著作权法：判例综述与规范解释 [M]. 北京：北京大学出版社，2016：174–186.

❸ 李雨峰. 中国著作权法：原理与材料 [M]. 武汉：华中科技大学出版社，2014：52.

活动对客观存在的动态过程;二是不阻碍著作权制度价值的实现。因此,数字化表达若要框定在思想表达的范畴,首先要体现人类思维活动对客观存在的动态过程。智能化生成物之所以因是否为版权客体而存在争议,就是因为作品的表达是基于思想,而思想是人类所特有的。其次,以著作权制度价值为本,表达应体现思维过程,不同的思维过程决定了表达的有无。仍旧以路边的野花为例,小明看到路边的野花只是将其客观存在反映出来,在纸质媒介甚至在机器端记录路边的野花,这必然是仅基于思想,但当小明将路边的野花以一首诗歌或者数字绘图进行数字化表达,才是进行过思维活动的表达,同时也是不阻碍著作权制度价值实现的数字化表达。

概言之,基于现行著作权制度,数字化表达应当体现出思想与表达的内涵,但是存在一定的争议。数字化表达与思想表达存在思想数字化表达的交叉,但在交叉的临界点存在数字化表达是否必须是人的思想,以及数字化表达的何种程度才算是思想表达的争议(见图1-4)。而本研究意在探讨的则是在数字化表达与思想表达的边界部分的著作权保护问题。因为单纯的数字化表达尽管有思想表达所要求的组合排列方式或方法,但它仍是机器语言,无法成为人类进行文化传播的表达,故而加以排除,而传统的思想表达以及基于思想的数字化表达在一定意义上已经满足著作权保护的客体要件,如数字化图书、电子游戏等,也不在本研究探讨范围之列。

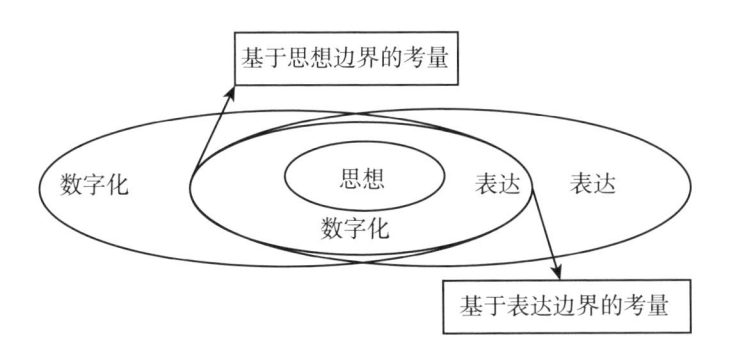

图1-4 数字化思想与数字化表达的边界考量

四、数字化思想与表达边界的类型划分

基于数字化表达与传统表达，可以明晰数字化表达欲研究之范畴，而基于数字化表达与思想表达的交叉与边界，可对数字化表达作出类型化归类。因此，数字化表达可以分为智能化、虚拟化的数字化表达。

（一）智能化的数字化表达

不言而喻，智能化的数字化表达具有"智能"特征。智能，在于它所依赖的人工神经网络，具有模仿延伸人脑的认知功能。人工神经网络具有自适应的自我学习功能以及处理模糊信息的能力，通过对数据信息的不断感知和收集，将数据信息进行筛选并融合，进而将数据输出并加以应用。目前，自主智能体的神经控制器发展的演进方法已被许多研究人员成功使用，❶ 以至于我们不断感叹，为何不能拥有阿尔法狗和"小冰"那样的脑容量和算法功能，这样我们便能从各种可供选择的方案中提取最佳数据，在自我空间提升中取得突破性进展。2022年11月30日，OpenAI推出一款名为ChatGPT的人工智能聊天机器人，其经过不断改良和优化后，不仅可以与人类交流，还能参与到日常生活的创作和工作中来，甚至还"大展拳脚"地协助司法判决书的撰写。❷ 谷歌（Google）公司连续推出的PaLM-E以及PaLM 2具身多模态语言模型，就可以给一个带机械臂的移动机器人平台（由谷歌机器人开发）生成行动计划，然后自行执行。❸ 而2024年，OpenAI研发的最新Sora模型，可以直接从文本生成视频，且视频长度能达到60秒的需求。生成式人工智能的"卷土重来"似乎再一次颠覆着人们对技术的认知。当作为"辅助型"的传统科技力量迈向"替代型"的新科技力量时，技术逻辑和人类逻辑之间产

---

❶ 彭诚信．人工智能与法律的对话［M］．上海：上海人民出版社，2018：58．

❷ J. Rose. A judge just used ChatGPT to Make a Court Decision［EB/OL］．(2019-05-27)［2024-12-24］．https://www.vice.com/en/article/k7bdmv/judge-used-chatgpt-to-make-court-decision．

❸ D. Driess, et al. PaLM-E: An Embodied Multimodal Language Model［EB/OL］．(2023-05-06)［2025-01-04］．https://arxiv.org/pdf/2303.03378．

生冲突，人类社会活动面临着重新理解和价值实践的挑战，而法律正是其中之一。❶

当然，智能化表达的重要发挥，离不开数据输入和使用。正如石油是工业的"血液"一样，数据则是构建智能的"筋骨"，唯有对数据不断进行感知，与数据融合并"自我学习"❷，才能实现真正意义上的"智能"。可以大胆想象，未来出现的"智能化"，起始阶段并未需求过多数据，仅仅依靠起始算法以及自身需要，在生活中提取并转化数据。可见，"智能化"对涉及作品在内的数据输入是基础，其次"智能化"算法是核心，最终输出是结果。

正因为智能化的数字化表达在前期涉及先前作品的批量复制，将导致作品使用合法性问题的产生，同时其"智能化"从"研发→编程→算法"的过程也将导致机器变成"自动化"，最后在输出层面导致著作权法问题出现，并需要对智能化的数字化表达进行全过程探讨。

（二）虚拟化的数字化表达

2016 年湖南卫视春晚，一位名叫"洛天依"的虚拟歌手通过 VR 技术与现实歌手同台演出，且在 2017 年举办个人演唱会。通过 VR 技术将一个存在于"二次元"的虚拟角色展现在现实世界中，且在这位虚拟歌手进行演唱的同时，为虚拟角色们赋予"拟人"特质，将他们塑造成了有血有肉的"歌手"，例如"洛天依"和"初音未来"的演唱会上，现实空间中虚拟偶像的身体是由计算机编程后呈现给大众的，它的身体既是数字化的非实体的，同时也是被人们可见的，对于粉丝来说它们与人类歌手无差别。❸ 背后的技术复制手段——VOCALOID 编辑软件拥有语音合成技术，它是一种对人的声音

---

❶ 雷磊. 新科技时代的法学基本范畴：挑战与回应 [J]. 中国法学，2023（1）：65-84.

❷ liron71：一种实现人工智能程序自进化的概念原理 [EB/OL]. (2019-05-27) [2024-12-24]. https://blog.csdn.net/liron71/article/details/8242670. 其中说道："类似人大脑可以通过学习修改自己的神经链路，达到脑功能不断完善的目的，智能程序通过自我循环，应用智能算法原理修改自己的算法、算法组合及程序系统，达到不断完善功能的进化目标。"

❸ 赵海明. 虚拟身体传播与后人类身体主体性探究 [D]. 重庆：西南大学，2020.

进行复制,并加以反复利用的技术。

　　虚拟现实有两大类:一类是对真实世界的模拟,如数字化地球、数字化城市或社区、虚拟故宫;另一类是虚构的,如网上新闻主持人安娜诺娃(Ananowa),以及名目繁多的三维立体动画游戏。❶ 其实数字化表达如果仅仅存在于网络的虚拟空间,其表达本身就是虚拟化的呈现,无论它是以网络文字作品、网络音乐作品还是网络影视作品的形式出现。但此处定位的虚拟化的数字化表达,并不单纯指因虚拟现实技术所呈现的如 3D 电影之类的作品,还包括虚拟与现实相结合的数字化表达,这种表达方式被称为通过增强现实技术而展现的虚拟成像叠加现实世界的表达,通常像我们所使用的"激萌"相机拍摄的可爱照片,以及美国推出的非常火爆的手机虚拟现实游戏 Pokemon Go,故本研究将其定位为虚拟化的数字化表达,旨在区分原有存在于网络虚拟空间、影碟机或者 3D 放映机中的这一类作品。虚拟化的数字化表达旨在指出人机交互的虚拟化使用,以及虚拟与现实叠加的最终表达。

　　虚拟化与智能化当然可以进行交叠,最终形成虚智化的数字化表达。无论技术如何变革,如果不优先调整这些技术出现而加深的可版权性问题,虚智化的数字化表达仍会面临这一问题。对于数字化表达的分类,仅仅是为了更好地探讨数字化表达的著作权法问题,而并非仅仅基于其特征而单纯性的分类。

第三节　数字化表达与著作权保护

　　思想表达是进行著作权保护的前提,数字化表达若要被纳入著作权保护,则需要探究该数字化表达是否是思想的表达。从著作权的词义出发,"copyright"顾名思义乃"版权、著作权;版权法、著作权法",而"ability"

---

❶ 王克迪. 虚拟现实的哲学解释 [N]. 学习时报,2004 – 06 – 21.

或"able"则意味着"能力（尤指从事法律行为的能力）""才智，才能"。❶可见，著作权首先离不开思想表达主体的法律行为能力，即作者主体资格的探讨。其次，作品的可版权性要件必须探讨其实质要件和形式要件。实质要件即独创性要件，形式要件则为一定形式表现要件。基于此，数字化表达的著作权法保护问题，仍旧绕不开对作者资格、独创性认定和一定形式表现的基本探讨（见图1-5）。

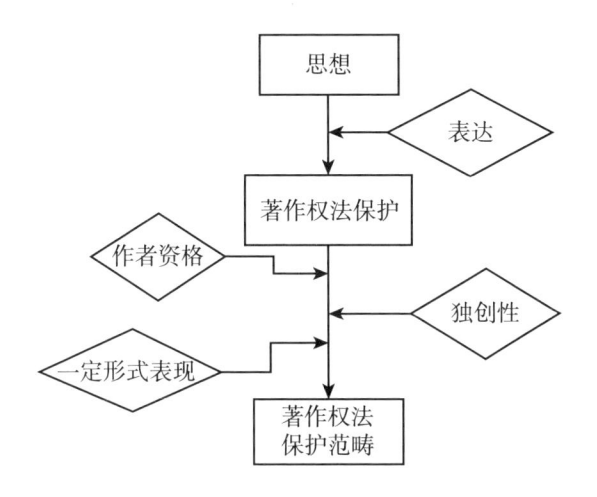

图1-5 著作权法保护要素

一、数字化表达与作者主体

数字化表达的著作权保护中探讨主体资格，在于作者主体资格的认定是对数字化表达赋予著作权权利保护的前提。著作权制度下的法律关系是包含主体、客体和内容的有机整体，主体乃权利义务和责任之所属，客体为所附，内容则为具体化。

（一）作者主体的资格认定

作者主体资格的认定，包括形式标准和实质标准。形式标准在于阐明作

---

❶ Bryan A. Garner [M]. 8th ed. US.：Thomson Reuters，2004：12；元照英美法词典 [M]. 缩印版. 北京：北京大学出版社，2019：4.

者基于一种"身份"与著作权权属之间有必要联系。这种形式"身份"意味着离开作者谈可版权性问题是没有灵魂的，因为独创性表达无所依，作品也无法进行独创性认定。所以，无论是大陆法系还是英美法系，都将作者作为可版权性的认定标准。实质标准则是确认作者"身份"的法律认定标准，而一个人盲目地或机械地抄袭别人的作品，就不可能是该作品的作者。那么，认定作者的实质标准就定在自然人所实施的行为是否为创作。

创作是指直接产生文学、艺术或者科学作品的智力活动。因此，创作的内涵包括：（1）因为该创作是由智力活动产生，因此智力活动的主体必须为自然人；（2）该智力活动的范围在文学、艺术或者科学领域；（3）该智力活动是对自然人通过思维活动对存在于公共领域的思想概念、特定情节等进行排列组合而成；（4）智力活动是一种思想、情感、观点等综合理念的表达；（5）该表达体现自然人的独特个性，哪怕是微小的。在具体司法实践中，因自然人的独特个性通过作者体现，作者的主体资格通常作为独创性认定中的关键一环。有关独创性与作者的关系将在下文讨论，此部分仅探讨对数字化表达进行作者资格认定的原因。

（二）作者资格与数字化表达的著作权保护关联

数字化表达的主体资格成为探讨其著作权保护的基本前提。在1991年的菲斯特案（Feist）中，法官认为作者是首创者（beginner），或者说是任何事物的原动力（first mover）、创作者（creator、originator）。❶ "一切财产中最神圣的、最不可侵犯的、最个人的东西，莫过于著作——一个作家的思想果实。"❷ 因此，无论多么精巧的表达呈现，如果没有作者这一主体存在，那么就无从探讨著作权保护问题。以人权理论来看，作品是基于作者思想的外化，必然体现作者个性，作者必然支配其作品来丰满自己的人格。❸ 以洛克的劳

---

❶ Feist Publications, Inc. v. Rural Telephone Service Co., 499 U.S. 340 (1991).

❷ 弗洛朗斯－马里·皮里乌，陆象淦. 作者享有知识产权的合法性 [J]. 第欧根尼，2005 (1)：50-74，111.

❸ J. A. L. Sterling. World Copyright Law [M]. London：Maxwell Limited, 1999：12.

动价值学说来看，作品是作者基于思想的独创性表达，所以作品应当归属于作者。以私权的本质来看，著作权旨在确立作者个人与作品之间的联系。以经济学的视角看，作者对作品享有的著作权，是为了激励社会公众更好地利用作品中思想，从而创作出更好的作品。而在利益平衡方面，作者享有作品的著作权，成为连接使用者、传播者的桥梁，使公众能获取更多智力成果。基于该逻辑，那么数字化表达的作者主体资格通常需要首先认定，但本研究中探讨的直接进行数字化表达的类别通常不是自然人，如人工智能、虚拟歌姬等；或者虽是自然人直接加以数字化表达，但数字化表达原创作者并非直接表达者，如3D打印机使用者、虚拟现实设备的使用者等。那么，这些直接呈现的数字化表达冲击现有作者的身份认定。如果基于现有著作权制度中作者身份由自然人到法人的变迁，找到本研究中探讨的数字化表达的作者主体，那么便可对数字化表达的著作权法问题进行下一步研究。

著作权保护的数字化表达须是作者思想的表达，而且思想与表达必须互为因果。著作权保护的是客体载体中思想的表达部分，但作者必须依附载体进行表达，无论这种载体是负载文字、声音、图像抑或其组合的纸质书籍、雕塑、磁带等，是网络时代的网络游戏、网络图书、网络视频等，还是本研究探讨的基于智能化、虚拟化生成内容的数字化表达。若只强调作者人格、精神领域的重要性，将作者个性的展现寄托在"形而上"思维活动的思想之上，不加探讨数字化表达是作者"形而下"的依托，那么就如同探讨灵魂一般无现实存在之意义。正如语言是由人类创造并作为交流媒介的工具一样，数字化技术也是为适应社会环境而进行的技术变革，同时也是人类对思想表达媒介的改造。人类可以不依附数字化而进行"返古"表达，但是不能拒绝数字化社会生产方式和物质生活条件。因此，数字化技术变革中，著作权制度必然需要对数字化表达作出回应，但也要基于作者思想来进行制度的监视。

二、数字化表达与独创性

"独创性"一词来源于英美法系的"originality"，在考虑可能有资格获得

数字化表达的著作权法问题研究 >>>

普通法中规定的法定保护作品类型之前,无论作品的形式如何,都必须考虑到版权保护这一普遍的先决条件——版权只保护"作者的原创作品"。❶ 独创性原则的保护,出于保护作品独创性价值的角度,在考虑到原作品中独创性价值的同时,也要综合考虑被诉侵权作品的独创性价值。如果仅在保护原创的基础上过度限制,那么就会对改编作品或者其他行为产生的作品具有遏制性,从而扼杀创作自由。在信息化时代亦是如此,数字技术的快速发展,激发了创作热情,优秀作品的生命力和影响力固然持久,但原创的基础上很难再符合现在受众的精神需求,于是优秀作品的衍生品急需改编而重新焕发出生命力。

(一)独创性的内涵和外延

根据《韦伯词典》对独创性的定义,其包含四方面内容:(1)新颖性、独创性的品质;(2)一种以独特、独立方式表达或思考的能力;(3)创造性的能力;(4)思想的新颖性。❷ 而《元照英美法词典》指出,独创性是作品获得著作权法保护的条件,即该作品是由作者独立创作完成,并且至少具有最低程度的创造性(creativity)。❸ 在美国,为了获得版权保护的资格,作品必须满足原创性的要求,其中有两部分:作品必须具有"至少一点创造性",而且必须是作者的独立创作。

作品的构成要件包括:智力成果,属于文学、艺术和科学领域,具有独创性以及再现性,但往往独创性是判定是否构成作品的灵魂。目前,独创性的判定基于"作者个性"的高低呈现梯度式标准。以"作者个性"作为关键判定要素的实践者认为,独创性是指独立完成并具有一定创造性,这种创造性虽然对创新性程度要求不高,但是必须具备足够的个性化特征。❹ 而将标

---

❶ Roth Greeting Cards v. United Card Co., 429 F. 2d 1106 (9th Cir. 1970).
❷ Rh Value Publishing. Webster's Encyclopedic Unabridged Dictionary [M]. 2nd Edit. Gramercy, 1996:1366.
❸ 元照英美法词典 [M]. 缩印版. 北京:北京大学出版社,2019:1012.
❹ 重庆市高级人民法院(2012)渝高法民终字第257号民事判决书。

准处于中间的实践者认为,"独创性"中的"独"是指智力成果是由作者独立完成的,不是抄袭的结果,独创性中的"创"是指一定水准的智力创造高度,能够体现作者独特的智力判断与选择、展示作者的个性并达到一定创作高度要求。❶ 但将创作性不与"作者个性"相关联的实践则认为,一定水准的智力创作高度并不要求"体现作者个性"。❷

"一点点创造力"的要求为保护版权设定了一个较低的标准。在这种情况下美国联邦最高法院认为,"所需的创造力水平极低,哪怕是一点点就足够了"。❸ 不过,有些创作并不符合那么低的标准。例如,电话簿的白页部分没有足够的创造力来获得著作权。"独立创作"要求意味着,如果作者从其他地方复制作品,他/她将不会获得著作权。然而,只要作者没有有意识地或下意识地抄袭早期作品,他/她就有可能获得与早期作品相同的著作权。

(二)作者视角下数字化表达的独创性

独创性讨论应该在人类精神创作范畴内,创造性判断应该回归于主体作者以及其想表达的思想情感上来。如果著作权制度的目的之一是保护作者的权利,从而促进文化艺术的传播,那么独创性讨论的前提则是该客体以人类精神思想为基础。作者视角下的数字化表达独创性探讨也应当基于作者的人类思想。

以作者作为数字化表达中独创性的考察路径,其重点应当放在数字化表达的创作过程中是否注入了作者的思想情感,并依赖这些思想情感或者一点点启发对行为的创作性质进行判定。以作者为视角的独创性探寻,可能更加符合作品形成的自然过程。数字化表达的过程中,基于作者思想的因素,也可能会产生创作过程无法赋予人类思想。另外,以作者为独创性考察的数智化表达,可能将在客体范围上更具包容性。因为作品的独创性和再现性将作为首要判断目标,只要在思想通过一定依托表达的过程展现,并且这一

---

❶ 上海市杨浦区人民法院(2013)杨民三(知)初字第16号民事判决书。
❷ 上海市普陀区人民法院(2013)普民三(知)初字第295号民事判决书。
❸ Feist Publications, Inc. v. Rural Telephone Service Co., 499 U. S. 340 (1991).

动态过程是具备思想的，那么作品的形式是否可以固定甚至复制，则无关紧要。诚然，作者视角下的数字化表达的独创性体现出对创作过程的尊重以及对作品创作表达的保护，但在数字化表达过程中，人类思想的注入可能引起质疑。

（三）作品视角下数字化表达的独创性

原创性仅意味着该作品的所有权归作者所有，即该作品是独立创作而不是从其他作品复制而来。因此，一件作品是原创的，即使与先前的作品完全相同，也可能受到版权保护。但前提是它不是从先前的著作中复制而来，而是其作者独立努力的产物。勒恩德·汉德（Learned Hand）法官以其独特的用语表达了以下原则：每一部主张受版权法保护的作品都包含一些完全不原创的东西，"非原创"元素可能与语言或自然形式一样基本，也可能是逻辑、文学主题或共同旋律等基本元素的组合。❶

以作品为起点的数字化表达的独创性考察，目的是通过作品的区别性判断来考量作品保护的内在因素。以劳动价值理论来看，洛克认为，如果保护个人的财产将有助于实现社会整体的最大化幸福，那么对于财产权的否认则意味着便宜了其他不劳而获者，最终导致整体社会的利益无法实现。以作品本身的利益实现来看，类型化的作品探讨将有助于实现数字化表达独创性。然而，以作品为起点的考察路径至少面临两大不可回避的问题：其一，考察过程极易向"新颖性"靠拢，由于对比成了作品之间差异判别的主要技术手段，对比过程中对区别性的重视使人不自觉地走入了类似专利审查"新颖性"判断的彀中；其二，对作品艺术性等其他属性把握不准，或者过度考察作品的这些与独创并无直接关联的属性，或者出于对艺术性判断的敬畏而采取过于宽松的独创性标准。❷

---

❶ Edward C. Wilde. Replacing the Idea/Expression Metaphor with a Market: Based Analysis in Copyright Infringement Actions [J]. Whittier Law Review, 1995, 16 (3): 793–844.

❷ Bleistein v. Donaldson Lithographing Co., 188 U. S. 239, 23 S. Ct. 298, 47 L. Ed. 460 (1903).

三、数字化表达与一定形式表现

数字化表达是作品再现性的一种体现，但再现性不一定彻底涵盖数字化表达。探究著作权的词源"copyright"一词可知，"copy"译为复制、模仿，即反映了"复制"是一种能够将思想表达再现的行为，从而构成著作权制度的核心与逻辑起点。因此，著作权保护的客体首先需要作者将思想表达在一定的介质中，数字化表达则可通过具体方式保证思想表达被感知，被一定形式表现，才能保证数字化表达具备探讨著作权保护的要素。

英美法系将这种一定形式表现的特性作为固定性标准（fixation）以及法条中规定的再现性（reproduction）加以适用，目的在于这种长期性和稳定性的要求，能使作品得以更好地传播和利用。1976年《美国版权法》第102条规定，受版权保护的作品必须是"以任何有形的表达方式固定的原创作者作品"广泛定义了"将作品固定在任何表达媒介中"的要求。❶ 作品必须以"已知的或以后发展的媒介，无论是直接还是借助机器或设备，都可以从中感知，复制或以其他方式传达（作者的作品）"，包括文字、数字、笔记、声音、图片或任何其他图形或符号标记，无论是以书面、印刷、照相、雕塑、打孔、磁性或任何其他稳定形式体现在物理对象中，以及它是否能够直接感知或通过现在已知或以后开发的任何机器或设备感知。❷

自然现象与社会活动之所以不可再现，在于它们不是人类创作形成的智力表达。❸ 而著作权保护的口述作品，也无法通过别人再现口述者表达时的断句和语气等个性化特征，更无法通过口述人之外的载体加以固定。可见，无论是再现性还是固定性要素，其认定都无法通过具体的表达方式进行阐明，其具体方式会因技术变革而产生认定标准的变化。因此，必须从唯一不变的

---

❶ 17 U.S.C.S 102（a）（1988）.
❷ H. R. Rep. No. 1476, 94th Cong., 2d Sess. 46, 52（1976），reprinted in 1976 U.S.C.C.A.N. 5659, 5665（hereinafter House Report）.
❸ 何怀文. 中国著作权法：判例综述与规范解释[M]. 北京：北京大学出版社，2016：22.

著作权制度价值进行探寻，即保护具有独创性的思想表达，并保障公众的精神文化需求。可版权性要求行为主体进行独创性的思想表达，这种表达必须被公众以视觉、听觉或触觉（视障者的感知方式）等感知，而这种感知则只有借助某种媒介才是人思想延伸至外在的结果。而数字化表达可以固定在计算机硬盘上，社会公众可借助网络基建、数字化等设备进行视觉、听觉甚至是触觉的接触并感知，因而在体现作者独特构思和智力活动的情况下，就具备可版权性。

概言之，探讨数字化表达著作权保护问题下的一定形式表现，其本身旨在探讨某种思想表达是否能够通过媒介进行社会性感知。实际上，数字化表达的本质就是一种社会媒介，但因为先进的虚拟现实技术，导致不同的行为主体对特定场景的选择不同，从而具备私人化性质，因此这种社会性感知是原样再现，还是可以有一定区别，则成为数字化表达的一定形式表现标准需要解决的问题。

四、数字化表达与作品合法使用

作品合法使用是数字化表达的著作权保护问题研究的逻辑前提。版权是旨在保障作者生存条件的法律所确立的保护规则。❶ 法律不保护非法行为，即便著作权权利取得的原则为"自动取得"。数字化表达需以先前作品为"思想"素材，故认定数字化表达的可版权性需以其先前作品的合法来源为逻辑前提。智能化的数字化表达需要以海量作品为前提，虚拟化的数字化表达最终可能仅是技术层面对原有作品的再现。未经过合法授权而利用作品的数字化表达，其表达伊始则会因侵权而导致著作权后续难以积极行使；即使经过合法授权的数字化表达，概因授权许可的内容不同，也会对数字化表达的著作权行使产生影响。

---

❶ 弗洛朗斯-马里·皮里乌，陆象淦. 作者享有知识产权的合法性［J］. 第欧根尼，2005（1）：50-74，111.

（一）作品合法使用的类型

著作权制度领域的作品合法使用主要包括主动授权和被动授权，以保障未来创作内容可版权的合法性。主动授权是通过版权权利人的授权，而被动授权则是基于对著作权权利的限制而规定的制度。被动授权之所以为"被动"，是为比较作者将其一项或几项权利内容许可或转让他人这一主动性行为特征，从而体现这种作品的使用是在一定条件下驱使作者，甚至是传播者、使用者的被动性结果。

主动授权的形式包括著作权转让和著作权许可使用。作品合法使用是著作权权利利用的一个层面，指权利人利用或者授权他人利用作品以获得相应报酬或收益的法律行为，通常通过财产权的授权许可实现，既保障权利人收回投资或创作成本，也促进社会公众从作品中获得精神利益。[1] 转让是权利人通过与受让人签订合同，让渡其部分或者全部的财产权的法律行为；版权许可使用则是与被许可人签订许可使用合同，授权被许可人在特定的地域范围以专有使用权或者非专有使用权利用权利人一项或几项财产权的制度。主动授权避免因后续创作对先前作品的使用而造成侵权诉累，既能保障作品使用的利益价值，又能通过授权确定因侵权导致作品应有利益的损失。

被动授权的形式通常以合理使用制度和法定许可使用制度实现，但不同国家或地区还可通过强制许可制度和自由使用制度实现。作品合法使用通过被动授权的基础在于赋予版权的作品虽然具有独创性，但其仍旧是"站在巨人的肩膀上"，以前人留下的精神文化遗产为基础进行的创作，如果没有这些宝贵的文化遗产，创作虽然可以进行，但是对促进精神文化的传播无法起到促进作用，因而现有作品也应当是当代或未来作品创作的源泉。被动授权即允许他人可以不经权利人的允许，利用该作品且不侵权的制度，但对作品使用的行为具有条件性要素。合理使用、法定许可使用、强制许可和自由使用均可成为作品合法使用的缘由，但四者之间在概念上作出区分：合理使用

---

[1] 吴汉东. 知识产权总论 [M]. 北京：中国人民大学出版社，2013：95.

既不需要作者同意也不需要支付报酬，但是对使用行为作出限定，通常包括个人学习、教学使用、馆藏使用等；法定许可使用需要支付报酬，且使用主体一般为广播组织、录音制作者、义务教育教材的编写等，且报酬的支付通常可以通过协商达成；强制许可需要国家版权管理部门批准，且通常仅限于对文字作品的翻译；自由使用是德国著作权法的特有规定，用以保障后续作品的创作，断定已创作出的作品应当为公共精神财富，为新作品提供思想源泉，而这种思想源泉不同于与先前作品相关联的改编作品。

虽然主动授权与被动授权之间与内部均存在区别，但可以明确的是数字化表达基于先前作品是必然的，无论是制度内的主动授权还是强制授权均体现了思想并非凭空产生，数字化表达基于对客观现实的反映更需要"思想"的灌溉而保证表达的行为发生。

（二）作品合法使用是判定数字化表达受著作权正当保护的充要条件

具体而言，著作权法保护虽然是"自动取得"，但仍需断定其后续侵权是否影响正当使用，因此通常需要三段论的逻辑加以梳理。必要条件是指数字化表达著作权法保护的条件，就必然在其"思想"来源层面的作品是通过合法使用的方式；充分条件则是认定数字化表达能被著作权法保护就必然满足其对作品的使用是合法使用行为。首先，著作权法保护认定的三个标准中隐含了对"思想"合法来源的合理期待。在作者主体资格层面，认定作者的主体资格需要考量智力活动的体现，而智力活动中必然存在对文字、数字、图形等元素的应用，这些内容可能包括对先前作品的部分使用；在独创性的认定层面，创作需要要素的存在、要素的使用暗含了先前作品内容使用的可能性；在一定表现形式或再现性层面，直接表明先前作品可以基于媒介进行再现，因而这种再现仅是权利人对作品的使用，但也为作品的他人使用提供了基础。其次，思想表达作为可版权性的认定原则暗含其来源的合法。一是版权只保护表达不保护思想，不保护的思想证明其不在著作权规制的范围内，因而基于思想的表达才是著作权保护的范围；二是通过对先前作品抽象而形成的思想，从正面证明了创作需要自由的空间元素，这些元素之所以不受著作权法保护，概因元素的使用具备合法性。最后，数字化表达的著作权法保护要件满足，其作品利用需要具备合法性。虽然作品的"自动取得"原则能够在一定程度上反映出其可版权性的考量并不依赖作品使用的合法性与否，但"法律是正义善良之术"，著作权法不应当保护侵犯先前作品作者的权利。如果数字化表达在一定程度上体现对先前作品权利的侵犯，那么数字化表达的著作权法保护则存在后续使用的侵权疑虑。

概言之，数字化表达的最终展现可能出现与先前作品权利相冲突的结果，而著作权制度通过作品合法使用制度为数字化表达提供合法基础。若不考量数字化表达与作品使用的合法性，既不符合著作权制度的立法基础，也无助于数字化表达对先前作品的利用正当性和新表达内容的精神提供。

第四节 数字化表达的著作权法国际规制现状

数字化表达必然会引起国际著作权制度的变革，无论这些变革是率先通过司法案例展现出来，还是立法者在具备前瞻性的基础上首次对法条产生质疑，或者基于学术研究的广泛探讨。基于数字化表达存在传统、现在和未来，因此对于数字化表达的国际规制应当按照纵向的历史发展进行比较，以及横向的国家或地区对比进行分析。

一、国际视域下数字化表达的立法概览

因网络的连接，数字化表达形成具有实体属性的资源。因此，在数字化的冲击下，各国为了应对数字化技术的冲击，针对不同的数字化表达类型进行了制度上的立法调适，但智能化和虚拟化的数字化表达立法争议仍未达成国际意义的统一。虚拟化的数字化表达争议通常不通过立法来体现，因为其不动摇著作权保护的作品认定要件核心，而智能化的数字化表达则直接动摇了著作权制度体系的主体资格认定。因此，数字化表达的立法通常是在"人格"要素认定之上进行体现。

目前，对于主体资格的认定，主要有两类模式：一是将作者归为使用数字化技术进行创作的人，即以英国、新西兰、爱尔兰为代表的国家，认为一种计算机生成的作品，作为一种"在没有人类作者的情况下由计算机生成的作品"，则这种是由计算机制作的文学、戏剧、音乐或艺术作品，作者应被视为作出创作作品所需安排的人。❶ 此外，欧盟还拟赋予"电子人"人格。先是2016年欧盟提出"电子人"的立法草案，后有2017年"法国及卢森堡作曲家协会"将AIVA作为首名非人类会员纳入，以及"索菲亚"公民身份的赋予，表明智能化的数字化表达背后的"智能化"可具备可版权性的主体资格。二是作者必须是自然人。以美国为代表的国家认为，创造力不是人类所独有的，它在一定程度上可以被编码（取决于一个人如何定义创造力），但是这种创造力必然需依附一个人类创造者。《美国版权法》第101节明确规定：作品必须由作者创作。因为智力生产、思想和概念的存在，意味着必须是人类有意图或目的的创造。《美国版权局惯例汇编》强化了这一观点，即必须由人创作的作品才能注册，因为版权法只保护创造性思维和智力劳动的产品。❷ 而德国在重视精神权利的基础上，更加明确了作者为自然人的必需。澳大利亚判例法则确认了对作品的人为作者的需要，认为作者身份是评估作品是否受版权保护的关键因素。所有这些都拒绝授予计算机生成的、缺乏（完全或大部分）人工输入的产品版权。因此，独创性要求作者个人在工作中付出一些精神或智力努力，而这种精神努力，即使是低努力，也是针对该工作的特定表现形式的。❸

二、国际视野下数字化表达的著作权法问题实践现状

国际视野下数字化表达基于数字化技术的进步而出现智能化和虚拟化的

---

❶ Jani McCutcheon. The Vanishing Author in Computer–Generated Works：A Critical Analysis of Recent Australian Case Law ［J］. Melbourne University Law Review，2013，36：915–969.

❷ U. S. Copyright Office. Compedium of U. S. Copyright Office Practices (3rd edition，2014). Section 306 ［EB/OL］.［2025-02-20］. https：//www. copyright. gov/comp3/comp–index. html.

❸ Ice TV Pty Ltd v. Nine Network Australia Pty Ltd (2009) 239 CLR 458；Acohs Pty Ltd v. Ucorp Pty (2012) FCAFC 16.

数字化表达的著作权法问题实践探讨。

在智能化的数字化表达方面，概因智能化的两种类型而导致可版权性的不同探讨现状。在部分智能化的数字化表达中，国际上有实践表明，通过人类指导的智能化的数字化表达可被创作的自然人主张版权。美国在 Cf Burrow – Giles Lithographic Co. v. Sarony 案中认为，用于自动捕获图像的相机可被视为协助"作者"创作"原始艺术作品"的工具。❶ 同理，智能化的数字化表达也可被用作实现确定或预测的目标或结果的工具。以智能画图为例，人类需要选择工具类型（画笔大小和笔触样式），选定喜好的颜色，并在指令中输入绘画要求，虽然最终无法准确预测生成的画作的最终版本，但该创作者对画作可能会进行另外的期许或筛选，因此智能画图只能是人类思想表达过程中的工具。但本研究探讨的是智能化的数字化表达的创作过程中，人类只进行指令输入而不直接参与创作的种类，而这种具体案例在国际上出现得少之又少。截至目前，美国通过作品的登记注册来否认这种由人工智能完全生成的作品。我国在首例人工智能案❷中，对智能化的数字化表达的独创性予以肯定，却在"作者个性"层面进行了模糊处理。

英美法系国家对作品的释义和类型可以进行解释，美国在具体实践中却并未采取一贯开放且革新的做法。美国版权局认为，"人"是作品注册登记的首要条件，也就是说，智能化的数字化表达在理论上不具备可版权性，并因此落入公有领域。这是因为美国版权局认为智能化具有任意性（random），就像一种任意的织布机（weaving machine），这种随机或自动运行的机器或纯机械过程制作的作品，无法对其进行注册。❸ 但土耳其认为"智能化"无法被公认为真实的人或者法人实体，澳大利亚的法官并不承认作品的创作者可以归为"智能化"。欧盟虽然在一定程度上肯定了"电子人"的主体资格，在具体的案例中却无从遵循，认为计算机只不过是工具，如果你用钢笔写你

---

❶ Cf Burrow – Giles Lithographic Co. v. Sarony，111 U. S. 53（1884）.
❷ 北京互联网法院（2018）京 0491 民初 239 号民事判决书。
❸ U. S. Copyright Office, Compendium of U. S. Copyright Office Practices § 313.2（3rd ed. 2014）.

的作品，那么这支钢笔将是作者，而不是驱动笔的人，想当然这是不现实的。[1] 可见，在智能化的数字化表达司法实践裁判中，智能化的数字化表达能否受著作权法保护，在一定程度上具备统一观点，即在创作主体层面均认为不应突破人类这一主体资格。

在虚拟化的数字化表达层面，基本认为虚拟化作为一种技术，因而是对原有作品的改编或复制，因此较多司法案例并未对虚拟化的数字化表达的可版权性问题进行探讨，更多是针对其侵权与否作出裁定。以美国为例，在具体的司法实践中，虚拟化的技术则被认为是侵权的手段。但比探讨虚拟化的数字化表达是否侵权更重要的是，虚拟化的可版权性问题探讨的价值。虚拟化作为一种新数字化技术并成为新的表达方式被发明出来，必须揭开其受著作权法保护不明确或含混不清的问题，如果因为其一系列问题导致虚拟化技术这一资源无法有效利用，可预测性的著作权制度制定将有助于虚拟化的数字化表达在多维度层面的价值，并为制度创新铺平道路。

三、数字化表达导致著作权制度的变革

技术变革的不断演进，迫使著作权制度需要回应技术冲击导致法律行为关系的不适性来达到最终价值的实现。数字化表达作为数字时代不可忽视的技术，在被喻为一把"达摩克利斯之剑"悬在可版权性认定头上的同时，也需考量因数字化技术为著作权制度价值实现的贡献。

（一）作品范围的扩张趋势

著作权制度早期的客体范围主要拘泥于纸质文字作品，因此被称为"印刷出版之子"。模拟信号的出现，致使客体范围扩张至音乐作品、戏剧作品和摄影作品。电子技术的进步，促使电影、电视、录像等作为一般作品加以保护。互联网的发展，也使计算机软件、三维立体制品成为版权保护的对象。

---

[1] Andres Guadamuz. Do Androids Dream of Electric Copyright? Comparative Analysis of Originality in Artificial Intelligence Generated Works [J]. Intellectual Property Quarterly, 2017 (2): 169–186.

而数字时代的到来，仍需各国版权法面对作品范围扩张的问题。第一，数字化表达的智能化和虚拟化特征，即便可以从现有作品类型中找出相对应的文字作品等，仍因作品的一般性认定标准的不满足而难以受到保护。第二，现有作品的概念，仍难以涵盖具有感观体验的虚拟现实的数字化表达。

（二）"机器主体"的法律主体地位认可

著作权主体经历了从自然人到法人的变革，标志着拟制主体可以成为作者。虽然作品的创作者必须是自然人，但是法律意义上的权利人是依法享有署名权的自然人、法人与非法人组织。法律与其他社会科学的高明之处在于：它能使人非人，也能使非人成人，因为法人制度建立的伊始，是人类社会发展到市场经济阶段对法律作出的回应。❶ 法人制度的建立乃是法人与其背后的自然人的双重分离，实现了以法人为中心的法人出资群体与法人债权人群体的两极利益分化，为了平衡社会不同法律主体的利益，需要法人具有独立人格。可见，法人与其背后自然人的分离乃法人人格确立的基础与前提，但仍是以自然人为基础的。而欧盟的"电子人"索菲亚是否考量了人类的创作过程而进行主体资格的承认犹未可知。但数字化表达所依赖的智能化，是否能够等同于人类思想，具有人类意识，并进行主体资格的扩张，仍有待商榷。在一定程度上，数字化表达和取火的摩擦石之间并无实质性差别，只是科技发展决定了不同历史阶段所用工具的不同。❷

（三）作品合法利用的制度调适

数字化表达的基础依赖信息内容的提取，共有领域的内容可以直接进行数字化转换，但著作权法保护的作品则需要作品使用制度加以限制。

著作权制度下的作品使用存在多种模式，包括合理使用、授权许可、法定许可，这些使用制度还延伸至邻接权领域。传统作品使用模式通常是基于意思表示的授权许可，必须得到"海量作品"的"海量的著作权人"授权，

---

❶ 彭诚信. 论民事主体 [J]. 法制与社会发展, 1997 (3): 14-23, 42.
❷ 李爱君. 人工智能法律行为论 [J]. 政法论坛, 2019, 37 (3): 176-183.

这种无异于"大海捞针"的模式很难解决数字化表达利用作品面临的"海量许可"问题。合理使用与法定许可制度的制定均是著作权权利限制制度，是为了平衡著作权人利益与使用者利益的结果。而法定许可制度的作品利用在技术变革中尤为明显，即为调和新传播技术带来的产业主体利益分歧，并在著作权市场尚未形成的阶段降低权利流转带来的交易成本，从而规定录音、广播等法定许可制度。因数字化技术在对信息内容进行转换时，可以突破地域性的限制，所以数字化表达对作品利用的制度本身需要调适，还涉及域外作品利用的问题。

探讨数字化表达不可避免涉及作品利用这一前提。以人工智能为例，将人工智能与单纯的复制、印刷等同是不恰当的，人工智能通过机器学习而产生知识增值，就知识增值的层面来说，人工智能机器学习作品应当归类为合理使用制度的范畴。[1] 而美国有学者提出"开放存取"运动，即以"加快研究的速度，丰富教育的内容，使得富人与穷人能共享彼此的学问，从而使这些文献达到最大限度的利用，并在共同的理性交流和对知识的追求中建立人类联合的基础"为目的，应当为"知识共享"敞开大门。[2] 合理使用制度和法定许可制度通过一定的平衡，成为数字化表达对来源作品合法使用的理想方案和制度安排。

本章小结

数字化表达的著作权法问题研究首先是要定位"数字化"的不同。数字化具有多维度的特征，在一定层面与技术相关的著作权制度产生关联并出现纠葛。数字化表达不同于以往传统表达，也不同于传统数字化作品的表达，更在一定程度上严格区分于数字化表达方式。数字化表达更多的是展现思想

---

[1] 徐小奔，杨依楠. 论人工智能深度学习中著作权的合理使用 [J]. 交大法学，2019（3）：32-42.

[2] 贾斯汀·彼得斯. 理想主义者 [M]. 程静，柳筠，译. 重庆：重庆出版社，2018：161.

边界与表达边界的独特之处，也从更大程度上体现出其因为边界的区分而导致研究的必要性。通过了解技术变革下的国际数字化表达进展，可以从历史变革中窥见一斑。这些变革的出现也为数字化表达的著作权法保护研究提供了一定的基础，但也产生了一定阻碍。而在数字化表达的探讨中，除却其本身著作权法保护问题的探讨，尤为重要的则是其前件作品合法来源的问题探讨，这一逻辑前提将直接决定著作权法保护探讨的必要性，因而也是著作权法保护探讨的充要条件。诚然，数字化表达的著作权制度变革道路必定是崎岖的，但唯有在崎岖中找寻出路，且出路是在旧有道路之上的解读性突破而非根源性突破，才是良好的结果。

第二章 数字化表达的著作权法问题分析

表达的出现既是技术的结果,也是技术的原因,只有表达能够准确界定,围绕表达的问题才能够得到协调。❶ 数字化表达则需要在表达运用的技术范畴内,对应相应的问题,进而进行分析与解决。数字化表达的一些著作权法问题虽是旧有,但在部分层面冲击了著作权法的本质,不仅从法理基础上无法适用,而且体现在立法与司法认定上。

第一节 数字化表达的著作权法具体问题表现

数字化表达因具体认定狭隘导致现有立法不足,更导致司法中可能出现的状况难以应对,具体表现在作品范畴、主体资格、地域性和合法使用的认定等四个方面。

一、数字化表达反映作品范畴的认定狭隘

范畴,属于哲学认识论体系,是认识主体具有一种天赋的认识能力,它是人们看待外物的方式,它规定着人所看到的外物对人来说能够是什么。❷ 亚里士多德认为:"范畴乃是思想的方式,就是人对事物说'是'的方式。"❸ 康德认为,范畴是人们用来感知、想象和反思外部世界事物的结果,是一致

---

❶ 毛高杰.著作权起源的社会结构[M].郑州:郑州大学出版社,2019:27.
❷ 林晓辉.传统哲学研究[M].广州:中山大学出版社,2016:441.
❸ 林晓辉.传统哲学研究[M].广州:中山大学出版社,2016:441.

且永恒不变的内在本质。❶ 因此，任何现实存在都具备"有"的性质，这种性质是基于无数实践性推理而归纳出的一类事物的共同性质，这些共性能够高度概括且稳定地涵盖这一概念。在认识论的基础上，作品范畴是构成作品的抽象性共同性质，是普遍概括思想表达可版权性的概念。

纵观各国著作权法的修订，技术变革必然导致作品类型增加，作品范围的扩张通过作品具体类型来体现，但无论作品具体类型如何进行增加或者修改，其范畴所高度抽象化的共同性质无外乎三点：一是作品在科学、文学、艺术领域，二是基于创作者的思想表达，三是匹配作品现有的具体类型。《伯尔尼公约》对作品的定义可涵盖《日本著作权法》的"作品"，是指用创作方法表现思想或者感情的属于文学、艺术、美术或者音乐范围的东西。《德国著作权法》第1条和第2条将作品框定在人类的智力创作，以举例方式列举出相应的作品类型，这些作品类型可以进行扩张，如计算机程序作为语言作品的适用，便是技术变革下作品类型增加的一个重要体现。《美国版权法》对技术回应最为激烈，在其突破印刷术后，将软件作品、录音录像作品、计算机软件纳入了版权法的保护。此外，美国和欧盟一样，以一种辛勤劳动为基点，将数据库纳入了可版权作品的范畴，并且认为机器可读形式的编辑作品只要在内容和编排上符合原创性标准，就具备可版权性。❷

数字化表达则在根本上挑战了作品范畴的抽象化、概括化特征。第一，智能化的数字化表达不再通过人类大脑的运行，只需要简单输入一个执行，便可大概率实现表达结果，而这种结果基于算法依赖的数据可能比输入指令的人类更好。因此，依赖智能化的数字化表达，在仅有人类输入指令的行为下，是否便可认定为就是"创作者的思想表达"存在一定疑问。第二，现行各国版权立法中对作品具体类型的规定不同。以美国为例，其未作法律释义，而有些国家以"等""法律、行政法规规定的其他作品"作为兜底条款的规

---

❶ 以赛亚·伯林. 概念与范畴 [M]. 凌建娥, 译. 北京: 译林出版社, 2019: 11-13.
❷ 李晶晶. 数字环境下中美版权法律制度比较研究 [M]. 北京: 人民日报出版社, 2016: 70-71.

定,是否就意味着作品具体类型可以通过一定的立法解释或者司法解释加以扩张。以美国为例,其判例法中对作品固定在 ROM 等硬件设施中的固定性解释,意味着数字化表达对作品范畴的扩张是具备可行性的。此外,德国著作权制度虽然表明作品必须是以人为中心,但在具体的作品类型中,计算机程序作为一种语言作品,虽然是人类参与了创作,但终究内容并不被非专业人士所理解,只有被人所感知才构成作品,其音乐作品也是排除了自然界的声音并表达出情感。在这些层面的虚拟歌姬、人工智能和虚拟现实似乎都可以在最终的作品类型中找到部分具体的类型,只不过在研究作品的构成要件的主体资格时稍显棘手。

因此,数字化表达不可避免地导致作品范畴的扩张,这种扩张在现有法律解释中却稍显狭隘。因为现有扩张的作品范畴仍要遵循现有高度概括性和逻辑理性的客体认定标准,很难进行作品类型的直接突破。因此,只有良好的法理定位,才能为具体类型的扩张进行法律解释,才能符合传统的逻辑论证。

二、数字化表达挑战作者的主体资格

数字化表达对作者主体资格的挑战主要呈现在两个方面:一是数字化表达的主体可能突破法律意义上的主体资格,从而导致智能化的数字化技术具备法律人格;二是数字化表达的主体因相关用户的参与而出现不同的作者。

(1) 智能化的数字化表达因算法而具备主动"思考"的能力,区别于"熟读唐诗三百首,不会做诗也会吟"的单纯虚拟化的数字化表达,从而在对作品元素进行选择等活动时与人类的"智力活动"并无二致。因此,关于智能化的数字化表达主体资格的争议呈现正反两派。第一种是赞成说,即主张智能化的数字化表达(现阶段通常讨论的是人工智能)应当具备法律人格,可通过"有限人格"或"拟制人格"加以认定。持有"有限人格"的学者认为,这种具备工具人的有限人格在于行为能力的有限性、权利义务的优先性和责任能力的有限性。❶ 而"拟制人格"则在于"立法者为了实现法律背后的制度目的而作出的一种不容辩驳的决断性的虚构",成为立法者解决机器人权利来源的技术性措施。❷ 通过"拟制人格",智能化的数字化表达便可在未来世界成为表现人类特征的拟人化物体。随着法律民事主体资格的不断扩张以应对社会发展产物,通过"位格加等"而产生的法律拟制法人主体也是法律意义上的"人",同理,智能化这种特殊智慧体通过"人格加等"也可享有人为拟制出来的法律人格。❸ "电子人格"则是可以划归为"拟制人格"的一种,欧盟通过"电子人格"的赋予,是为了更好地适应未来科技的发展,用于自主决定或第三方交互案件。第二种是反对说,认为数字化表达即便具备智能化特点,其仍是受控于自然人的机器,机器作为工具无法取得独立主体资格。持有反对说的学者观点主要有四:一是智能化的体现在于数据输入积累知识,其输入数据是特定的,并不具备同人类一样的自由思维和独立意志。❹ 二是基于数字化表达的智能化不具备康德所述的人之理性,只具备算法所规定的机器映射理性。三是若赋予一项技术以主体资格,则无法满足著作权作者身份赋予的相关理论。四是即便从权利、义务、责任三方面来看,数字化表达也无法进行权利行使、义务履行、责任承担。因此,赋予数字化表达的智能化类型以主体资格不仅程序烦琐,成本增加,还不产生实际意义的利益影响。

(2)数字化表达因后续用户参与的主体资格地位也应当予以重视。罗马法时期,只有自然人为适格的民事主体,而后来基于物质生产方式的变革,法律才赋予法人限制性民事权利能力,而民事主体制度也由自然人一元论变为了囊括法人的二元论。❺ 著作权制度意义上的作者,依据创作时体现的法

---

❶ 许中缘. 论智能机器人的工具性人格 [J]. 法学评论,2018,36(5):153-164.

❷ 包成成. 人工智能法律主体文献综述 [C] //上海市法学会. 上海市法学会农业农村法治研究会文集,2019:191-198.

❸ 张玉洁. 论人工智能时代的机器人权利及其风险规制 [J]. 东方法学,2017(6):56-66.

❹ 张力,陈鹏. 机器人"人格"理论批判与人工智能物的法律规制 [J]. 学术界,2018(12):53-75.

❺ 周枏. 罗马法原论(上)[M]. 北京:商务印书馆,2017:118-134.

数字化表达的著作权法问题研究 >>>

律关系不同,从"自然人"转型至"自然人、法人和非法人",从"独立作者"转型至"合作作者"。人机交互的虚拟现实应用是虚拟化的数字化表达的一个重要特点,虚拟场景生成和渲染模块中的数据一同传输进虚拟场景融合模块,最终由显示模块将视觉效果展现在用户眼前。[1] 一般的用户界面基于有限表达而不受著作权法保护,如 Windows 系统要求用户做出关机、重启和睡眠的界面。但这种虚拟现实的数字化表达传输不同于以往用户界面的生成,虚拟现实技术的数字化表达就是为了体现互动性和沉浸式特点。这种方式不同于读书,也无须到实地进行游览,虚拟现实将使美术馆、博物馆甚至图书馆都以互动的形式体现。

1986 年,美国国会技术评估办公室重新研究计算机生成内容问题时指出,计算机在人机互动的过程中,在某种程度上又具有成为合作作者的可能性。[2] 而基于数字技术,博物馆等推出了虚拟现实的浏览页面,未来用户可以借助虚拟现实、增强现实设备,在不拘泥于实地浏览中进行真实感知的交互操作,这也同时对虚拟化的数字化表达作者主体的认定发出挑战。第一,虚拟化的数字化表达皆是虚拟现实设备的开发者事先进行的数字化模块存储,最终表达的内容也许是用户与开发商合作的结果;第二,虚拟化的数字化表达如果预先设定程序,使用户仅提供较低程度的创造性,那么基于创造性高低和创造性有无的司法裁量,将导致用户最终主体资格存疑。第三,虽然虚拟化的数字化表达有开发商和用户的共同作用,但合作作品的"共创"合意,即便双方作出"共创"的客观行为,但双方的合意仍需要进行探索。

基于此,数字化表达的智能化、虚拟化对其作者主体资格具有不同层面的挑战,但这些挑战也证明现有可版权性认定的法理基础呈现一定狭隘性。

---

[1] Andrew H. Rosen. Virtual Reality: Copyrightable Subject Matter and the Scope of Judicial Protection [J]. Jurimetrics, 1992, 33 (1): 35 - 65.

[2] U. S. Congress. Intellectual Property Rights in an Age of Electronics and Information [R]. America Office of Technology Assessmen, 1986.

三、数字化表达突破传统作品地域性限制

数字技术的发展和网络技术的运用,使包括文字、图片、声音、视频等在内的所有文本通过数字技术转化为 0 与 1 的形式,以低廉的成本、精确复制广泛迅速地在世界任意角落传播与交换。❶ 数字化表达对传统作品地域性限制的突破并非首例,只是将地域性这一特征的模糊地带加深而已。地域性是知识产权在空间上作为一种专有权制度的体现。严格的领土性使知识产权这一专有权严格限制在一国领土境内,而正是基于这一明确特征,即便是在国际公约的约束下,各国的知识产权制度也存在制定水平的不同。著作权制度作为知识产权制度的三大核心支柱之一,其客体制度的地域性体现得尤为明显。作品受著作权法保护的地域性,体现在一个国家或者地区制定并实施了著作权制度,而且该制度仅在该国家或地区内发生效力,一旦超出该国家或地区的领土范围,作品将不再受到该国家或地区著作权制度的保护。依据"自动取得"原则,虽然作品可以在某个国家或地区不需要履行相应的法定程序而"自作品创作完成之日起"就可以取得版权保护,但这部作品的作者国籍、作品要求、作品国籍如果不符合该国家或地区预先设定的逻辑前提,那么该作品也无法在该国家或地区取得版权保护。

即便在著作权"自动取得"的国家,也只有当法律意义上的作者依照该国家或地区完成相应的手续之后,才能取得该国家或地区的版权保护。以美国版权法的规定来看,作品要想在美国受到保护,首先应当在美国出版,出版后还应当将样本交于美国国会图书馆保存,办理相应的登记手续后取得著作权。《世界版权公约》也要求作品应当在每一本复制件上作版权标记才能取得版权。但后因各国陆续加入《伯尔尼公约》和《知识产权协定》(TRIPs),导致非自动取得版权的各国对其他成员方国民的版权取得采取自动取得原则。

此外,著作权权利的地域性还体现在一个国家或地区对其保护作品的传

---

❶ 南长森,卢鑫. 跨媒体传播与文本版权困境与进路 [J]. 中国编辑,2014 (4): 55-59.

播管控之上。一个国家或地区的著作权效力止于领域边界是无法改变的，通常该国家或地区对作品的传播仅限于该国家或地区境内，并以海关执法限制其他国家或地区对该作品的使用，除非有明确的授权许可。但这一管控很快就因技术发展和国际贸易的需要而产生矛盾。在印刷时代，地域性管控能通过海关执法精确扣押盗版复制品。但电子时代，模拟信号可以通过卫星跨国传输广播作品，网络时代更是为拥有互联网的世界用户提供了掌控作品的新方式，海关的管控则在互联网络中失去效力。❶ 为了促使版权的地域性限制作出调整，各个国家或地区通过加入国际组织，签订双边条约、多边条约或国际条约等来解决因版权的地域性限制产生的跨国版权交易、侵权等问题。

如果说网络时代是版权地域性特征被打破的高潮，那么数字时代就可能成为突破版权地域性限制的新一轮巅峰。网络时代的数字化表达已然来临，只不过传统的数字化表达通常是网络文字作品、网络音乐作品、网络影视作品等，这些作品现阶段通过相应的技术措施可以受到较好管控，如网络屏蔽措施等。但现阶段及未来的数字化表达需要面对新的地域性限制问题。在自动取得保护层面，作者的主体资格遭到智能化的数字化表达冲击。人工智能生成内容如果可以认定为作品，那么基于自动取得制度就应当将其归于人工智能这一原始主体，但各国著作权制度默认的是，作者资格只能由自然人或者以自然人为基础的其他法律拟制主体享有。

在作品的传播层面，智能化、虚拟化的数字化表达也将导致侵权抑或合法的争议。机器学习需要作品输入为基础，虚拟现实技术也需依托现实中实在物（美术作品等）为基础，如果这些作品被新数字化技术存储在相应设备中不加以表达，则不会对原有作品的跨国贸易产生损害，一旦进行数字化表达，机器学习输出端可能会因智能化产生新内容而不认定侵权，但虚拟现实技术这类虚拟化的数字化表达通过原样展现（如未经许可通过虚拟现实设备播放影视作品）或者将平面转为立体的改编（如图书的虚拟现实渲染）使受

---

❶ 全红霞. 略论著作权地域性的演变 [J]. 科技与法律, 2008（2）: 87-89.

众产生不同体验，而最终不仅导致本土侵权，甚至产生跨国侵权。但这种侵权极难被权利人察觉，虚拟技术设备依托其平台提供，如果一国对另一国的一部影视剧进行虚拟现实的数字化技术处理，并在本国的播放平台进行传播，那么另一国察觉时，已然损失了相应的利益。

数字化表达对版权地域性的冲击，具有隐蔽性、高技术性的特点，也正因高技术性的特点，现阶段虚拟化的数字化表达造成的跨国侵权几乎没有。不过，技术仍在革命的漩涡中前行，新基建设施将支持未来虚拟现实、混合现实的表达方式，从而产生新一轮地域性突破，因此有待继续深入研究。

四、数字化表达反映出作品合法性使用的制度狭隘

数字化表达的智能化体现在先前作品的储备，虚拟化体现则基于先前作品的渲染，无论哪种数字化表达方式都需要海量作品为基础，如果基于主动授权，数字化表达的呈现不具备效益性，而被动授权的合法使用，数字化表达的使用目的亦会超出现有国际普遍的具体制度与情形，仍难以契合对先前作品的合法使用。

知识产权的赋权意义在于知识产权通过创造、运用、保护等运行环节发挥相应的经济和设计绩效，从而盘活外部运行的各种社会资源，实现市场配置资源的最优化。❶ 知识产权的运行通常以"创造、运用、保护、管理和服务"❷ 的相互联系、相互影响和相互促进实现知识产权的良性运行。基于五类运行本体的相互联系，显然创造是知识产权运行的开端。知识产权的创造过程无疑与外部现实存在息息相关，外部环境所呈现的信息、技术、政策等对知识产权创造的开展具有重要影响。❸ 版权领域，作品的创作需要思想层面的素材加以支撑，即便数字化也需基于"思想"层面这一基础。"思想"的合法来源则是断定数字化表达合法来源的逻辑前提，即便数字化表达具备

---

❶ 吴汉东. 中国知识产权理论体系研究 [M]. 北京：商务印书馆，2018：229.
❷ 《关于新形势下加快知识产权强国建设的若干意见》（国发〔2015〕71 号）.
❸ 吴汉东. 中国知识产权理论体系研究 [M]. 北京：商务印书馆，2018：230-233.

可版权性，但因为其"思想"前提并非合法内容，仍旧不受版权法保护。因此，版权作为创作者与社会公众之间一项特有的垄断契约，两者之间的关系微妙之处在于，若创作者权利越矩，社会公众对于作品的传播和利用必受损害，若创作者权利限缩，权利人创作热情必受重创，因此著作权制度便在激励创作者知识创造与满足社会公众知识产品需求之间寻求有效利益平衡点。❶故著作权制度除了设计主动授权制度，还设计了被动授权制度，被动授权制度就是一个有效防止公众对作品利用时因难以通过授权许可而造成传播利用阻碍的平衡点，保障了作品合法使用的另一渠道。但数字化表达超越表达"一定表现形式"的现实存在的同时，也超越了人类"思想"主体，从而难以契合作品合法使用。

（1）数字化表达的复制与作品合法使用的冲突。如果说表达是思想的阶段，那么数字化表达则是"思想"的高阶阶段，数字化表达可以对"思想"广泛深入运用，并对"思想"的收集、分析进行延申。传统层面的思想来源，是人类通过对客观存在进行搜集后的应用，其中包括受著作权保护的作品。人类基于不同的思想维度，对作品产生不同认知，进而区分不同的思想表达。如果最终表达与原作品相差无几，那么如果该表达基于事先授权许可，或纳入合理使用制度范畴，抑或在法定许可制度之内，都可针对人类的最终表达作出侵权或者不侵权的认定，进而认定该表达的可版权性。而数字化表达的"思想"往往是对先前作品完全照搬的原样"复制"，人工智能需对先前作品进行原样输入才能完成后续的算法运算，虚拟现实技术需对二维或三维画面进行渲染才能展现虚拟感知的内容，这些过程均需要对作品进行"大量"甚至是"完整"性的复制，虚拟化设备一般是临时复制，但人工智能通常是完整"存储"，这些问题造成了作品合法使用与否的关键节点。如果在进行数字化之前对作品已经取得授权许可在所不论，但海量授权许可对于数字化的操作来说是一件难以面面俱到的事情，如果未经授权许可，数字化表

---

❶ 谢晶．"5G+混合现实"出版物著作权侵权风险及其应对［J］．出版发行研究，2020（4）：84-89．

达对内容借鉴的作品合法来源基础就难以断定。

（2）数字化表达因技术形态与作品合法使用的要件难以契合。第一，数字化表达打破了著作权制度平衡人与人之间的传播价值。如果基于思想边界而对侵权行为进行探讨，则数字化表达可能陷入侵权与不侵权的极端结果。如果仅以自然人主体的作品创作来看待作品合法使用，数字化表达因未有人的创作体现，对其可版权性研究不符合制度理论价值，则无论作品利用是否合法，该表达并不会被纳入可版权性研究领域。现实是，如果数字化表达没有可版权性，那么不受法律保护的内容就不会产生损害法律的结果，先前作品的利用在没有区分合法与非法的基础上就能被无限制滥用，从而扰乱先前作品的权利基础与利用传播价值。第二，数字化表达打破了现有作品使用的具体情形。数字化技术对作品使用很显然区别于传统的使用技术，现有法定许可使用的类型主要包括广播者、录音制作者的非交互式技术，主体和使用对象基本限制在义务教育、广播组织等；现有合理使用制度难以匹配其使用要素中"量"和"质"的复制层面，更不用说具体的适用情形；强制许可制度基于版权私权的本质，很少有国家进行规制，且该制度需要由国家版权管理部门的批准，一般基于特定的使用目的，很难想象商业性质的数字化表达使用得到相应部门的许可；而自由使用制度就像"思想与表达"二分法的区分，且仅限于德国著作权制度，因而制度移植的可能性有待探究。

总而言之，数字化表达在促进作品以新过程、新形式和新方式进行创造和传播的过程中，虽然促进了作品创造与传播的质量与速度，但也需要重视其素材作品的合法使用问题而导致的"蝴蝶效应"。

第二节　数字化表达的著作权立法例之困

技术正在颠覆法律。[1] 数字化表达将现代科技与"思想"融为一体，使

---

[1] Fred H. Cate. The Technological Transform of Copyright Law [J]. Iowa Law Review, 1996 (7)：2.

创作的数字化表达对版权体系的立法提出新的挑战，面对人类感觉器官与非人类思想的数字化表达，版权立法应当对这些问题加以关注。

一、现有作品类型难以涵盖数字化表达

著作权制度的历史变迁通过作品类型的扩张来作为其中一项表现。科学发现和技术发展已展现出创造性表达所采用的前所未有的新形式，而未来我们仍无法预见表达会采用哪些最终形式。❶ 因此，数字化表达区分于以往作品的数字化表达，印证了作品类型随着技术变革而进行扩张的趋势。现有国际作品的具体类型基本上呈现趋同化，但在国际条约的最低保护原则之下，仍有列举方式的不同。作品种类的示例有两种常见方式：一是按照作品的构成要素或者表现形式进行列举；二是按照作品的相互关系进行列举，包括原创作品与再创作品。❷ 但第二种方式的列举仍要归纳到第一种作品的具体类型之上，因而作品的构成要素或表现形式的归类才是问题的讨论之重。国际上对第一类作品具体类型的归类主要包括穷尽式列举和开放式列举，开放式列举包括有条件和无条件的情形。穷尽式列举的僵化和适应性不足使得与数字化表达的作品类型认定层面显得不够融洽，虽然开放式列举可以通过扩张解释数字化表达，但仍难以涵盖具体数字化表达。以虚拟现实为例，运用虚拟现实设备对电影作品进行渲染，可以使受众通过不同感官达到身临其境的感觉，这种虚拟化电影作品如果仅作为电影作品加以保护，那么这种虚拟化的电影作品如果没有虚拟化场景仍可构成电影作品的要件，但如果增加虚拟化场景，此电影作品是否就非彼电影作品，即陷入"白马非马"的悖论之中。

目前以开放式列举的作品类型主要源于国际上具有指导意义的《伯尔尼公约》，其第2条第1款以"一切作品"作为概括，并以"书籍、哑剧、未配词的音乐、造型作品"的表达方式或表达形式"等"作出举例说明的

---

❶ Copyright Law Revision, H. R. Rep. No. 94-1176, 94th Cong., 2d Sess., 51-58 (1976).
❷ 肖峋. 论我国著作权法保护的作品 [J]. 中国法学, 1990 (6): 60-66.

规定。❶《伯尔尼公约》对作品类型的开放式列举,指出科学与文学领域的"一切作品"皆可在作品范畴中加以保护。基于《伯尔尼公约》的最低保护限度,各国以开放式列举的立法模式对作品类型的认定显得尤为包容。《法国知识产权法典》规定,对于考察某项创作是否构成著作权客体时,不应加入任何价值或审美判断,也无关于创作目的,无论是工业创作目的或是艺术创作目的都不应成为著作权保护的阻碍。❷ 美国以"不限于"❸的作品列举式证明了其开放式列举的法条要求。虽然"开放式列举"的立法模式为著作权客体因技术进步而预留了未来空间,但无论是国际公约还是各国立法进行扩张时,都对作品的新类型保持审慎的态度,防止因新技术的表达方式不同,而使作品类型的扩张超出著作权制定的立法目标。如国际上对计算机程序、数据汇编的接纳长达十年之久,而音像制品等至今处于邻接权的客体范畴,未被广泛认可纳入作品范畴之内。

可见,尽管多数国家采取了"开放式列举"立法模式,但立法机关在新型客体类型出现时,仍不会凭借"开放式列举"而恣意扩大作品类型的保护范围。需要注意的是,即便一些国家采取"封闭式列举"或"半开放式列举"的立法模式,其也更愿意通过作品新类型的扩张立法来解决技术变革下的内容表达。以《德国著作权法》为例,虽然其作品的具体类型呈现封闭式列举,但在技术的驱动下,仍在其著作权法修改之际加入了三维立体的作品插图类型。我国现行《著作权法》虽只对符合作品特征的智力成果进行半开放式保护,但如果法律不对其他作品加以规定,那么新型表达在具备著作权

---

❶《伯尔尼公约》第2条第1款规定:"'文学与艺术作品'一词包括科学和文学艺术领域内的一切作品,不论其表达方式或形式如何,诸如书籍、小册子及其他著作;讲课、演讲、讲道及其他同类性质作品;戏剧或音乐戏剧作品;舞蹈艺术作品及哑剧作品;配词或未配词的乐曲;电影作品或以电影摄影技术类似的方法创作的作品;图画、油画、建筑、雕塑、雕刻及版画;摄影作品及以与摄影类似的方法创作的作品;实用美术作品;插图、地图;与地理、地形、建筑或科学有关的设计图、草图及造型作品。"

❷ CPI L. 112 – 1.

❸ U. S. Copyright Act of 1976, 17. U. S. C. §§ 101 et seq. (as amended up to the STELA Reauthorization Act of 2014), p. 4.

法保护的基础上仍无合适的匹配类型。

版权保护的每一种作品客体类型都是具备严谨性、科学性和时代性的,因为作品具体类型的保护将意味着其完全进入公共领域需要一定的时间,也就意味着公众对该类型作品的利用受到一定限制。基于此,在对数字化表达的著作权法保护问题进行探索时,仍要考量这一制度安排对多方利益的影响。

二、现行作品概念难以适用数字化表达

作品具体类型反映了作品范畴是从哪些客观表达中所形成的共同性特征,作品概念则反映了作品范畴中抽象而形成的概括性、一般性、必要性特征。从作品的渊源出发,词源于"work",释义为"包括脑力劳动、体力劳动或两者相结合的劳动,带有特定目的而非为了娱乐"❶。依据《伯尔尼公约》对作品的定义以及各国相应的共识来看,作品概念通常包括三个构成要件:一是思想表达;二是作品的创作性标准;三是载体的感知。诚然,作品要想具备可版权性,自然属于科学、文学和艺术领域,这一要素则不必赘述。而如德国那般直接规制必须是人创作的作品,也从"思想表达"中加以体现,因此德国并无法人作品之说,鉴于其特殊性,并不在此列举这一要件。

首先,"思想表达"这一共性存在争议。依赖自然人思维活动的数字化表达因一致内容,明显体现出自然人的个性,因而具备"思想"这一基本要素;而智能化的数字化表达因不依赖自然人的思维活动,其表达是算法、规则甚至是模板共同作用的结果,其中不依赖自然人的情感,更无法断定非自然人创作者的思维参与,故首先予以排除其著作权保护的可能性。❷ 如果基于智能化的数字化表达虽然是由于算法运算的结果,但如果没有自然人操纵并且规定其表达的特定领域,仍无法具有数字化表达的效果。毕竟纯粹性的

---

❶ 元照英美法词典 [M]. 缩印版. 北京:北京大学出版社,2019:1423.

❷ 王迁. 论人工智能生成作品的内容在著作权法中的定位 [J]. 法律科学(西北政法大学学报),2017,35(5):148-155;李俊. 论人工智能生成内容的著作权法保护 [J]. 甘肃政法学院学报,2019(4):77-85;陈虎. 著作权领域人工智能"冲击论"质疑 [J]. 科技与法律,2018(5):68-73.

智能化数字只能存储在载体中，没有"对话"或者"预设结果"的运用根本无法完成数字化的最终表达。因此，如果对"思想"这一特性进行扩张，则数字化表达就具备基础要素。

其次，作品创作性标准难以达到。若将创作性标准作为独创性标准的内在标准进行探索，防止合作作品产生不适性。创作性这一特性不仅体现在智能化数字化表达类别，更体现在虚拟化的数字化表达类别。以虚拟现实为例，该技术通常依赖现实中已存在的内容，从而进行虚拟的数字化表达，例如对电影作品的虚拟现实场景预设，对已有的声音进行采样并通过虚拟歌姬表达。这些仅仅依数字技术的再现，是否具备创作性特征在作品范畴内很难断定，是否达到最低独创性要求也很难确定。此外，因数字化表达涉及现有作品的使用，其是否为合法来源也是创作性标准的逻辑前提。

最后，可版权性要求数字化表达一定是以一定形式表现的表达。日本著作权法将其规定为作品应当通过某种形式表达，才能够被公众客观感知。人类具有视觉、听觉、触觉等感觉，因而表达方式包括视觉可见的文字、图片等，听觉可闻的音乐、电影等，这些表达手段通常是有形的纸张、书本、画册或者是一些 CD 等载体，也可以是无形的软件、声波等。这些表达手段是对作品具体类型这一表达的安排，手段和具体类型的契合才是人类智力内容成为作品内容的关键。❶ 因此，现在出现的触觉和嗅觉在内的虚拟现实等，导致作品的表达手段依托了现实环境，并且有些虚拟现实具备人类感官的五感体验，而针对香水这一类嗅觉产品的著作权保护早就存在争议，这种通过物理成分作为载体的特殊内容，虽然依靠现有技术可以原样固定，但是针对此类产品并没有有关人类感觉的这一立法规定，因此在这个层面的数字化表达是否受著作权法进行拆分保护或者整体保护仍旧是一个国际性的问题。

三、数字化表达导致作品使用的立法规制不匹配

科技进步与数字时代的发展，使得过去作品被动使用的著作权规范之例

---

❶ 德国著作权法［M］. 范长军，译. 北京：知识产权出版社，2013：3-4.

外成为著作权人与使用者对抗的工具。为了保护公众利益,在一定程度上导致了作品被动使用制度的扩张。而在现行的作品使用的立法规制下,以合理使用、法定许可、强制许可和自由使用的制度很难在智能化、虚拟化的数字化表达中进行适用。

(一) 合理使用制度的立法规制

合理使用制度起源于《安娜法令》中,该法令仅授予书商机械复制权,以求最大限度保障公众使用作品的权利。随着英国法院在审判中寻求私权与公权的平衡,并通过判例将合理节选❶作为合理使用的渊源,产生合理使用制度的雏形,同时逐渐发展至成熟,并纳入版权法。1976 年,美国从司法实践中量化出"四要素",细化合理使用的适用要件,并以概括式方式纳入美国版权法。❷ 1886 年《伯尔尼公约》第 9 条之第(2)项规定,允许作品可在特定情况下进行复制,但复制应遵循法律规制。这是国际公约首次将合理使用作为版权限制的重要标准,也是我国合理使用制度的法律渊源。1988 年《英国版权法》第三章专章规定了允许对版权作品的实施行为,且第 76 条明确指出这些行为亦可归为不侵犯被改编作品的版权。❸ 现行立法例上,合理使用制度对具体行为的规制分为封闭式、概括式和混合式。❹

封闭式立法的代表国家通常为大陆法系国家,《德国著作权法》中的"合理使用"在第六章中穷尽式地列举了包括临时复制、教会、残障者、学校教学等"合理使用"情形。法国作为将作者利益置于公共利益之上的"作

---

❶ Gyles v. Wilcox. 26 Eng. Rep. 489 (Ch. 1740). 该案中英国法院认为节选本作为与原作不同的新作品,应当对其创作加以鼓励,从而推定作者为创作新作品而使用原作品,应为合理使用,不应判定侵权。

❷ 吴汉东. 美国著作权法中合理使用的"合理性"判断标准 [J]. 外国法译评,1997 (3):45 – 58.

❸ 《英国版权法》第三章第 76 条:"根据本章之规定不侵犯文字、戏剧或音乐作品的行为,在涉及的作品为改编作品的情形下,亦不侵犯任何被改编作品之版权。"

❹ 易磊. 对我国当前合理使用修改的思考:以德国"合理使用"为视角 [J]. 电子知识产权,2019 (2):4 – 13. 以《德国著作权法》第 24 条的概括式"自由使用"和第 44a – 63a 条的列举式"合理使用"情形为例的混合式。

者权法系"国家,仍然规定了合理使用制度,并且于《法国知识产权法典》(CPI L.)第 122-5 条开宗明义规定了合理使用的具体行为,目的在于甄别何种"重制"(réproduction)或"公开再现"(représentation)的行为是使用作品的必要行为,从而不被认定为侵权行为,其中包括个人使用、家庭使用的私人利益基础,资讯流通❶与言论自由❷、特殊主体❸与客体❹的公共利益基础。此外,《英国版权法》也是列举式规定,该法认为对合理使用制度的正确描述是"受许可的作品使用"(permitted uses of copyright works),但因为其在具体条款中使用了"合理使用"(fair dealing),有学者也将合理使用替代"受许可的作品使用"。既然合理使用有具体条款,且合理使用与"受许可的作品使用"之间呈现包含关系,可将其仅限于合理使用的规定条款之中。而与数字化表达相关作品使用条款,未用合理使用描述,而是重制行为保障视觉障碍者的利益。因此,封闭式立法的严格限制导致了数字化表达很难找寻合适的使用行为,容易困囿于立法规定的具体情形中。

概括式立法的代表国家通常为英美法系国家,因其总结于判例结果,故其立法规制在很大程度上仍是司法实践中具体适用的体现。《美国版权法》将合理使用的立法规制体现在第 107 条,合理使用的概括式体现在后半段明确的:"在任何特定案件中,决定对著作之利用是否为合理使用,考虑之因素应包括四项基本要素。"而前半段所示例的批评、评论、新闻报道、教学(包括为了课堂使用的多份复制件)、学术、研究这六类,因用"例如"(such as)描述,明确并非限于这些类型,因而《美国版权法》并非封闭式,应当是概括式立法上的例举说明。即便是列举式说明,也未将相应的条款呈现,但数字化表达在前端的批量化、自动化复制与商业营利性模式,仍难以契合相应的立法制度。

---

❶ CPI L. 122-5-1.3°(a)(b)(c)(d); CPI L. 122-5-1.8°; CPI L. 122-5-1.9°. 包含简短引用分析、报纸提要、公众演讲、教学目的、保存或用于维持现场阅览条件与即时通讯提供。
❷ CPI L. 122-5-1.4°规定,言论自由,则是滑稽嘲讽、模仿、讽刺漫画等。
❸ CPI L. 122-5-1.7°规定即身心、视、听障碍人士。
❹ CPI L. 122-5-1.6°规定的暂时性重制与 CPI L122-5-1.3°(d)规定的法院拍卖目录。

混合式立法通常以我国为例,我国现行《著作权法》第24条列举出12种具体情形,并且在前项以不经著作权人许可;不必支付著作权人报酬,但应当指明作品名称、作者姓名等;不得侵犯著作权人其他权利这些借鉴《伯尔尼公约》中所规定的概括式为标准要素。同样,我国现行《著作权法》的兜底条款,是半开放式而非概括式。混合式立法的合理使用规制在一定程度上明确了合理使用的范畴,但因封闭式列举的缘故,导致新技术条件的使用,尤其是数字化表达层面难以契合。

合理使用制度基于作品传播与言论自由等目的,在一定程度上认可了权利人基于共享人类文化创作的精神底蕴,从而建立起与使用者(再创者)的和谐关系。数字化表达在概括式的条件下,虽然不用契合具体使用的情形,但正因如此,进行立法解释时为了防止版权权利人利益的不当损害,很难以类推和扩张解释突破原有标准。而在封闭式的条件下,契合具体适用情形就更难突破行为限定的牢笼。因此,合理使用制度作为数字化表达对作品合法使用的逻辑前提,仍需要解释或立法的更新进行制度的与时俱进,但如果其他作品被动使用能够适用,则基于效益原则,合理使用也可不必进行立法修改。

(二)法定许可制度的立法规制

法定许可在世界著作权制度史上历经从模拟复制到移动互联网时代的变迁,至今已有百余年的历史,虽然在历次传播技术变革后,关于法定许可的适用范围都会经过一番争论,但其基本立法价值取向一直较为稳定。❶ 从法定许可制度的发展来看,其法律渊源可追溯至1909年《美国版权法》❷ 规制的"录音制品法定许可"❸,1988年《美国版权法》增加了卫星电视的转播法定许可,并进行数字技术的法定许可扩张以适应传播技术。美国立法者始

---

❶ 熊琦. 著作权法定许可制度溯源与移植反思[J]. 法学, 2015(5):72-81.

❷ 有学者认为美国版权法体系中的强制许可规定类似于法定许可规定,但通常情况下美国的强制许可与法定许可构成要件相同,可以作为法定许可来看待。

❸ 《美国版权法》第115条"制作合法性录音制品法定许可"。

终认为，法定许可仅应存在于市场难以自发解决问题的特殊情形下，旨在解决一些具体矛盾，如美国1909年对录音制品的法定许可规定，就是为了协调产业主体之间矛盾的妥协之举。❶ 随着新技术产业主体与版权权利主体的协调，法定许可制度逐渐扩张到有线和卫星广播组织节目信号转播以及数字音频传输等领域。❷ 因此，法定许可制度的创设并非契合著作权制度所考量的公共利益与鼓励文化传播，而是解决版权市场中因技术产业变革而导致主体利益分配不合理的手段。21世纪，基于数字化表达的音乐作品和录音制品的法定许可已在研究，法定许可所体现出的相对自由的协商机制、作品许可的模式化、固定版税等为音乐作品等数字化产业打开了一条渠道，因此有学者建议将智能化的数字化表达的作品使用纳入法定许可，而非合理使用。

国际上许多国家和地区通过规定教科书编写、报刊转载、广播电台、电视台播放作品和录音制品的法定许可，从而简化版权许可的程序，促进作品在特定领域的传播和使用效率，调整因传播技术带来的利益分歧。但在数字化时代，这种需要付费，且付费的数额、方式和时间需要"意定"，被许可人需要有使用作品和制度报酬的表示行为仍无法满足智能化的数字化表达。同样，虚拟化的数字化表达通常采取录制的方式，而非直接使用以达到使用者所预期的效果，因此这种法定许可制度也难以匹敌虚拟化的数字化表达。可见，法定许可的立法规制虽然有效解决了一定的利益问题，但对数字化表达的合法使用仍存在一些不足。

（三）强制许可的立法规制

强制许可使用制度是指在特定的条件下，由著作权主管机关根据情况，将对已经发表的作品进行特殊使用的权利授予申请获得该项权利的使用人的法律制度。各国和地区针对强制许可也作了一些规定，且适用范围以及要件

---

❶ 14 No. 9 Cyberspace Law. 24.
❷ 郭雨洒. 新技术时代广播组织权制度变革与重塑［D］. 武汉：中南财经政法大学，2018：32.

大体相似。美国、德国以及加拿大著作权制度对强制许可的范围无外乎限制在二次使用之上，比如有线广播的二次播送，已故作者作品的所有权人拒绝或公开演出该作品，甚至以商业目的进行的销售、制作某一作品的录音作品均可颁布强制许可证。

在国际体系下，《伯尔尼公约》是率先对强制许可作出规定的国际公约，随后《世界版权公约》也进行了强制许可的规定，但这些规定均是对发放强制许可证而作出的严格性基本条件。这种强制许可多半是为了"由于其经济情况及社会或文化需要，自认为不能再在当前作出安排以确保对公约文本规定的全部权利进行保护"的发展中国家，希望享受一定的优惠待遇。一般来看，国际公约对外国作品的强制许可仅限于印刷出版、视听作品等，主要以复制、翻译、广播等方式进行使用。❶虽然这些强制许可有诸多益处，但在实践中十分困难以及复杂。烦琐的申请手续、申请的时间、"国际货币"的汇兑等导致很多发展中国家难以享受这种优惠。因此，这种性价比过于低下的行政性许可使用很难追上数字化表达这一追求效率和批量使用的脚步。

（四）自由使用的立法规制

自由使用的立法规制属于德国所特有，《德国著作权法》第 24 条规定："自由使用（freie benutzung）他人作品创作的独立作品，可不经被使用作品的作者同意而可以发表与利用。若使用明显引用了音乐作品的旋律并为新作品基础，则不满足自由使用。"即如果个人出于创造新作品的目的，在未经他人允许的情况下使用他人作品的行为，应当受到法律的支持。作品的创作大多植根于先前作品的灵感启迪，因此自由使用的制定目的有二：一是为了划分改作❷权利的排他效力；二是赋予创作人利用前人作品创作出展现自己独创性的作品从而取得版权。

---

❶ 吴汉东.著作权合理使用制度研究［M］.北京：中国人民大学出版社，2013：135.
❷ 《德国著作权法》中的改编作品被译为改作。

有学者指出，自由使用的立法例在一定程度上是合理使用概括式立法的体现，因而是合理使用的概括式表述。❶ 但从《德国著作权法》的体系安排来看，自由使用规定在第四章"利用权"之下，而合理使用的具体情形规定在第六章"权利限制"之下，可见，相较于为了利益平衡而制定的著作权例外之合理使用制度，与赋予创作者对既有作品思想精神的提取利用有很大程度上的不同。概言之，自由使用制度在一定程度上相当于作品的原创，既不属于作品复制，亦不体现新作品与原作品的天然联系，因此就是"思想"层面的利用。恰恰因为自由使用需要的创作高度，不能是依附于原作品的改作，知识作为创作者在精神思想上的参考对象，并且将其融入，表达出创作者的思维活动过程，展现出独创性，从而完全割裂两部作品的表达之关联，仅限于思想层面的提取，故与完全基于思想的表达无异。

从对自由使用厘定改作与原作来看，这种排除新作品与原作品之间的联系，是创作者取得对思想进行新表达的权利的基础，体现出著作权不保护"思想"，只保护"表达"的基本内涵，因而可与传统的"思想表达二分法"原则处于同一位阶。因此，在尊重德国著作权法制定的基础上，各国并无必要针对自由使用这种暗含"思想表达二分法"原则的立法制度再进行立法改革与规制，也不符合本研究意欲探讨数字化表达对作品合法使用的批量化、自动化的复制。

从立法层面来看，作品的四种被动许可模式中，强制许可制度需要的许可申请除很难实现数字化表达对作品利用的自由调整外，还难以通过国际公约具体引入；自由使用因立法上体现出"思想表达二分法"的本质内涵，因此也不宜探讨对自由使用这一立法规制的移植，否则会造成各国立法的重叠与混乱。故唯有合理使用与法定许可使用在对作品合法使用的认定上，能够在数字化表达中契合部分合法使用的前提，为后续探讨数字化表达所应用的作品适用于这两种制度奠定了法律渊源。

---

❶ 易磊. 对我国当前合理使用修改的思考：以德国"合理使用"为视角［J］. 电子知识产权，2019（2）：4-13.

第三节　数字化表达的著作权法司法适用障碍

数字化表达导致的立法障碍将影响司法适用，而司法判定的障碍并不是新出现的问题，在旧有的实践中已有所体现，数字化进程只是将其无限放大，以至于再不突破将成为技术的桎梏。

一、数字化表达导致思想表达二分法难以进行司法判断

思想表达二分法是界定著作权保护客体范畴的前提，也是衡量一种"思想"与"表达"必须相辅相成的著作权保护客体的逻辑要素。但思想表达二分法最大的缺陷就在于：对于什么是思想，什么是表达，从来都是一笔糊涂账。❶因此，混乱规则中的数字化表达中因存在与思想表达交界处的智能化表达和虚拟化表达，导致思想表达的司法适用面临以下几个层面的问题。

第一，思想表达二分法的模糊界限与数字化之间的"创作"行为认定产生矛盾。法院往往将自由使用而不承担侵权责任的作品要素称为"思想"，而将不能自由使用的作品要素称为"表达"。创作的思想元素与作品表达之间的模糊地带，使数字化表达的著作权保护面临思想与表达的断定困难。单纯的人类创作行为模式下，因人类的思想能直接脱离抽象附着于表达这一客观实在之上，较易通过思想与表达混同原则来直接否认思想的体现，从而缓和思想表达二分法的模糊地带。❷但在数字化表达的过程中，智能化算法直接取代人类，从而迫使司法实务者裁定非人类"思想"的表达的著作权保护问题。因为这种情况下的数字化表达，将思想与表达完全割裂，不存在思想表达的混同，因此法院很难通过反证的方式加以适用。即便是在人类创作行

---

❶ Alfred C. Yen. A First Amendment Perspective on the Idea/expression Dichotomy and Copyright in A Work's "Total Concept and Feel" [J]. Emory Law Journal, 1989, 38: 393-436.

❷ 刘强, 刘忠优. 人工智能创作物思想与表达二分法问题研究 [J]. 大连理工大学学报（社会科学版）, 2020, 41 (3): 80-88.

为的模式下，虚拟化的数字化表达则对"表达"层面发出挑战。思想表达二分法中的"表达"应当是有体形态的表达，而虚拟化是物质本体以外的虚拟本体，是一种与现实相对应的世界多元化反映。

第二，思想表达二分法也是认定数字化表达是否侵权的原则。著作权只保护作品的表达不保护作品的思想，因而著作权在进行侵权认定正向考量时，还会以思想表达二分法原则作为认定标准。但思想并不受著作权法保护，因此知识观念被喻为上帝的礼物，而这些知识在"你们白白地得来"之时，"也要白白地舍去"。❶ 就像某种符号没有发挥精神功能的时候，严格来说，它就不是作品，从而不属于著作权法规制的范围。❷ 但思想不受著作权法的保护，单纯的表达若不体现人的思想，是否也无法断定是否存在侵权的问题？这是因为如果数字化表达的内容虽然存在批量复制的事实，但数字化表达批量复制后，提取出的是原作品的思想，那么后端重新进行表达就是否不存在侵权事由？抑或，数字化表达因不是思想的表达，故而不受著作权法保护，那么利用数字化表达时，已无须考虑是否侵权。但现有侵权案件表明，这一问题必须给予解答。例如，"春风送来了温柔案"❸、"奥特曼案"❹。

二、数字化表达下著作权主体的司法认定难以统一

数字化表达从技术本源上给著作权主体的司法认定标准造成困难。传统司法程序认定著作权主体的标准，通常只涉及在立法框架内进行自由裁量的量化规定，而非是非规定。但基于数字化表达的智能化和虚拟化特征，使原本认定著作权主体裁量标准变为是与否的认定。这种是与否的起点在于，数字化表达的基础可能非人类思想的表达，因而在著作权主体的认定层面产生困难。

---

❶ 卡拉·赫茜. 知识产权的兴起：一个前途未卜的观念 [J]. 金海军，钟小红，译. 科技与法律，2007（1）.
❷ 王坤. 论著作权保护的范围 [J]. 知识产权，2013（8）：20-24.
❸ 北京互联网法院（2023）京0491民初11279号民事判决书.
❹ 广州互联网法院（2024）粤0192民初113号民事判决书.

第一，世界范围内大多数国家的著作权法规定，著作权主体通常为作者，而作者只能是自然人。因此，即便人工智能依赖的机器学习过程无限接近自然人，但根据现实的科技及产业发展水平，现行法律权利保护体系已经可以对此类软件的智力、经济投入给予充分保护，就不宜再对民法主体的基本规范予以突破，故自然人不再是著作权主体资格赋予的必要条件。❶ 即便少数国家或地区希望通过国际条约或协定予以认可，如欧盟认为应当赋予人工智能这类数字化表达类型以"电子人"的主体资格，但仍缺乏相应的司法适用基础。在现有著作权制度下，基于思想表达的"自然人"基础，若将著作权主体的作者身份由"具备思想的人"变为"数字人"，且强行将数字化运行机制类比为大脑运行机制，不免有些牵强，从而导致独创性标准难以适用。

第二，假设将智能化的载体作为创作行为的著作权主体，即正如2014年《日本专利法》中指出的"除了人类劳动产生的知识产权之外，由计算机自主创作的、能够与其他创作作品进行区分的文学创作物，同样受到知识产权保护"。❷ 但是智能化载体依旧很难通过司法适用匹配立法规定。例如，虚拟歌姬只能作为一种表现手段和表达形式，其声音的提取和合成是由其他创作者创作的，借由虚拟歌姬进行表达而非虚拟歌姬自身的声音，这些声音进行数字化处理后并不具备一定的感情，因为声音库中的人类声音在数字化处理后弱化了原有的情感表达或者某个字词的发音本身并不契合该音乐和歌曲的表达。正如我国首例虚拟数字人视频著作权纠纷案的审判观点一样，法院认为，虚拟数字人所作的"表演"，本质上是对真人表演的数字投射，是对"中之人"❸ 现实表演到虚拟形象可视化、具象化的再现或重构，是制作人进行设计、提供文案内容、制作视频的结果，且通过"中之人"的幕后表演者

---

❶ 北京互联网法院（2018）京0491民初239号民事判决书。

❷ 吴汉东. 数据信息分析合理性认定的版权规则 [J]. 中国版权，2024（3）：5–19.

❸ "中之人"是当前网络流行词，字面意思为"里面的人"，通常指称非真人角色背后的扮演者或表演素材提供者。在虚拟偶像运营中，"中之人"多为形成虚拟偶像的个性化特征而以声音、现场即兴表演、人物性格设定与策划等提供支持的专业人员。参见：吴汉东. 论人工智能生成内容的可版权性：实务、法理与制度 [J]. 中国法律评论，2024（3）：113–129.

以声音、动作、表情等进行演绎。❶ 可见，人的富有情感的声音在数字化表达的过程中也难以与作者个性所包含的情感、意识相匹配，更难以在司法审判中认可智能化本身具备"作者个性"这一裁判标准。

著作权法须对"最为宝贵的人的创造性思想"以及"最为普遍的人工智能的独创性表达"作出制度回应，否则其适用价值将不可避免地被消解。❷ 因此，司法实践中产生的这一分歧：美国版权局秉持"不支持无人类作者的作品注册版权"这一原则，认定作者仅对文字叙述和视觉要素的编排享有版权，可以注册；而对机器生成的图像，不能进行版权作品登记。❸ 因我国没有美国那样"登记—审核"的版权注册制度，在权利自动取得的情形下，法院处理智能化的数字化表达案件时，认为可以有条件地认可表达与思想的片段式分离考虑。❹

三、数字化表达对作品使用的合法来源认定产生影响

如果说思想是一切客观实在的反映和再创，那么先前存在才是思想之源泉。数字化表达的重要发挥，离不开先前存在的使用与承继。正如石油是工业的"血液"一样，先前存在则是构建数字化表达的"养料"，无论"养料"在数字化表达过程中是通过人的思维活动反映，还是直接通过智能化的数字化运算过程反映，表达的前提都需要对先前存在不断进行感知，融合并"自我学习"。目前国际上对先前作品合法使用的司法裁量包括合理使用、法定许可、强制许可和自由使用制度，但这些制度在司法实践中的应用很难完全适用于数字化表达的合法使用问题。合理使用因在英美法系甚至在日本的

---

❶ 杭州互联网法院（2022）浙0192民初9983号民事判决书，杭州市中级人民法院（2023）浙01民终4722号民事判决书。

❷ 司晓. 奇点来临：ChatGPT时代的著作权法走向何处：兼回应相关论点[J]. 探索与争鸣，2023（5）：79–86，178–179.

❸ 吴汉东. 论人工智能生成内容的可版权性：实务、法理与制度[J]. 中国法律评论，2024（3）：113–129.

❹ 杭州互联网法院（2022）浙0192民初9983号民事判决书，北京互联网法院（2023）京0491民初11279号民事判决书。

立法中呈现出对数字化技术的回应，且合理使用制度的司法认定标准较为完备，故在此进行着重讨论。自由使用制度因在一定程度上与合理使用相关联，并与认定数字化可版权性的"思想表达二分法"与"独创性"原则较为一致，也对这一德国特有明确规定制度作案例分析。但基于法定许可制度的主体仅限于特定主体，更常作为一种经相关部门实施"一揽子许可"的行政模式，在此不作司法讨论，而强制许可通常适用率极低，在司法实践中通常涉及行政机关主体的诉讼，因而同普通的著作权侵权层面的民事诉讼有很大的差异，也在此不作讨论。

（一）合理使用制度的认定

因合理使用起源于英国判例，后被美国采用并通过司法完善出"四要素标准"，其后《伯尔尼公约》总结出的"三步检验法"也被相应的国家采纳并作为司法适用的标准。因此，需从"四要素标准"与"三步检验法"中全面分析，是否两种合理使用制度的司法认定均难以适用于数字化表达。

（1）"四要素标准"的四要件认定困难。以适用"四要素"标准最为完备的美国判例作为重点分析，多数法院均认为合理使用为一种"积极抗辩"（affirmative defense），且基于合理使用的认定是事实与法律问题的结合，故通常被认为是对个案的分析（case - by - case）。美国联邦最高法院通过三个判决阐述了著作权法合理使用的基本原则，Sony Corporation of America v. Universal City Studios, Inc. 案❶着重于"商业性使用"与"实质性侵害用途"，认定 Betamax 录影机作为家用时间的转换性使用，因而不会对著作权人的潜在市场造成损害。同时，美国联邦最高法院大法官史蒂文斯（Stevens）还认为只要是以商业盈利为目的，就可推定有未来利益损害的可能性。在 Harper & Row Publishers, Inc. v. Nation Enterprises 案❷中，欧康纳（O'connor）大法官对"使用之目的、受保护著作的性质、被使用部分的量与质、对市场

---

❶ 464 U. S. 417, 104 S. Ct. 774, 78 L. Ed. 2d 574 (1984).
❷ 471 U. S. 539, 105 S. Ct. 2218, 85 L. Ed. 2d 588 (1985).

的效果"作出思想基准认定。在 Campbell v. Acuff – Rose Music, Inc. 案❶中,"利用目的与例外;被保护作品的性质;被使用作品的占比;对作品潜在市场或价值的影响"也成为合理使用的一些考量因素。但该案的重大突破则是,苏特(Souter)大法官认为,"商业性使用"需要结合转换性使用加以判定,若原作新增的内容,改变了原作品的表达、信息或意义,即转换性使用程度很高,则"商业性使用"的认定重要性就低。可见,美国"四要素标准"的认定标准在具体司法判例中仍会呈现不同。

(2)"三步检验法"为《伯尔尼公约》所规定,后被 TRIPs 协定所借鉴。首先,三步检验法需在特定条件下适用;其次,不损害作品的正常使用;最后,不损害作者的合法利益(著作人身权和著作财产权)。"三步检验法"可以说是著作权限制的反限制措施,是司法适用基本原则,用以防止使用者对著作权人利益损害的不合理扩大。在具体实践中,国际组织对此检验法作出进一步解释,作品的利用方式应当是处于"特定目的"与"非经济竞争"的标准。欧盟成员则就"家庭例外"的"商业例外"提出异议,认为该例外不满足"非经济竞争"的标准。WTO 争端解决组织依据 TRIPs 协定第 13 条对该争议作出了裁判报告,通过数据说明"家庭例外"在互联网并不发达的情况下,其适用范围仅有 13% ~18% 的场所,也不会损害作者利益和作品正常使用,但"商业例外"因适用场所广泛,且这些商业上的使用必须缴纳特定的费用,而被排除在"三步检验法"之外。❷

此外,在具体的司法实践中,各个国家对合理使用的判定标准呈现不同的考量,我国针对合理使用的考量因素,在一定程度上类似于美国所规定的"四要素标准",但在具体审判过程中,需要结合既定的行为状态,如使用作品与原作品的比例、使用作品具体是否影响原作品、使用作品是否侵犯原作品等来判断。日本的司法实践则一贯拒绝美国"四要素标准",在本

---

❶ 510 U. S. 569, 114 S. Ct. 1164, 114 L. Ed. 2d 500 (1994).
❷ 北京市张玉卿律师事务所. 评述 WTO 版权第一案:美国版权法第 110 节条款案 [J]. WTO 经济导刊, 2007 (6): 73 – 76.

国立法与"三步检验法"之上,进行合目的性的解释以及法理层面的扩张解释。❶ 也正是基于合目的性的扩张解释,因此日本的合理使用可在司法层面的认定标准呈现对数字化技术的调适。

现阶段,智能化的"小冰"通过数字化表达的诗歌已经付梓,洛天依、赫兹等虚拟歌姬的数字化表达歌曲也普遍被公众认可,混合现实的数字化表达成像也在人类的操纵下进行固定。如果拘泥于"四要素标准"和"三步检验法"的司法认定标准,作品的批量性使用与"商业目的"都很难脱逃对原作品的原样复制和对原样作品的数字化再现表达。因此,针对现阶段各国司法实践中对合理使用所提取的标准来看,很难证明数字化表达的前期使用是合法使用。

(二)自由使用

自由使用的理论基础在于作品的创作往往不是凭空产生,而是通过自由的源泉产生,已创作出的作品也应当为公共精神财富。但对他人的智力成果的使用应当从保护作品内容的界定出发,探寻作者为了社会经济文化发展能够做出的最大让步。德国著作权法在进行权衡之后,总结出两个条件:一是使用者仅将作品作为思想的源泉,联邦法院法官用"隐含"和"黯然失色"形容被使用作品的独创性被完全取代;二是使用者的目的在于创作出一个新作品。❷ 实际上,法官不可能进行单独判断,往往需从原作品中进行比较这种所谓的进步,这种比较理应按照整体印象判断。❸ 自由使用同合理使用最明显的区别在于,由于使用的判断并不取决于对原作品使用的量,而是在整体比较时,新作品独创性内容比原作品的独创性内容更具影响力,❹ 且既然

---

❶ 包括:(1)扩张解释现行的权利限制规定;(2)认定存在权利滥用的情形;(3)认定默示授权的存在情形;(4)利用本质特征直接感知的法理否定的存在;(5)欠缺实质性违法事由;(6)认为该行为是不当使用;(7)该使用的权利对象不当。

❷ 周澎. 改编作品侵权的认定规则——基于美、德经验的分析[J]. 法治社会,2019(5):81-91.

❸ BGH GRUR 1982, Staatsexamensarbeit. p352. M. 雷炳德. 著作权法[M]. 13版. 张恩民,译. 北京:法律出版社,2004:245-260.

❹ M. 雷炳德. 著作权法[M]. 13版. 张恩民,译. 北京:法律出版社,2004:259.

该种程度已经是呈现自己的人格精神,是具有较高的独立个性之创作,则对作品的使用构成自由使用,均所不问自由使用先前作品的量多寡,是否是全部或片段、一部,目的是商业性或非营利性的。

虽然自由使用为德国著作权法的特殊存在,但通过对其司法案例的分析,折射出其判定的本源在于"思想表达二分法"原则与"独创性"原则的层面,而且同美国"转换性使用"的认定方式几乎相同,因此自由使用制度作为作品合法来源,相当于直接对数字化表达进行可版权性客体的直接认定,因而自由使用制度的司法实践可以视为"思想"层面的来源,但数字化表达若要适用自由使用制度,则同"思想表达二分法"陷入相同困境,同时在判定"人格精神"时,也难以摆脱"独立个性"的人格精神。

在未对法定许可和强制许可制度进行司法探讨的基础上,发现数字化表达对作品使用的合法来源认定上,难以完全契合合理使用制度和自由使用制度。即便如此,因合理使用与自由许可制度所蕴含的著作权制度价值以及部分认定标准的契合,可以作为以后司法裁量的调适基础。在一定层面上,合理使用与自由使用制度均存在司法认定的自由裁量程度,可以在必要条件下进行合理的法理解释。但这并不意味着法定许可制度不可通过立法规制加以调整,从而免除司法诉累。有学者亦指出法定许可制度的优势[1],故也要对其进行制度分析,从而作最优化选择。基于不同制度对数字化表达的合法使用前件作品的可能产生的影响,进行数字化表达过程的行为分析,并且基于不同制度的立法本质进行证成,才能最终筛选与调适。

第四节 数字化表达的著作权法理论证成之困

"思想"与"思想"基于主体资格、独创性、一定形式表现的基本标准,以及"思想"来源是作品合法性使用的逻辑标准认定的自洽性难以满足,也

---

[1] 刘友华,魏远山.机器学习的著作权侵权问题及其解决[J].华东政法大学学报,2019,22(2):68-79.

难以从劳动价值理论、市场激励理论和利益平衡论提供充分的理论证成。

一、哲学范畴下著作权权属的证成困境

明晰数字化表达的著作权权属，目的是赋予数字化表达的著作权主体以著作权，没有权属的作品是不具有意义与价值的。著作权包括财产权和人身权的双重属性，因而著作权本质脱离不了"人"的主体资格。哲学范畴下的财产权证成最初由"劳动价值论"框定，随后基于"人格权利论"进一步明确"意志—人格—财产"的逻辑思路，并由"劳动异化论"发展并完善。

（一）劳动价值论视角

数字化表达的著作权权属理论争议首先体现在"劳动价值说"的不适性。"劳动价值说"的核心新思想在于劳动能使一切东西具有不同于它自身状态的价值，在此基础上，劳动者基于其劳动的产物、价值应当归属于劳动者。该学说源自洛克，指出人类共有世界上的自然物，但这种自然物基于最初的自然状态而无法将其归为人类私有，但人类如果使用某一自然物，就要通过某种方式占有自然物进而使用它们，从而使人类利用理性为生活提供便利。因此，只要他使任何东西脱离了自然存在的状态，并加入了自己的劳动，即附加了他自己的东西，从而就排除了他人的共有权。[1]

这种凭借人类自己劳动的开垦或占有只不过是非常小的可以忽略不计部分，且这部分劳动获取的私有无不会侵犯任何一个他人的权利，换言之，如果私有财产的获取损害了他人，那么这种私有则不在恰当范围内。但在数字化表达的著作权权属问题研究上，智能化的数字化表达不再基于"人类"这一主体进行劳动，人类将其创造出来，仅需要一个简单的指令，便可得出想要的表达结果，如此一来，"劳动"这一媒介失去了证成著作权权属研究的意义。此外，虽然虚拟化的数字化表达基于人类的创作，但是该创作是由终

---

[1] 约翰·洛克.政府论（下篇）[M].叶启芳，瞿菊农，译.北京：北京大学出版社，1986：36.

端用户利用代码化的程序实现,并且有些会借助现实世界中业已存在的作品。因而,这种终端用户创作的虚拟类数字化表达也存在"劳动价值论"的证成争议。

(二)人格权论视角

"人格权理论"对数字化表达的著作权权属证成争议主要体现在"意志—人格—财产"这一逻辑基础上。人格权学说认为财产权提供了一种独特的或者说是恰当机制,能够让个人得以实现自我、表达个性、维护尊严与认同。❶财产是人生存和发展的基础,"人把他的意志体现于物内,这就是所有权的概念"❷。这就证明了人格权论下著作权制度体系所保护的可版权性作品必须是创造者的自我人格体现,且这一自我人格反映了内在的某一思想。

"作者"这一概念在兴起之时,就充满了浪漫主义的色彩,且更能解释作品的可版权性与人格权的关系。作者与作品的内生关系,源于作品所蕴含的"作者"观对作者有很强的人身依附。但人格权论视角逐渐并不再适应著作权制度体系的演变,在作者对人格化版权概念进行积极追求的同时,也演变出一条作者对去人格化版权概念的新追求,这一追求体现在作者与出版商的长期争斗,并且迫使法官逐渐认为作者首先是一个商品生产者,只有将作品转化为切实的经济利益,作者才能行使相应的著作权制度,用来保护自己的人格权部分。作者是作品的控制权主体,而作者的思想需要纸、印刷术等技术进行交流。诚然,人格权论视角对可版权性作品的解读存在自身体系的逻辑不自洽,其对作者概念以及独创性表达的作者意志却是很好的解读,但在数字化表达这一技术表达下,智能化具备"人格"这一观点很难论证。

(三)劳动异化论视角

"劳动异化论"中对人的意志和意识证明了数字化表达的著作权权属问

---

❶ Justim Hughes. The Philosophy of Intellectual Property [J]. Georgetown Law Journal, 1988, 77: 287-350.

❷ 黑格尔. 法哲学原理 [M]. 范扬,张企泰,译. 北京:商务印书馆,2017:67.

题所在。"劳动异化论",指出当人能动地、现实地通过劳动将自己的意志和意识投射到感性的外部世界时,就将劳动以对象的方式凝固在劳动产品上。❶ "异化"最早出现于公元30—96年的"新约全书"之中,最早至异教徒远离上帝,从而被上帝抛弃,体现疏远和远离之义。❷ 黑格尔的异化概念是最早的哲学思想基础,并对"异化"作出两种意义的区分。其一,绝对精神可以建立起自己发展的整个体系;其二,异化理论是研究矛盾的人类现象的基础。黑格尔认为社会的历史必然存在一定规律,例如人们劳动的目的在于实现自身的愿望,劳动之后所产生的结果却事与愿违,背道而驰,由此产生了劳动异化理论。

黑格尔的劳动异化思想是马克思劳动异化理论的重要启蒙,从而成为马克思对异化思想论证和应用的奠基。马克思的异化思想是基于唯物史观的立场,分析社会关系,由此革新出劳动异化理论。马克思主要从资本主义社会中,工人不能支配自己的劳动成果出发,而进行了四个层次的阐述,即产品、劳动与劳动者异化,人的本质和人同人的异化,从而阐述劳动异化引发的一系列社会关系的异化,其中最重要的则是生产过程中劳资的分离和消费过程中生产与消费的分离,因而通过"劳动异化论"能解释并厘清法人作品、职务作品(或者雇佣作品)等新型主体资格。数字化表达也在一定程度上反映出生产过程中的劳资分离,但正因如此,数字化表达才在该理论中凸显出一些问题。

数字化表达的智能化导致创作者过于依赖物资生产资料,因而无法呈现劳动性,而虚拟化导致终端用户与数据、程序层面的创作者有着密不可分的天然联系,这种中层的联系并非能够体现雇佣关系,且基于程序的缘故,终端用户在一定程度上仅作为数字化表达的执行者,类似于物质资料生产的"机器"角色。因而,"劳动异化论"虽然能在一定程度上解释数字化表达的

---

❶ 彭晓涛. 马克思异化劳动理论的逻辑学基础:兼论私有财产和异化劳动的"循环论证"问题[J]. 天津大学学报(社会科学版), 2020, 22 (1): 57-62.
❷ 樊昌杨. 黑格尔异化思想初探[J]. 社会科学研究, 1982 (1): 25-32.

主体资格，呈现技术性特征，但也存在一些难以证成的问题。

二、经济学视角下数字化表达的著作权法保护争议

"没有收获的预期，就无人劳力播种。"[1] 从根本上说，作品的认定标准中之所以要求作品具备独创性，是由著作权制度鼓励创作和传播的立法目的所决定的。[2] "效率"是经济学的核心价值，也是法律的价值目标，是衡量法律规则的经济标准。正义是法律的基础，它是构成一个组织良好的社会的基础条件，一项法律制度符合正义理念但不一定最有效率，但不符合正义理念的法律制度必然没有效率。而"法律效率观"是法经济学的核心价值标准，这说明法律追求效率价值与法律的其他价值目标并不冲突，相反，当一项法律制度同时满足正义和效率等价值、满足人的自由发展等目标时，必然是一项优良的法律制度。

"效率"一词最早是作为物理学术语使用的，它是指输出的功或能与输入的功或能比，引申为工作的效果与所耗能量之比。后来效率一词被引入经济学研究，作为考察经济活动效果，即生产要素的投入与产出的比例关系的指标。经济分析法学者将经济学论中的效用、效率、均衡等基本范畴引入法学研究后，衍生出"法律效率"这一概念。经济学中最重要的一点在于利益的激励，而这种激励体现在"效率"之上，作为经济学的核心价值，效率是反映投入与产出的比例关系的指标。在交易成本为零的理想世界里，资源配置总会产生最有效率的结果；而在存在交易成本的现实世界里，则需要法律制度，而且能使交易成本最小、资源配置效率最大的法律是最优法律。[3] 从制度经济学的视角看，若实现帕累托效率最优，必须构建降低交易成本的制度机制。新制度经济学为理解效率原理提供了一把钥匙，即经济增长的源泉

---

[1] Paul Goldstein. Cases and Materials on the Law of Intellectual Property [M]. 5th edt. Foundation Press，2002：6.
[2] 冯晓青. 著作权法 [M]. 北京：法律出版社，2010：48.
[3] 威廉·M. 兰德斯，理查德·A. 波斯纳. 知识产权法的经济结构 [M]. 金海军，译，北京：北京大学出版社，2016：4.

来自有效率的制度安排，而提高经济效率、改善资源配置的最优手段是降低或消除经济运行中的交易成本。交易成本是资源配置和产权交易的核心要素，能使交易成本最小化的法律是最好的法律。❶ 与人类开发者不同的是，数字化表达的主体不需要经济激励。他们的业绩不取决于实际的回报，而是取决于研发的程序员对时间和技能的投资以及其工作的公司的财政支持。

在现阶段，数字化表达的智能化种类因主体资格的缺失，既难以探讨独创性要件，也难以针对权利进行赋予，故在认为智能化的数字化表达不受著作权法保护的国家将其落入公有领域，而虚拟化类型大多因技术复制的侵权问题导致著作权积极权利行使的丧失。在这种情况下，技术发展导致的数字化表达增多，从而导致智能化和虚拟化的数字化表达成为越来越多的没有任何版权保护的内容。

三、利益平衡中数字化表达的著作权保护认定标准失灵

作为知识产权的著作权制度，应当是具备有限的独占性、国家领域的地域性和有限的时间性的一种财产权。作为著作权法保护的数字化表达，应当是具有创造性、非物质性、公开性和社会性的文学艺术创作表现形式。由此可见，无论是版权还是可版权性的内容，其区别于完全排他性的物权所有权，也区别于完全共有的公有财产权❷。

美国联邦最高法院在相应的案件中指出，与版权所有权相关的有限利益"旨在通过提供特别奖励来激励作者和发明者的创造性活动，并在有限的排他性控制期限届满后，才能允许公众访问他们的天才之作"❸。受版权保护的作品不仅可以激发创造力，还可以在版权到期后增加公共领域可用的作品数量。如果不对数字化表达的可版权性问题进行解读，并在主体资格认定问题

---

❶ 钱弘道. 法律经济学的理论基础 [J]. 法学研究，2002（4）：13 – 14.

❷ 如各个国家的公共道路、公共设施等，还有我国《宪法》规定的公有土地等均是公民共同所有的财产权。

❸ Sony Corp. of Am. v. Universal City Studios, Inc., 464 U. S. 417, 429 (1984).

带来的"蝴蝶效应"导致独创性等问题难以确定，而由此采取大多数国家的态度，否认数字化表达中人类的参与；或者即便存在人类的参与，但因为作品合法使用的逻辑前提而无法得到保障，同时也导致新技术带来的数字化表达难以有合法性存在的前提，而无法具备可版权性要件，并以此拒绝向数字化表达的开发者、所有者以及终端用户的合作等授予版权，从而导致数字化表达的人工参与度降低，影响数字化表达的智能化内容的生成减少，从而减少公有领域的内容。这与在一定时期赋予数字化表达的版权，从而增加公有领域的作品相比，将不利于数字化表达前端的数字化技术的发展。

比数字化表达的自身发展更为影响利益平衡的将会是更长远的影响。数字化表达的可版权性的否认，不仅直接影响可版权性的表达减少，同时也意味着合理使用的内容大大减少。赋予版权的目的不仅在于私权之上，更看重的是利益平衡，而利益平衡对版权的限制，则是公众对于可启迪内容的获取，这些内容的获取可用于教学、学术研究，可用于档案馆、博物馆等历史挖掘的材料，还可启迪个人的思维活动，并再一次通过数字化技术进行较快频率的筛选，从而进行选择，这些发生的行为证明这些数字化表达将对版权的合理使用有更好的良性循环效益。此外，有些智能化的数字化表达还对一些研究具有有益影响，包括艺术、医学、技术等方面的宝贵研究和未来应用。

本章小结

技术本身显然增加了法律适用的困难，司法案例与现行法律规定也未为数字化表达的著作权法问题研究提供可供参照的标准。数字化表达如何在著作权制度中找寻平衡，有待进一步论证。数字化表达导致的著作权制度体系化问题首先是因技术变革而导致，最终反馈在立法、司法甚至作为支撑的法理基础之上。数字化表达的立法层面主要集中在"思想"的表达和其他可感知的呈现之上，且作为逻辑基础的合法使用模式也在不同程度上难以完全契合。司法层面则是基于立法因素最终导致难以匹配原有模式，而这种司法认定的标准则与立法相一致。法理层面的数字化表达的不适性是相对而言的，法理解读的重要性将直接影响司法裁量的自由之心，这种解读如果依靠原有的模式进行衡量，则很难从一定程度上进行突破。唯有对这些数字化表达作出回应，不仅从法理基础上找到论证的逻辑自洽性，并且从立法上作出一定范围内的法定扩大或限缩示范，进而体现在司法层面的适用，将为数字化表达的著作权法研究提供更为广阔的未来。

第三章 探析数字化表达的著作权法理论本质

若要明晰数字化表达的著作权法问题的研究脉络,就需在现有问题的基础上剖析数字化表达的本质。数字化表达基于数字化基础,必然具备多维度视角,而这些视角则能够作为解决著作权法问题的本质理论进行一一作答。因而,在探析数字化表达多维度释义的基础上,基于传播理论的符号学视角、公私权益的利益平衡、技术的地域性突破以及自身客观行为的呈现而对其进行逻辑认证。

第一节 多维度视角下数字化表达的阐释

数字化表达的本质是释明其可版权性问题的基础,数字化的多维度视角为数字化表达提供了技术维度、经济维度、哲学维度、传播维度、政策维度和著作权维度等多维度阐释基础,而这些维度在数字化表达中的体现,恰恰为数字化表达的可版权性研究建立了关联。

一、数字化表达的多维度理论基础

数字化表达的基调奠定为一种通过数字化技术的表达,并对数字化表达与思想表达之间作出区分,而本研究将研究的内容框定在思想与表达二分法边界处数字化表达的可版权性,因而需要阐释数字化的多维度基础在数字化表达中的体现。

（一）数字化表达的技术本质

数字化的技术本质是不言而喻的，但仅因一种表达通过一项技术进行最终呈现而认定数字化表达的技术本质内涵，还需通过数字化表达的过程加以阐明。传统化表达的过程是"思维活动→表达→表达方式"，而数字化表达应当遵循"思维活动（或算法等）→数字化→表达→表达方式"的基本步骤。可见数字化技术不仅是数字化表达区分于传统思想表达的关键，并且从表达伊始就根植于技术。

前文将数字化表达的现有类型分类智能化、虚拟化，也不否认会有两者结合的发生，这种区分的根本并非基于数字化技术，而是基于数字化表达的呈现，并且是非表达方式的呈现。通常认为智能化是数字化的最高阶段，智能化从根源上影响了数字化表达形成。如果没有智能化的体现，数字化表达的过程仍旧植根于人类思想，就像计算机软件中的源程序和目标程序被视为同一作品，也说明尽管两者表现形式不同，但是所运用的操作方法、思想和过程实质上都是相同的。[1] 但智能化的数字化表达从根源上便是机械化的创作工具，这种创作工具是一种预先设定的算法，而算法则是一种逻辑性的规则或方法，进而实现结果的最优化。虽然人类在此过程中也参与其中，但这种参与仅仅是一种指令化输入。即便是通过人类的思维活动，数字化表达过程中的技术本质也并没有减少。根据现行有效国家标准《信息技术 人工智能术语》（GB/T 41867—2022，以下简称《术语》）的定义，人工智能系统是指"针对人类定义的给定目标，产生诸如内容、预测、推荐或决策等输出的一类工程系统"，而人工智能（在相关学科领域内）是指"人工智能系统相关机制和应用的研究和开发"。在人工智能的所有其他相关标准及已有行业实践中，人工智能都以这样一种广泛的含义被理解和运用。无论是智能化还是虚拟化呈现的数字化表达，虽然通过人类的参与，但数字化表达仍无法磨灭

---

[1] 刘强，刘忠优. 人工智能创作物思想与表达二分法问题研究[J]. 大连理工大学学报（社会科学版），2020，41（3）：80-88.

二进制代码体现的数字化技术本质,即对人类思维活动进行的目的性编程。从割裂数字化与表达来看,数字化只是表达的利用性工具,但这种割裂将有悖于数字化表达的著作权法研究含义。数字化表达是一个完整的过程,无法否认前期算法的人类输入过程。就像人类的思想表达一样,只不过其中增添了数字化的技术环节,因而将思想表达涵盖于一项区分于传统思想表达的数字化技术维度。

传统思想表达在利用技术之时,因人类参与度较高,所具备的技术本质往往能通过一种交互过程体现出来,就像计算机软件的并行操作以及人机交互的操纵,都是人类利用技术在一定层面对于人类思想的表达。然而,在数字化表达过程中,数字化的智能化、虚拟化以及两者融合化趋势更加凸显,从而导致表达层面的技术本质被遗忘。明确数字化表达的整体技术本质,是有助于解决数字化表达著作权法问题的一个重要因素。

(二) 数字化表达的经济利益

贝尔在描述后工业社会变革时,认为技术进步只能反映部分问题,同时还会牵涉政治、文化、经济和社会学问题,为了限于了解技术的变化,就要首先回到表明技术的价值的领域,即回到经济学领域。[1] 经济并不是技术的集装箱,而是产生于技术之中。经济是从满足人们需要的生产性的方法、法规和组织性安排中产生出来的,因此经济产生于捕获及组合现象的过程中。[2] 经济能从技术中获利,与技术的进步密不可分,正是技术的进步促使产业发展的差异,从而导致经济模式发生变革,进而从经济的资产中得到度量。技术变化实质是"组织性的",技术进步是由改善老资本和新资本效率的良好方法和良好体制构成的,如果要度量因方法改进所引起的变化,需要将这些变化体现为资本加以衡量。因此,数字化表达的商品化形态是其经济利益的体现。

---

[1] 丹尼尔·贝尔. 后工业社会(简明本)[M]. 彭强,编译. 北京:科学普及出版社,1985:65.
[2] 布莱恩·阿瑟. 技术的本质[M]. 曹东溟,王健,译. 杭州:浙江人民出版社,2014:11.

数字化表达的著作权法问题研究 >>>

技术能促使新交易模式的变革,在数字化表达之前,经济利益已经反映出表达的技术化。印刷技术的发展和普及,促使新思想传播的渠道拓展,出版贸易成为新兴产业并打破了书商垄断,出版商成为印刷表达的获益者。录音机、录像机等设备的普及,使音乐作品、电影作品开始被大众分享,相关利益者也持续性扩大。版权产业在模拟时代的商业化特征更为明显,并成为经济增长的重要环节。作品更多地成为商品在企业中以成本和效益进行衡量,认为衡量这些表达的可版权性并赋予其版权这一排他性权利是为了收回利用技术的"表达成本"。❶ 到了网络时代,作品传播方式的根本性变化更加体现了经济利益的重要性。技术力量的增强迫使作品的著作权人需要对抗因使用者技术规避而导致利益受损的情况,而使用者也试图通过新技术条件下的合理使用制度获取原有作品的额外收益。到了数字化时代,作品的限制更需要通过载体的控制,而这些载体恰恰是数字化表达的根源。数字化表达早已接触过先前作品,使用者完全不需要自己去接触原有作品,而直接接触的是数字化表达,这些数字化表达可能是原有作品的原样再现,也可能是通过算法设定后的具备可版权性部分特征的内容。无论是哪种形式的数字化表达都需要使用者对载体加以控制,这些载体往往标志着产业趋势,关乎着产业利益。

数字化表达的文字、音乐、电影、混合现实成像等一系列与使用者交互性的载体,是经济产业基于数字化表达转型的目标,更是未来数字化表达的效益实现到何种程度的体现。唯有将数字化表达转化为可以度量的资本化经济,才具备研究数字化表达的著作权法问题的价值。

(三) 数字化表达的哲学观念

数字化表达是一种技术,是经济发展的工具,但若要探寻数字化表达的本质,仍需要借助哲学理论进行分析,单纯的技术,或者依靠技术而发展经济的数字化表达是世界的现实存在,这一存在就决定了数字化表达与世界物质存在的关联。发展至今,人类认知世界的中介从语言、文字、信号、计算

---

❶ 吴汉东. 中国知识产权理论体系研究 [M]. 北京: 商务印书馆, 2018: 125.

机程序转化为更为简单的二进制代码0/1，依据数字化表达的技术逻辑层级来看，之所以将其称为数字化表达，其基础在于底层二进制代码的0/1所具体展现出的数字形态，这一形态随机器语言而诞生，并不为人类所理解，因此在最底层形态的数字化表达无法成为人类认识世界、并作为"思想"的源泉，于是人类将数字化表达进化为自然语言，表现在数字化的中层与高层，即结构型数字化表达的数据、非结构型表达的计算机程序、文字、图片等作为人们借助数字化技术认知世界，并简化世界的表达。

勾勒的数字化表达蓝图在现在已成为现实，媒介的变革使人类在认识世界的过程中更为抽象化和理性化。哲学范畴下的数字化表达，应是将思想的形而上通过数字化技术在计算机系统中将客观存在变为0/1，并在现实世界中展现这些客观存在的形而下。正如前文所述，数字化表达如果单纯由人类构建，并且以现有的中层和高层作为人类认知世界的中介，那么在现有体系内无探讨必要。讨论数字化表达的哲学本质则是源于非人类的数字化表达起点的"形而下"与虚拟的数字化表达终端的"形而下"，因其这种智能化和具有争议的"真实存在性"特征，在一定程度上割裂了思想的"形而上"与表达的"形而下"，由此产生对数字化表达是否具备哲学本质的不同观点。

在传统的哲学范畴内，思维与存在具有同一性，即明确表明"思维"是人类特有的方式，"存在"也是真正感知的方式。弗里茨·马克卢普（Fritz Machlup）则把它们说成工具性知识、智力知识和精神知识；马科斯·谢勒（Max Scheler）把知识分为三类：行动或控制的知识、非物质的文化知识和拯救灵魂的知识。[1] 端看人工智能这一智能化的数字化表达，无论是最底层的二进制代码，还是中层和高层输出的算法、文字、图片、音乐、电影等，均是人类用于表达其所感知的世界，虽然人类基于个体认识的差异化，最终表达的内容不同，但这些内容均是对世界存在的现实表达。如果割裂人类与数

---

[1] 丹尼尔·贝尔. 后工业社会（简明本）[M]. 彭强, 编译. 北京：科学普及出版社, 1985：59.

字化表达的关联，则数字化表达的存在无任何意义，因此，在智能化的数字化表达上，哲学本质的体现应当为认识世界的反映。

那么，不同于智能化的虚拟化的数字化表达则应"虚拟"与"现实"相对立，从而导致其存在性的争论。虚拟现实与人类的交互功能，使人们感知的真实体验同现实世界中的感知存在并无二致，从而模糊了"虚"与"实"。但即便如此，洛天依这位虚拟歌姬借助虚拟技术所呈现的内容，仍旧是对影像和声音等加以模拟而生成的人造物，是一种人工实在，且是借用数字化的渠道对现实的模拟和再度显现，只是与传统作品数字化表达不同的是，它不是通过单纯物理过程直接地记录下光影和声音，然后进行再现，而是用数字、用抽象的数字形式"再现"光影和声音，也就是一种数字化再现。❶ 探讨虚拟化的数字化表达时，应当明确人类与虚拟客体之间进行交互作用而造成虚拟客体变化的事实，这是虚拟现实对现实存在的一种依赖，并不能与现实客体的变化对等，且并不会因为虚拟现实的改变而直接影响现实存在的改变。❷ 基于此，虚拟现实只有回归现实存在才具有意义，从而证明了其并未脱离哲学本质中"存在"这一理论性命题。

(四) 数字化表达的传播维度

数字化表达的传播维度，是对其技术本质、哲学本质以及经济维度深化的另一体现。前文也明确叙述，传播不是人类社会的特有现象，它也是自然界的普遍现象，但自然界的变化是动物仅仅为了自身的存在而引起的，而人类则是支配了自然界作出改变，并为人类的目的服务。❸ 恩格斯指出："人类社会区别于猿群的特征在我们看来又是什么呢？是劳动。"❹ 因此，人类社会区别于自然界的传播维度在于人类的能动性和创造性，人类通过在生产劳动

---

❶ 黄锫坚，曾国屏，孙喜杰，等. 赛博空间的哲学探索 [M]. 北京：清华大学出版社，2002：67 - 78.
❷ 陈志良. 虚拟：哲学必须面对的课题 [N]. 光明日报，2000 - 01 - 18 (7).
❸ 马克思恩格斯选集：第 4 卷 [M]. 2 版. 北京：人民出版社，1995：383.
❹ 马克思恩格斯选集：第 4 卷 [M]. 2 版. 北京：人民出版社，1995：378.

过程中,对生产资料的不断扩展而不断挖掘新的传播媒介,才是人类社会传播不断发达和完善的历史。

传播需要通过一定的媒介、工具或手段进行,数字化表达作为一种基于技术的表达,将必然成为社会传播的媒介,且是现阶段社会的新传播媒介。数字化表达带来的最直观的结果是社会传播信息的绝对量增加,托夫勒（Toffler）曾将信息革命比喻为人类社会的"第三次浪潮",电子传播科技、遗传工程等新兴高科技发展,极大地改变了现有的社会结构与社会生活。以经济维度的结构转变来反映媒介变革对信息传播的影响,则体现出四个特点:一是社会经济的主体将以信息和知识产业占据主导地位;二是主要劳动力将变为信息的生产者与传播者;三是媒介改变了产权的地域性,跨国贸易与全球贸易成为主流;四是交易更为看重信用而非现金。❶ 经过时间与实践的检验,现阶段人类社会充分印证了这一经济维度的转变。

诚然,以时间轴作为纵向研究,数字化表达可以分为初期阶段、中期阶段、高等阶段和未来阶段。初期阶段的数字化表达通常是包括硬盘、网盘等依托计算机的存储媒介;中期阶段通常包括集计算机通信、模拟信号媒介为一体并进行音像、影像、文字等综合处理的双向系统;而高等阶段数字化表达如今正面临突破的阶段,同时也是本研究研究对象的阶段,其不仅具有前期阶段的特征,更是基于区块链、人工智能、虚拟现实为基础的媒介对人类的视觉、听觉、触觉、嗅觉、味觉功能进行分化,且对记忆系统进行多元化处理和传播。中期阶段所呈现的网络传播平台体现传播的视觉转向和影像化特点,以虚拟现实为基础呈现的增强现实和混合现实延伸人类视觉、触觉、听觉等多模态的感官,更好地突破地域限制为受众认知世界打开大门。而人工智能、"AI 主播"成为人类思维的具身化,《全景故宫》等虚拟化的数字化表达使文化共同体成为可能。

数字化表达的数字化技术是人类突破语言、文字、电子的最新媒介或者

---

❶ Howard H. Frederick. International Information Relations, New World Orders and International Law [J]. The National Lawyers Guild Practitionerinitiates, 1989, 46: 6 – 35.

方式、手段、工具等，而其表达的内容则是人类用于认识世界、改造世界的信息。人类通过数字化将其感官向外部世界"延伸"，从而扩大了人类认识世界的范围，更好地为人类改造世界提供"思想"源泉，但数字化表达发展至现阶段所体现出的智能化、虚拟化特征使得人类对这一传播媒介的控制变得更间接，且干预较少。因此，探究数字化表达的传播维度对我们认识外在化客观事物具有重要意义，同时也为完善其可版权性问题的认定要素标准提供客观性指导。

（五）数字化表达的政策维度

技术包括产品、服务、过程和系统，由人类发明，是一种非自主的力量，数字化表达的技术维度表明其本身必然与政策相关。数字化表达证明其文化和内容将成为现在以及未来贴近社会生活和知识的核心，并且对社会的方方面面产生影响，而数字化表达伴随的是表达载体的方式变化。这些载体基本上依赖软件，而这些软件的使用则无须任何成本，只不过在软件的载体之上才会体现出人工智能和虚拟现实的不同。因此，在数字技术的大型化进程下，如何保护这些具备价值的内容，为其数字化的研发形成回流，政策维度的总战略目标指导成为重中之重。

从国外成功的技术与政策结合的经验可知，技术的创新和高质量是国家竞争的有力保障，不断完善的制度创新和政策改革将能为技术提供优势。以美国为例，其出台的相关知识产权政策规定，在很大程度上取决于技术产业的利益诉求，且美国产业联盟和跨国公司是将技术与政策进行联姻的重要推手。日本也通过"知识产权立国"的政治战略，将政策制定与技术相关的知识产权战略配合，推进《经济增长战略大纲》等规定的实施，促进科学技术与文化科学和产业经济的共生共鸣，从而保障技术与政策的接轨。可见，政策维度的数字化表达也当成为现阶段的重要手段。以智能化的数字化表达为例，以2013年为基点，中国、美国、日本、俄罗斯等20余国发布了人工智能相关战略、规划或重大计划。欧盟28国也于2018年签署《人工智能合作宣言》，东盟也在规划制定《东盟数字一体化框架行动计划》。此外，美国

2020年4月由国际开发署颁布《数字战略2020—2024》，认为这些与数字化表达有关的智能化和虚拟化等新兴技术可以实现其技术的应用，并重点强调数字技术的使用对实现重大发展和人道主义的意义。

可见，数字化表达的政策维度旨在解决其称为产业利用的经济财富，并且使这些财富发挥真正的流通、交易、转让等功能。因此，数字化表达的可版权性确定，将为其设定一种权利，而这种权利的明确化可以使数字化表达实现真正的政策目标。

（六）数字化表达的著作权制度维度

研究数字化表达的可版权性问题，则需要将数字化表达置于著作权制度维度之下。著作权制度维度的数字化表达首先有版权维度的价值，才能探讨其是否应当在制度保护框架之内。著作权制度的认知与影响，是关乎著作权制度体系结构的基本概况，著作权制度作为知识产权制度的主要制度之一，因知识产权制度的多维度视角从而具有多维度的含义。知识产权制度作为近代商品经济和科学技术发展的产物，其在人类社会的发展进步过程中发挥着至关重要的作用。❶ 技术发展导致了传播方式的改变，传播方式的改变则意味着文化交流的突破与融合，而对技术进行发展变革的基础仍是商品经济的推动，商品经济在市场上的规制则需要政策的调整，同时政策的调整要寻求制度的哲学理论作为基础，这就暗含着技术、文化、经济、政策之间密不可分的关系，而源于技术和经济并且植根于哲学理论的著作权制度也在这些维度中更加明确其价值。

早期版权法认为对社会更有价值的是版权客体，世界第一部版权法《安娜法令》的颁布，实际上是基于印刷技术的普遍化，书商因不能对图书市场继续垄断的现实状态产生恐惧，从而要求法律赋予作者（其实是书商）专有印刷和重印的权利。后来在经济领域，版权控制公众对书籍、电影等文学作品的获取，带来的首先是经济利益而非市场监管的保护。少数公司通过对与

---

❶ 吴汉东. 中国知识产权理论体系研究 [M]. 北京：商务印书馆，2018：316.

数字化表达的著作权法问题研究 >>>

教育相关的版权来控制全球市场，尤其是在 20 世纪末期，版权以无形财产的形式在国际社会财富体系中占据重要地位。❶ 从哲学理论来看，知识产权的目的就是在稀缺本不存在时人为地再现稀缺，著作权制度取走原本"人尽可触"的"思想"，并通过人类能动性的创造表达而限制它们的发行，并且设定一系列条款加以平衡。从传播维度来看，技术打破了思想表达的地域性限制，并且加速文化传播，因此著作权制度在国际合作中达成国际条约，在保护各国作品的同时以此来促进跨国文化的交流。政策维度的版权，则是因为自由市场已成过去，政策干预才是实现经济繁荣的常规手段。因此，数字化表达基于多维度层面与著作权制度的契合，同时又因数字化表达的崛起让创造行为的内部分离成为可能，并呈现新的创造性内容时，不需要复制实体物品的特征而对著作权制度的多维度视角产生挑战。

因此，数字化表达的技术变革，使著作权法需要考虑是否应当重新审视技术与人类交互过程中，人类思想比重与技术表达比重对著作权保护的客体认定影响。在经济领域，版权若能为数字化表达提供制度保护，则会为内容产业实体提供切实的经济利益。数字化技术能够有效降低表达传播过程中的成本，因而符合文化传播的基本价值。从哲学理论看，数字化表达成为数字时代的一种稀缺性资源，这种人为创造的稀缺符合其著作权法保护的正当性基础。最后，数字化技术与政策相关，也是政策调整的一项重点目标，数字化表达创作出的无形财产理应纳入政策范围内，作为促进版权价值实现的工具。

数字化表达的多维度解释奠定了其著作权法研究的基础，著作权制度的多维度也为研究数字化表达的著作权法问题提供可供矫正的完善视角。但明确数字化表达的多维度视角则是为了总结出其所基于的某共同本质，而这一本质则是联系数字化表达多维度视角的最基础特征——符号学本质。

---

❶ Sam F. Halabi. Intellectual Property and the New International Economic Order [M]. Cambridge University Press, 2018: 27.

二、多维度视角下数字化表达的符号学本质

马克卢普认为:"与其根据已知事物对知识做出客观解释,不如根据认识者附加给已知事物的意义,对知识做出主观解释,即谁知道,出于什么原因和为了什么目的。"❶ 著作权制度从"复制中心主义"到"传播中心主义"的转变,暗含了该制度的作品传播与文化交流,甚至是信息交流的内涵。作为授予人类思想表达以私权,并兼顾公众获取作品的利益平衡手段,该制度对人类社会传播活动具有重要意义。在版权领域,承载着精神内容的载体才能称为作品,载体本身就是一种外在形式的表达,因此著作权制度下的思想表达则是承载着精神内容的外在表达,这种表达通过一定的载体实现,无论这种载体是何种物质。作品基于传播而使得著作权制度存在正当性,才能实现政策目的所需要推动的利益平衡、文化繁荣及人类社会的精神交流。因此,研究数字化表达的可版权性问题都基于数字化表达的传播,无论这种传播是因为技术和哲学维度,还是经济和政策维度。传播的起点则是符号,是蕴含精神内容的符号。尽管数字化表达与著作权制度相伴并具有多维度视角,但其本质仍在于数字化表达是蕴含精神内容的符号。

基于符号是传播的逻辑起点,从广义上来看,符号作为传播行为的载体也并非人类社会的独有现象。在自然界中,动物基于先天的本能机制以一些分泌物或者行为作为其传播的内容,但这种符号只是一种"释放因",而释放因发出的个体则为"作用者",对释放因作出反应的个体为"反作用者",而这类以释放因为中心的符号传播与人类能动性创造出的符号并进行传播的行为不可同日而语。❷ 在人类能动性创造的符号之上,基于不同领域的符号也有不同的含义。以数学领域为例,符号只表示运算关系和规则,而在技术领域的二进制代码就是人类无法理解的 0/1 数字。因而,人类能动性地创造符号并进行传播的行为,在于符号承载着人类所能理解的精神内容。日本学

---

❶ 丹尼尔·贝尔. 后工业社会(简明本)[M]. 彭强,编译. 北京:科学普及出版社,1985:203.
❷ 郭庆光. 传播学教程[M]. 2版. 北京:中国人民大学出版社,2010:35-36.

者永井成男认为，如果事物 X 能够指代或者表示事物 Y，那么事物 X 便是事物 Y 的符号，事物 Y 便是事物 X 指代的事物或表述的意义。因此，符号本身具有能指（signifier）和所指（signified），能指通常表现为声音、图像，并诱发人们对特定事物的联想，所指则是指代或表述事物的概念或意义。❶ 即任何事物只要独立存在并且与另一事物有联系且能被"解释"，那么这个功能就是符号。❷

基于美国学者皮尔士对符号作出的二分法分类，故将其分为信号（signal）和象征符（symbol）。信号具有物理性质，是对象事物的替代物，而象征符则具有人类精神的性质，是对象事物之表象的载体。简单来说，信号可以包括自然符号、计算机编程语言、数字化等，并且与指代或表述的事物具有唯一固定解释；而象征符只能是人工符号，不仅能够表示具体事物，还能表达思想这类抽象的精神内容，因此象征符并非与指代或表述的事物间存在唯一的联系，这也正是符号具有思想、理解、表述和传达本质的功能体现。

符号是人类传播的介质，只有符号才能使人类思想表达的作品成为能够沟通的信息。符号传播的过程与数字化表达的过程间具有能动性关联，主要体现在以下几个层面：一是数字化本身满足符号的二分法原则适用。信号是一种客观且具有因果联系的符号，而数字化表达基于机器语言的数字化，需要一定的语法规则对应 0/1 的含义才能被人类所理解并解读。二是数字化表达是人类社会的创造物。象征符则作为包含人类精神内容的指代或表述事物表象的载体，具有创造性和思想表达价值，而数字化表达也是人类基于技术改造对现实世界的表达方式，并通过数字化表达来实现思想表达的传播。三是符号所暗含的指代或表述事物的目的在于实现人类精神层面的思想传递与交流。作品来源于人类与自然界的互动，人类通过认识并把握事物的性质与规律提取出抽象的思想，并借助符号加以表达，使得"夕阳无限好，只是近黄昏""最美不过夕阳红"等对同一事物"夕阳"所产生的不同精神的表达，

---

❶ 中井成夫. 記号論 [M]. 東京：北樹出版社，1989：74.
❷ 特伦斯·霍克斯. 结构主义与符号学 [M]. 瞿铁鹏，译. 上海：译文出版社，1987：132.

数字化表达在一定层面上也是人类通过能动性创造出的数字化技术加以表达，只不过或在符号蕴含的思想层面突破了人类对事物的局限性思维活动，或从符号蕴含的载体层面突破了传统语言、文字、影像、音像的局限转为被人类五感感知的表达。但无论数字化表达如何突破，仍是人类借助这类符号实现作品传播的工具。

符号的分类证明了符号的本质为指代或表述事物意义的外在形式，这种事物可以是具象化的事物，也可以是抽象化的事物，从而能够关联人类思想表达和数字化表达的象征符层面的可版权性问题。同时，也正因数字化表达具有的符号学本质，才能为解决数字化表达的著作权法问题时，对其著作权主体资格的考量、独创性认定是否需要人类主体之要素，以及一定形式表现的感官认定提供可供参考的价值。

三、符号学视角下的"思想"与"表达"的突破

数字化表达与著作权法保护问题探讨的逻辑起点在于"思想"是人类的"思想"，终点在于"表达"是独创性表达内容被展现在可感知的载体上。数字化表达的可版权性所呈现的问题在于：一是智能化的数字化表达从开始就并非人类"思想"，因而对作者资格和独创性中的作者个性体现难以认定，终点却满足表达可被感知在载体上；二是虚拟化的数字化表达在一开始可能是基于人类的"思想"，但因虚拟化的数字化表达很大程度上是虚拟与现实的结合，并且基于数字化技术导致人类创作时很难认定这种独创性来源于操纵虚拟现实的创作者还是数字化基础的创作者，以及这种虚拟性的数字化表达能够原样再现的认定难度。基于数字化表达的符号学本质，则认为数字化能够在符号学视角下明确智能化是人类"思想"的符号延伸化结果，而虚拟化则是"表达"的符号技术化结果。

（一）符号学视角下智能化"表达"与思想的弥合

在智能化的数字化表达类型中，面临的是"旧制度与数字化"的冲突，数字化由工具层面抵达制度层面，从而引发了著作权制度体系的问题研究。

符号包含能指和所指，能指是想要认知的事物对象，而所指则暗含了不同思想的事物内容，故符号才能成为人类创造的以供人类认知世界的方式，是人类思想的延伸。[1] 符号作为人类能动性创造的结果，就必然具有工具性特征，这一工具性特征无论是用来物理劳作还是精神劳作，都是为了人类更好地与自然界相联系。数字化表达，实现了人类更好地与世界的一切进行能动性交流的符号功能。

早在1978年，认知科学就认为人类认知世界的方式迈入新阶段，"技术进步可能会再一次改变我们的物种，其深远意义可以媲美数十万人以前的口头语言出现"[2]。数字化的发展通过智能化改变人类对这个世界的认知，一开始的数字化技术贡献于信息的高效处理，而智能化导致其在处理信息的同时可依据算法最优化人类想要从它那里得到的结果。这种通过人类预先设定与设计，并且在一定层面是人类优化劳动过程的工具，从而在最终表达层面得出可预测的结果。因此，智能化的数字化表达从本质上来看，就是人类为认知世界而创造的通过简化过程，得到多样化以及随机化结果的工具，为人类提供多元的认知世界的内容，其无论多具备"类人化"和智能化的特征，都无法摆脱人类创造这一事实。概言之，智能化的数字化表达，就是人类借助认识世界进行表达的符号，只是这种符号的创造过程是通过人类预先的算法进行干预，从而创造出更多可以表达能指事物的符号。

（二）符号学视角下虚拟化"表达"的分离

数字化表达是一种具有创造力和影响力的可行性艺术形式，在通常所采用的混音制作、数字采样等数字化表达过程，是创作人截取原作品中的微量要素，并通过创作人的思考和协作，最终形成的内容通常展现出较高的独创性。虽然数字采样、混音制作的表达形式确实是取材自他人的作品，但这种

---

[1] 王太平. 商标法. 原理与案例 [M]. 北京：北京大学出版社，2015：13-17.

[2] Mihail C. Roco, William Sims Bainbridge. Converging Technologies for Improving Human Performance: Nanotechnology, Biotechnology, Information Technology and Cognitive Science [M]. Kluwer Academic, 2003：102.

数字化表达所具有的独创性不应该因为基于前人的成果而否认其内容的著作权的保护客体要件的构成。这种与已经存在的表达进行交互的数字化表达，可以帮助创作者实现独特的愿景，激发新音乐甚至影响新乐器的创作。

但本书所探讨的虚拟化"表达"并非与描述的"虚拟网络"中的"虚拟"相一致。这种虚拟化的数字化表达呈现在现实世界中，并非像"虚拟网络"中表达在机器内部。这种虚拟化的数字化表达的数字化技术依托计算机呈现无可厚非，最终的成像却可以映射在现实世界，从而通过与人类交互，最终形成一定的具有人类独创性的表达。以虚拟歌姬洛天依与张韶涵共同在舞台上演绎的《芒种》歌曲为例，《芒种》这首歌曲的演唱是通过声音库中的声音采样而获得，但是数字采样需要进行表达，因此洛天依成为该歌曲的表达载体，如果洛天依仅仅是二次元的图像，那么二次元图像的洛天依仍旧是载体，"表达"虽是虚拟但仍是可版权性的作品中声音与图像的要素，但洛天依依靠虚拟现实的相关技术，从图像变为现实中存在的一种可同人交流的"歌姬"，而此时虚拟现实技术呈现出的"混合现实"将"表达"中的图像与最终表达剥离，从而导致虚拟的图像与原有图像认定的表达之间存在不同。

如果技术无法将思想与表达分开，那么这种技术性工具就无法讨论其表达层面的意义。区分于原有数字采样、混音制作这类单纯的仅在计算机网络、智能手机设备等甚至是二次元洛天依中的数字化表达不同，虚拟化的数字化表达将依托的运动图像与最终成像分离，出现虚拟化的数字化表达所面临的著作权法保护困境，很大程度上是视觉与技术的冲突所导致的最终成像与原始成像的保护。如果虚拟技术对原有作品的虚拟化数字化表达不构成作品，那么最终表达的内容可被他人通过摄制的方式进行无限制使用，最终固定的作品也无须虚拟化的数字化表达创作者许可，从而扰乱虚拟化的数字化表达市场。如果技术无法将思想与表达分开，那么这种技术性工具就无法讨论其表达层面的意义。即便分离的思想与表达的技术，也会因技术层面对"表达"的剥离使得剥离出的表达在可版权性探讨中迷失。

第二节　利益平衡视角下数字化表达主体范畴的解析

数字化表达的著作权法保护意义在于最终表达的内容具有权利赋予的归着点。著作权制度体系中，数字化表达受到著作权法保护的标准认定不仅包含主体资格的立法确认，还在独创性层面包含"作者个性"的司法确认。

一、数字化表达行为主体的"非人"体现

数字化表达之所以导致"表达"的可版权性难以认定，其逻辑起点在于行为主体的"非人"体现。可版权性的内容保护的是具有思想的表达，亦非单纯的"表达技术"抑或"表达方式"，也并非动物层面的"表达"。法律的治理需要包含法律的创制和适用两个重要部分——立法和司法。在现有制度体系的框架下，将行为主体的"非人"体现作为探讨著作权法保护的逻辑起点，不仅是对知识产权制度体系下智力成果创造者的主体资格问题的回应与解读，也是研究著作权制度的框架下"人类思想"与"非人智能化"独创性认定的司法裁量。

"智能化"在人类为了得到海量数据中的最佳答案时，可能不会预设人工智能是否给出满意答案，这是因为不同人类表达方式的不同。所以当你和"小爱同学"聊天时，对"小爱同学"说出"青花瓷"，就像单纯的网页搜索一样，可能会得出青花瓷的百科知识，抑或播放周杰伦的《青花瓷》歌曲。可见，数字化表达的结果可能并不满足你的目标结果，你需要进一步限定并表明答案才能避免沟通不畅，如同人类之间信息机制不对等而产生误解结果存在异曲同工之处。或许这种类似人类沟通的行为并不能表明智能化的行为主体资格证成，但当欧盟宣称要赋予索菲亚"电子人"主体资格，作曲家 AIVA 成为作曲家协会一员时，导致传统民事主体资格的认定产生了困境，从而对数字化表达的智能化进行重新审视。

此外，根据各国的立法规定，作者只能是自然人，因此即便智能化依赖

的机器学习过程无限接近自然人，但根据现实的科技及产业发展水平，现行法律权利保护体系已经可以对此类软件的智力、经济投入给予充分保护，就不宜再对民法主体的基本规范予以突破，故自然人不再是版权主体资格赋予的必要条件。❶

二、数字化表达行为主体的协同性趋向

数字化表达的行为主体在协同性趋向方面，是数字化表达的行为主体核心所在，更是人机交互的体现。传统的数字化表达只是人类操纵数字化这一技术的结果，而本研究欲探讨的数字化表达在人机交互层面，体现出机器与人类共同创造的结果。

从符号学的本质来看，技术作为人类发明的一种工具，与人类有着本质的不同，它就是一种抽象的符号，在能指与所指之间保证人类与所需接触事物的关联，它们并非一种共同体，而是类似于生物界中"寄生物"的种类。这种"寄生"的技术并非能够自主实现工作，维持自己的价值，只有在依靠人类"宿主"的前提下，才能发挥其价值。那么技术是否可以是一种自主体呢？自主体的定义在于，自主行动的主体或使事情发生的主体。❷ 也许单就传统的技术如铁锤、字体和语言来看，这些技术必须和人类一起产生作用，才能使某件事情发生。诚然，如果说技术本身存在往往因"无心插柳"而能够导致人类和环境产生一些或多或少的作用，那么技术成为自主体的解释也稍有意义，但仍有牵强。严格来说，技术作为一种媒介虽然能够产生一定的作用，但这些作用力是与操纵者的人类有关的。在新技术下，数字化表达的产生依赖于它能和人类之间或者与技术自身产生协同关系，无论是虚拟化的数字化表达仅影响着环境，还是智能化的数字化表达能够浑然天成地创作或者创造，这些都与人类结成一种共生关系，这种共生产生的协同现象依旧更好地反映出人类发明和使用数字化表达这一技术行为的性质，也表明技术唯

---

❶ 北京互联网法院（2018）京0491民初239号民事判决书。
❷ 罗伯特·洛根. 什么是信息［M］. 何道宽，译. 北京：中国大百科全书出版社，2019：159.

有"寄生"于人类，才能具有作用，而这种作用的产生也将进一步否认技术是一种中立的存在。

以 Time Incorporated v. Bernard Geis Associates 案为例，拍摄者偶然地拍摄到了肯尼迪遇刺的视频。被诉侵权人未经许可从该视频中截取了画面作为图片插图使用在其书籍中。但实际上，在拍摄过程中，拍摄者只是将摄像机放置于特定的位置，打开了广角镜头进行自动拍摄。拍摄者除了准备摄像机，没有再做任何艺术上的安排，不过，当地法院还是认为该截取的图片满足版权法中的要求，并且认为拍摄者对于摄像机的选择、镜头的选择和胶片的选择、拍摄地点和时间的选择均是有独创性的，由此认定其可版权性。

虚拟化的数字化表达是人机交互这一重要特点的完美展现。在虚拟现实中，人类与虚拟现实的交互是通过人类与虚拟化的数字化表达的互动从而实现人类操纵虚拟现实的最终成像，并且通过不同视角、不同的展示，即便是通过机器预先设定的坐标等条件，人类这一用户在满足这一条件下，通过不同的操纵将能实现不同的虚拟现实结果。因此，虚拟化的数字化表达实现了后续用户与前期程序设计者之间的协同，由此形成数字化表达主体的协同性。在智能化的数字化表达中，智能化的前期需要程序设计者的研发，而后期用户仍需要输入或者通过对话对智能化发出一条指令，才能保证智能化执行相应的命令，得到较为满意或者差强人意的结果。智能化的数字化表达与虚拟化的不同，用户的指令较为简单，而大部分依靠前期程序员的设计和智能化"算法"，虽然存在主体协同的趋向，但很大程度上（除非用户后期对输出结果进行了加工）是程序员自身与智能化的协同。

可见，数字化表达主体的协同性趋向日渐明晰，且技术始终是一种抽象符号，必须依赖人类才能实现价值，而主体的协同性趋向虽然实现了"人机交互""人—机—人的交互"，但这种交互最终是要归为"人类交互"之上。❶

---

❶ 周澎．"机器写者"法律地位认定与著作权主体的困惑疏解［J］．中国出版，2023（10）：60-64．

三、利益平衡的行为主体扩张

世界上第一部版权法《安娜法令》指出,版权体系旨在防止和制止未经作者同意就复制或出版作者作品的行为,因此在该法令中只是维护了出版商和作者的利益,而对于社会公众的精神文化发展等相应利益置于不顾。而后使用者权的出现使得出版商和作者之外的主体利益被更多法官和学者看到,因此,美国宪法开始将版权法的宗旨以"促进科学和实用技艺的进步"为首位,这样就意味着作品的私有性是有限的,它必然与除权利人之外的相关主体之间有着不可分割的关系,而这一关系就是为了平衡版权人、传播人和使用者之间的关系。由此一来,利益平衡缓和了作品私权性和思想传播公权性之间的冲突,从而在将利益分配给创作者时,同样关注了其他主体的利益和社会公众的利益。但数字化表达的出现,导致原有权利人、传播者和使用者三方利益主体之外存在另一主体,这一主体虽然包含在三方主体之内,但和三方利益主体有着本质的不同,这一主体的角色是多变的,因此原有的利益主体划分将不再适合利益平衡视角下的行为主体。

以数字化表达主体的协同性趋向来看,主体协同将会在一定程度上影响利益主体的行为角色。因为这种协作过程具有很高的创造价值,这一点不仅仅可在传统音乐形式中看到。❶ 原有的使用者是对有关作品原封不动地使用,如对绘画原封不动地欣赏,对录音原封不动地聆听,对电影制品原封不动地观看,这些都是生活中较为常见的普通使用方式。❷ 但在数字化表达之下,用户有权选择一定的内容,并且对相应的内容作出改变。以人机互动中虚拟化表达的Faceu激萌相机为例,虚拟图像所显示的兔耳朵虽然需要用户必须露脸才能显现,但是用户并非单纯地只显现其面孔,而是在面孔显现之下摆出各种的动作,或者装扮不同的妆容,使得每一张图片的拍摄都在精心设计

---

❶ Kelly Cochran. Facing the Music: Remixing Copyright Law in the Digital Age [J]. Kansas Journal of Law & Public Policy, 2011 (Spring): 312 – 328.

❷ 中山信弘. 多媒体与著作权 [M]. 张玉瑞, 译. 北京: 专利文献出版社, 1997: 75.

之中。因此，数字化表达的程序创作者一开始并未实现固定，从而产生用户与设计者之间的主体协同。

此外，公众在对一些作品进行数字化表达的使用时无法避免在相关载体留存短暂性、技术性的临时复制，而若将此类临时复制归为侵权行为对公众加以禁止，便是限制其获取信息，对公众而言，既不公平亦不合理。毫无疑问，保障公众（更准确地说一大部分是用户）对数字化表达获取的平等权利才是实现利益平衡的重要保证。因此，数字化表达利益主体的协同性趋向从根本上改变了原有利益主体之间较为单一的平衡模式，从而产生一定的利益主体混同与扩张。如果不对技术性、短暂性且不具备单独经济价值的临时复制赋予其合法性，不仅会影响赋予创作者专有权利的方式激励创新创造，还会影响保障数字化表达的流通以及新利益主体之间的利益平衡。

第三节　数字化表达突破地域限制的根源

著作权体系的地域性限制本就是为了维护国家主权，保障本国作品合法地流通，数字化表达的技术本质是导致国内法与国外法失调的内在根源，而数字化表达所体现出的商品经济则是推动地域性限制逐步瓦解的外在根源，此外，中西文化的差异、各国文化交流的需求也是地域性限制的政策层面的另一突破口。

一、技术之基导致地域性限制的困难

技术发展对地域性进行突破具有不可避免性，不论是文字、印刷术还是广播电视这些传统表达的出现带来过怎样的变革，数字化技术带来的将是质变。数字化促使作品表达的表现手段、流通手段实现变化，所表达"思想"的创作、利用甚至是流通形态都得以改变。数字化表达使"思想"能够原样、无间断地循环传播，而且这种循环流通中的再次制作和利用也鲜有障碍，可以进行永久性的限制流通，进而导致数字化表达所承载的"思想"为公众

所知，但同时数字化表达也将遭到不合法使用。无论如何，数字化表达所依托的技术变革对著作权的地域性限制造成困难是不可否认的。

技术通过自身的变革向作品有关流通和传播的权利发出挑战。作品必然禁止他人擅自进行复制、发行、放映、广播等，因此著作权体系通过赋权来控制作品的流通，抑或"思想"的流通，而这种流通与有体物的流通存在很大差别。电影的流通通过放映，无论他人后续通过何种技术手段进行复制或者网络传播，均是对"电影"的流通，而非加载着电影的影碟、手机、平板电脑或者电视的传播行为。因此，流通决定了"思想"延伸的领域，而这种地域性限制的原因也无外乎是保护作者或者著作权人在本国的相关利益，故各国为了保护本土的著作权才是地域性一开始设定的目的。但数字化表达前期的网络表达，早已经颠覆了地域性这一限制，只不过数字化表达在网络表达的基础上再一次对这种限制进行破除。

网络时代对地域性的突破通常是一种原样复制或者二次创作的行为。例如，某些国家的电影通过一些技术措施可以被一些个人进行观看，并且以"电影解说"的方式分享给本国的观众，而数字化技术则会直接通过一定的虚拟场景来模拟一些环境，从而为其他国家提供虚拟观景的服务。由此一来，数字化表达的地域性突破不仅仅是传统作品传播的突破，更是对整体呈现内容的地域性突破，这种突破包括现实的场景，甚至是人类的跨时空交流，技术的发展与繁荣必然将全球连接起来。

二、数字经济催生数字化表达的地域性突破

数字经济是一种从工业经济形态向"知识—信息—智能"经济形态的转化，其核心在于通过原有技术的发展不断改变商品的经济形态，从而反作用于原有形态，并催生相应技术内容表达的突破。早在1998年，美国商务部就"数字经济"进行报告，并认为这一"新经济"将持续对包括技术产业在内的文化产业等一系列经济产生影响，而后各国对数字经济开始重视。故而，商品经济的发展导致技术的日益商品化，这种商品交换关系的产生导致早期

知识产权制度的萌芽。[1] 这种萌芽始发于中世纪的欧洲，仅限于统治者通过特许权行使的方式，授予经营者垄断性权利。[2] 究其原因，西方知识产权制度在于工业革命促进了西欧社会由农业向工业的质变，推动 17 世纪中叶以霍布斯、洛克为代表的思想家，为近代西方知识产权制度的建立提供了重要的思想基础，同时促进了知识产权制度的建设。

技术的发展推动了国际性的贸易需求，经济维度下的数字化表达必然演化成一种商品，进而在国际范围内流通，从而造成了数字化表达的国际性需求与地域性限制之间的矛盾与裂痕。促进经济发展作为版权的最终价值实现的一个重要层面，需要激发表达的创作，从而为公众提供思想传播的桥梁。当下，数字化表达的地域性挑战的外部因素就是来源于数字经济的推动。数字经济以 0/1 的比特流为商品的流通和交易提供新的方式，将人类社会、物理世界和虚拟世界进行融合，传统的社交网络所出现的支付方式已经被颠覆，新兴的数字化表达开始将原有只与网络世界交互的数字经济扩大，然后覆盖至真实世界，突破网络虚拟性，实现各国虚拟与现实的结合。数字经济的诞生虽然依赖于原有的互联网技术中比特流，但传统网络所呈现的版权产业与数字化表达催生的版权产业并不相同。原有的数字经济下，仅包括互联网的线上产业，而现今的数字经济是推动人与人在互联网上产生紧密联系之后，以共同协作的方式展示成果。一位用户通过网上购物平台，获取了一件虚拟现实装备，这一装备通过互联网的直播，可以身临其境地感受到他国音乐会直播的场景，这就是本研究所描述的数字经济能够成为推动数字化表达进行世界大融合，以及地域性界限不明显的外部原因。

概言之，数字经济推动数字化表达的不断发展，解决数字化表达的可版权性保护的问题便是重要一环。数字化表达依赖的作品合法使用问题作为逻辑前提，以及是否被他国认可为具备可版权性要素，在现有的国际条约中无

---

[1] 吴汉东. 知识产权总论 [M]. 北京：中国人民大学出版社，2013：194.
[2] 高荣林. 知识产权发展历程的反思 [J]. 南通大学学报（社会科学版），2010，26（6）：49-55.

法从根源上彻底解决。即便各国花费很长时间去解决每一国家的适用性条款和实体性条款，并在最后达成了相应的国际条约或者区域间协定，但数字化表达最终的可版权性问题仍是需要各国的国内法来加以解释是否予以保护的结果，无法从差异化的法律政策中提炼各国不同的想法，从而与无限沟通的数字世界产生矛盾。

三、文化战略视角下地域性突破的应有趋势

"无传播则无权利"，知识产权法学者大抵认为版权的诞生是因印刷术的采用而实现，[1]但从著作权制度的起源来看，版权的作者在很大程度上具有浪漫主义色彩。因为作品的基本表达均与社会文化条件相结合，但同时也赋予作品意义的再现，"抚琴动操，令山水皆响"等表达，反映出以人文为核心的表达目的转向明确的认识和改变现实的目标。[2]

（一）与文化价值的关系

创造精神财富的知识产权与文化有着天然不可分割的关系，更深层次的含义在于文化与表达之间本身就无法分离的缘故。文化，乃人类社会历史实践过程中所创造的物质财富和精神财富的总和，特指精神财富，如文学、艺术、教育、科学等。[3]英文中的"culture"则认为其有三层意义：（1）指一个国家或社会组织体现的风俗、艺术、信仰、生活方式，更趋近于一种文明的解读；（2）指一个国家或社会组织拥有的特定信仰，更趋近于一种宗教价值和精神价值；（3）是对音乐、艺术等与文学创作相关的统称。可见，知识产权制度的诞生不仅与15世纪所代表的纺织、采矿、冶金等新工艺技术密切相关，更体现在西欧文艺复兴运动所提倡的新文化价值观。这些价值观倡导以人文主义为中心，激励人们从"唯心"转向"唯物"，从"思想"转向"存在"，激发人们开始重视有用的技术。文艺复兴运动提出的新文化价值

---

[1] 郑成思. 版权法（上）[M]. 北京：社会科学文献出版社，2016：24.
[2] 毛高杰. 著作权起源的社会结构[M]. 郑州：郑州大学出版社，2019：78-79，86-87.
[3] 中国社会科学院语言研究所词典编辑室. 现代汉语词典[M]. 北京：商务印书馆，1996：1318.

观，为资产阶级一手将技术作为物质武器，一手将私权作为法律武器提供了必要的思想文化准备。❶

知识产权制度框架内不同的知识产权内容对文化价值的选择不同，每个国家却在著作权制度所体现的文化发展与繁荣之上呈现一致性。著作权制度体现的宗旨在于更多地保障文化多样性的存在。具体而言，文化视域下的版权价值，一方面保护文化的创造，另一方面崇尚公共文化的自由。保护文化的创造，是版权作为私权制度存在的根本，而私权促使文化更好地创造；崇尚文化的自由，是版权限制私权滥用的理性特征，限制权力则为文化进入公共领域并进行传播创造了条件。著作权制度对文化的私权赋予体现在作品的可版权性，版权对文化的私权限制某一层面❷体现在作品的合法使用（或传播）上，私权与私权限制的相悖在作品的保护与传播中展现得淋漓尽致。

如果换一种视角，就会发现版权对作品蕴含的文化加以保护，仍是为了促进文化的传播，因为文化只有在文化的基础上才能进行创作并传播，不断创作的新文化体现了旧有文化的价值，无论这种价值是对原有文化的肯定还是否定，无论这种文化是本土的还是异国的。版权所体现出的二元目标辩证观，均是为了文化的传播发展而统筹，且因文化发展的需要进一步扩张至各个民族乃至各个国家，形成国际文化的交流与合作，从而因文化战略导致地域性的变动。

（二）数字化表达下文化战略与地域性扩张的关系

文化的概念表明了它不是个体的载体或者体现，而是群体社会的载体和显现，文化可以向个人单向度地产生影响，但只有个体组成的社会在进行一定沟通交流后达成的共识才是一种文化（排除专制制度下的非民主文化的形成）。而在著作权体系下，有学者认为作品应当具有国籍，作品的国籍决定了作品能够为一国所带来的文化价值。然而，文化并不是仅限于一个狭小的

---

❶ 吴汉东. 中国知识产权理论体系研究 [M]. 北京：商务印书馆，2018：388.

❷ 著作权的权利限制体现在诸多方面，因本书不讨论著作权保护的作品所具有的权利期限，故在此表明私权限制的范围在作品传播价值的合法使用。

空间内，当表达产生后，文化就会获得超越空间和时间的属性，从而可以在相对独立的时空中建立文化的沟通框架，这就形成了初始的文化交流。❶ 因此，数字化表达作为表达的一种，使文化不仅影响着不同国家，并且呈现更为复杂的跨地域模式。

诚然，文化作为影响一个国家的重要社会结构要素，在国际竞争中占据重要地位，文化战略体现出文化突破地域性限制的必然。日本就是推动文化政策与国家战略结合，并且反映出文化战略的发展推动地域性扩张的典型代表。2007年日本颁布文化产业战略，并强调文化产业不仅与日本的经济利益直接挂钩，还是从其他国家获取外交利益的间接工具。通过文化的海外扩张，能够使海外民众充分了解日本的综合文化实力，加深对日本传统文化的认同，从而为日本文化产业带来长期利益。无疑，文化战略推动了一国与他国之间的交流，而唯有交流才能加深文化的传播与传承，交流的前提则是打破地域性的垄断。在数字化表达的过程中，文化战略更加注重这种快速而深入的交流模式。

可见，地域性原则虽然是一种限制，但不是一种垄断式限制。数字化表达所呈现的技术根源、数字经济变革以及文化交流无一不再反映地域性限制的突破成为必然。在技术、经济和文化的冲击下，倘若坚持维护地域性原则，无异于盲目守旧。但如果让国家放弃对地域性原则的坚守，则无异于放弃维护国家主权的尊严。正如专利制度为应对国际性扩张建议制定"全球专利制度"❷一样，同为知识产权制度内的重要支柱，也可以适当考虑制定全球数字化表达的实体法则。虽然这一过程较为缓慢，但是数字化表达极大模糊地域性限制的正是各国正视国际合作的转折点。

---

❶ 毛高杰. 著作权起源的社会结构 [M]. 郑州：郑州大学出版社，2019：171.
❷ 全球专利制度，就是指由一个专利局（全球专利局）根据一部专利法（全球专利法）授予的专利（全球专利）在全世界各参与国中普遍有效的一种专利制度。与国际专利制度不同，不是泛指概念，指一个具体的国际性专利制度，在这个制度中，申请人经由单一申请、单一授权可获得在整个制度范围内（包括多国）有效的统一专利权。参见：唐春. 知识产权国际保护制度：专利与商标 [M]. 北京：知识产权出版社，2015：162-163.

第四节　数字化表达与作品合法使用的制度选择

创作的过程应是从已有的资料开始，数字化表达也不应例外。无论是"智能化"还是"虚拟化"的数字化表达，其依赖的"思想源泉"均是先前作品的来源，探讨没有合法来源的数字化表达是否具备可版权性的问题无疑是做无用功，因此解决数字化表达对作品使用的合法性问题是探讨数字化表达的主体资格之外的又一难点。

一、数字化表达对作品使用的客观性本质

数字化表达的本质具有多维度，但其最基本的本质是数字化技术，对数字化技术的设计才是数字化表达的层面。这意味着数字化表达无论是智能化的自主还是虚拟化的最终表达都是客观的程序与算法导致的结果，数字化表达的"智能化"摆脱不了它仅是对人类智慧模拟的现实，[1] 数字化表达的"虚拟性"也摆脱不了它是对世界存在的客观反映。因此，数字化表达从技术根源上反映出该表达的客观性本质。

因"智能化"与"虚拟化"所反映的数字化表达客观性本质的过程不尽相同，因而在此对其作出分类讨论，但无论哪种数字化表达对可版权性认定中合法来源因素造成的作品使用制度困境，都需以数字化表达这一整体行为的客观性作为突破口加以解决。

（一）数字化表达的"智能化"——机器学习的客观性

数字化表达的"智能化"，源于机器学习这一数字化技术的"自主性"。机器学习，萌芽于1959年塞缪尔设计的象棋程序，该程序经过改进后实现具备学习的能力（实质上是程序的数理逻辑映射），因此机器学习是根据给定的训练样本要求，对某系统输入、输出之间依赖关系的估计，使它能够对未

---

[1] 武步云. 法与主体性原则的理论［M］. 北京：法律出版社，1995：103.

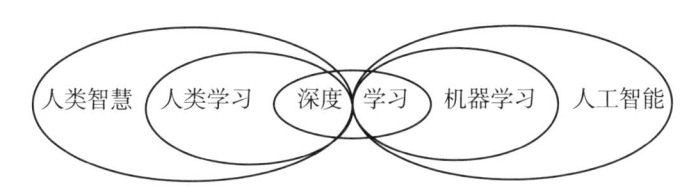

知输出作出尽可能准确的预测。❶ 深度学习是机器学习更本质的技术，要想明确机器学习与人类学习之间的差别，探究深度学习是极为必要的。但深度学习存在于技术领域和教育领域，机器深度学习是计算机科学发展的阶段产物，而人类的深度学习可以看作学习科学（Learning Sciences）发展的阶段产物。虽然概念在任何情况下都只是人类思维的工具而已，但概念运用与变迁的历史中，"名"与"实"之间常常不能固定地一对一映射，尤其是同一实质内容在不同时期常常会通过不同的术语来表达（见图3-1）。❷ 深度学习不同概念的厘清，是探究研究著作权领域的机器学习如何进行规制的首要环节。

图3-1 人类学习与人工智能学习的交叉

首先，深度学习的基础是"学习"。人类层面的学习与机器层面的学习有着本质的不同，计算机通过算法对现有进行数据分析，从而对未知条件作出预测和判断的过程称为"学习"。而人类个体或群体认知活动的过程才被称为"学习"，与其把这种过程概括为"学习"与机器学习混淆，不如直击本质，称其为"认知"。❸ 故可将人类层面的深度学习更准确地称为"深度认知"。其次，从目的上看，计算机进行深度学习的目的在于解决BP算法❹中的局部收敛问题，同时更好地发展新一代人工智能关键共性技术，强化对人工智能研发应用的基础支撑。❺ 人类进行深度认知的目的则是人类整体或个

---

❶ 张学工. 关于统计学习理论与支持向量机[J]. 自动化学报，2000（1）：36-46.
❷ 常亮. 法哲学的当代社会性[J]. 农家参谋，2019（3）：223.
❸ 汪玲，郭德俊，方平. 元认知要素的研究[J]. 心理发展与教育，2002（1）：44-49.
❹ 一种训练学习的自动化算法。
❺ 《国务院关于印发新一代人工智能发展规划的通知》（国发〔2017〕35号）。

体的意识的自我超越。再次，计算机的深度学习依赖算法和大数据的提升，并与网络连接得到算法结果，是基于信息技术的人造物，具有客观性。人类的深度认知则依赖于一种基于理解与迁移的学习方式，批判性地学习新的思想和事实，并将它们融入原有的认知结构中，能够在众多思想间进行联系，并将已有的知识迁移到新的情境中，作出决策和解决问题。❶ 最后，深度学习的"输入—学习—输出"是一个完整的客观过程，割裂地看待输入端如同将一本书的知识丢进汪洋大海，并无任何意义，而只有经过黑箱学习并产生输出结果才能证明深度学习是一个完整的客观行为。

对深度学习的概念辨析，是为了澄清计算机领域与人类教育学领域的行为不同。深度学习作为实现机器学习的一种最先进的技术，通过使用人工神经网络（ANS）重新创造人脑的能力，从而模仿大脑中生物神经连接的算法。深度学习涉及通过非线性神经网络输入大量数据，并根据每个连续层的输出对数据进行分类，从而能够对数据批量分析来确定相关标准。当确定数据间的相关性后，人工智能创建一个新的算法，并将其应用于部分或全部数据，便于以与业务操作需求相关的方式进行分析。这种基于数据而形成的从信号到语义的映射反映了深度学习需要进行信息的读取才能完成。因此，深度学习的内涵和外延的明确，帮助我们认识到人工智能时代的机器学习，面临着输入端和输出端的著作权的作品使用问题。但至少能确定的是，在机器学习的前置要件输入端层面，人工智能大批量和机械化地读取作品，以及在后置结果输出端层面，机器学习得出算法映射结果的两种行为均为客观行为。

（二）数字化表达的"虚拟化"——虚拟呈现的客观标准

1989年《纽约时报》报道了虚拟现实技术，随后虚拟现实被誉为改变世界的机器。现实生活中的虚拟现实通过具有"新趋势"设计的虚拟现实网站的虚拟现实游乐中心来消费大众，这些虚拟现实站点装有精心创建的计算机

---

❶ 张诗雅. 深度学习中的价值观培养：理念、模式与实践［J］. 课程·教材·教法，2017，37（2）：67-73.

游戏软件。开发虚拟现实娱乐中心的虚拟世界娱乐公司在芝加哥经营一家游戏中心,在日本拥有两张开发虚拟现实设施的许可证,并计划于1993年在美国开设四个虚拟现实娱乐中心。面对虚拟现实的冲击,美国参议院早在1992年就对如何在立法上应对革命的"新技术"举行了一次听证会。❶

虚拟现实技术正是构成虚拟化的数字化表达的核心,且虚拟现实技术的程序作为客观的指令系统,表明虚拟化的数字化表达就是一种计算机程序通过一定载体的客观性表达。虚拟现实是一个计算机生成的三维世界,参与者在其中有行走或飞行,操纵物体以及实时交互的幻觉。虚拟现实所展现出的计算机环境,能够供人类通过一系列的指挥进行实现,使人们实现现实世界的操纵与虚拟世界的感知进行融合,而实现这些操纵的计算机组件通常被称为现实引擎。这些现实引擎通常是一个包含虚拟现实系统的头盔,一些用于语音输入的麦克风系统通过组件连接到头盔的显示器中,用于语音输入,因为语音智能化的实现,简单的语音通信指令可以通过传感器等来回应用户,从而为用户提供感官刺激的效应。正是由于这些包括语音输入系统、传感器系统组成的计算机组件,才能使用户在虚拟空间中进行互动,从而推动了虚拟现实的发展。早期的虚拟现实通常用来帮助工业设计,为建筑呈现预期的最终全貌。例如,早在20世纪80年代中期,北卡罗来纳大学计算机科学系使用虚拟现实技术设计了一个新的研究设施,并且通过虚拟现实系统营造一个虚拟建筑来体验该设计,随着用户的体验,该建筑最终进行了一系列的改进,如拆除一些狭窄的墙壁拓宽空间等❷。

可见,无论多么精巧的虚拟化设计,也无论程序设计者设计虚拟化的数

---

❶ New Developments in Computer Technology: Virtual Reality, Hearing before the Subcomm. on Science, Technology, and Space of the Senate Comm. on Commerce, Science, and Transportation [R]. 102nd Cong., 1st Sess. (1992).

❷ New Developments in Computer Technology: Virtual Reality, Hearing before the Subcomm. on Science, Technology, and Space of the Senate Comm. on Commerce, Science, and Transportation [R]. 102nd Cong., 1st Sess. (1992).

字化表达的初衷，虚拟化自身就是一种计算机系统的运作程序，即便在前期设计时设计者以多么巧妙的构思让其呈现特定的视觉、嗅觉等五感体验，但是对于用户来说，虚拟现实必须有相应的指令才能实现最终呈现的过程，而这种呈现就是一种客观的体验，是一种抽象符号的再现。现阶段的虚拟现实技术进一步发展，5G基建的建设使虚拟现实依赖的数据传输加快，实现了相关数据采集后的高效率上传，并通过控制通信模块缓存，最后通过设备终端进行表达再现。因此，无论虚拟化的数字化表达所应用的技术多么复杂，且在这些感官体验中让使用者如何身临其境，但这些并非一种主观性的展现，虚拟现实不会像人类一样有思想活动和考量，这只是一项技术流程的再现，因而其呈现仅仅是一种客观性的再现。

二、宪法保障数字化表达与使用自由

数字化表达依赖数据资料，这种资料包括已经获取的故事、价值、观念，而这些原始资料都是出自一个社会文化背景之中的，创作的过程既是给予的，又是创造的，创作的过程受到社会发展一种无形的约束，但是创作的过程又不是简单地复制，而是一种重新解读。❶ 著作权法保护的作品通过著作权制度体系尊重作者的人格权利和财产权利，保障财产权利的公平分配，但也注重这种尊重性质的分配是否有助于后续创作，以此来推动社会精神文化以及经济的发展，由此以利益平衡理论来进行调和。因此，各国普遍在宪法中确保这种自由不被禁锢。简单来说，宪法所保障的自由也是一种克服其负面功能的制度，是摒弃自然自由的基础上最大程度提供人类法定自由的制度。即数字化表达的使用自由应当是在不损害权利人合法利益的前提下，可以不受妨碍地利用数字化技术进行自己思想的表达，同时传递表达中所蕴含的"思想"、信息。

美国大法官霍布斯曾提出，"人们所欲追求的至高之善唯有经过思想的

---

❶ 吕炳斌. 网络时代著作权制度的变革与创新［M］. 北京：中国民主法制出版社，2012：39.

自由交换才较容易获得，而测试某种思想是否为真理的最好方法就是将其置于自由竞争的市场上，让大众来决定接受其是否为真理"。❶ 美国宪法赋予使用者能够合理获取受版权保护的印刷与视频作品的宪法权利，并且认为这是优先于版权权利人私权的一种权利，这种使用不限于合理使用，可以直接适用宪法得以实现。宪法所保障的数字化表达的使用自由是满足人类自然法则的一个重要部分。数字化表达是人类借助数字化技术进行思想活动的动机和目的，表达的价值在于其社会属性、文化属性、制度属性等多方面的因素。以人本主义的价值论来看，表达是人性的显现，是人类生存和发展的必需与必然；以符号学的角度来看，人类对符号的创造就是将符号作为一种文化本体，这种符号是不同于自然界其他生物的，是具有人类思想价值的表达。❷

作品必然是一种思想创作，如果说数字化表达具备可版权性的基础，那么数字化表达必然是一种创作，这种创造性的表达演化为人类表达的高级形态。既然表达是人类生存状态的方式，表达必然需要自由，这种自由是一种符合人类本位发展的法则，数字化表达作为人类表达的一种形态，其使用自由也应当是被赋予法律意义的。

三、数字化表达对作品合法使用制度的选择路径

合理使用制度虽然是对版权权利的限制，但是权利来源于行为的发生，合理使用制度规制的是无意思表示的事实行为，而法定许可制度则规制的是准法律行为。无意思表示则成为数字化表达的行为过程与合理使用制度关联的基础，从而将法定许可制度排除在外。但反观法定许可和合理使用两种制度，法定许可的行为主体并非严格满足准法律行为中自然人的适用要件，同时合理使用制度作为事实行为，有学者也强调其必须为人的行为，因此深度学习并不能与两种制度完全契合。美国检察官卡门·奥提兹（Carmen Ortiz）坚持认为，"偷就是偷，不管是用电脑命令还是撬棍，不管偷的是文件、数

---

❶ Abrams v. U. S., 250 U. U. 616 630 (1990).
❷ 宋慧献. 版权保护与表达自由 [M]. 北京：知识产权出版社，2011：33 – 35.

据还是金钱",而版权无疑是财产权的一种,严格执行保护财产的法律显然是对整个社会有益的。❶ 在以"复制权中心主义"为核心的传统版权法中,无论是人工智能的批量复制还是个人学习的单页复制,都将成为侵权行为的主张论证。如果将传播权归位为著作权制度的中心,那么著作权作为传播文化并促进市场利益的制度将为某些复制行为归位于合法行为。❷

数字化表达自发展以来就很明确地以海量信息的存储为基点,如果将数字化表达纳入合理使用制度之中,就可以将其看作不可分割的完整行为过程,且仅需要以输出结果作为侵权考量,从而在输入端可以海量存储作品,为作品储备提供基础。

数字化表达对作品的使用均是对作品的读取行为,这种行为区别于人类读取作品的行为。智能化的数字化表达在输入端"提取"作品具有自动性和批量性,同时经过"学习"和算法设计在输出端兼具不确定性;虚拟化的数字化表达在输入端具有特定性,是设计者通过算法的编程最终通过虚拟化展现在特定的地域、空间中。在排除单一授权制度与自由使用制度的同时,数字化表达的作品使用行为出现了两种制度进路,即免费但有使用方式限制的合理使用制度和付费却能最大化使用作品的法定许可制度。学界对这两种作品使用制度的最大区别,通常框定在了付费和免费之间,但通过剖析两种制度,将会发现两种制度的核心区别则在行为性质的不同,合理使用制度的行为内核是事实行为,而法定许可制度的内核则是准法律行为。事实行为与准法律行为均属民事行为的范畴。区别在于,准法律行为有意思表示意图,而事实行为仅在行为层面发生法定权利义务的效果特征(见图3-2)。这两种行为对纳入深度学习的行为具有更深层次含义,故而在此首先对两种制度进行行为性质的辨析。

---

❶ 贾斯汀·彼得斯. 理想主义者 [M]. 程静, 柳筠, 译. 重庆: 重庆出版社, 2018: 231.
❷ 吕炳斌. 网络时代著作权制度的变革与创新 [M]. 北京: 中国民主法制出版社, 2012: 32-33.

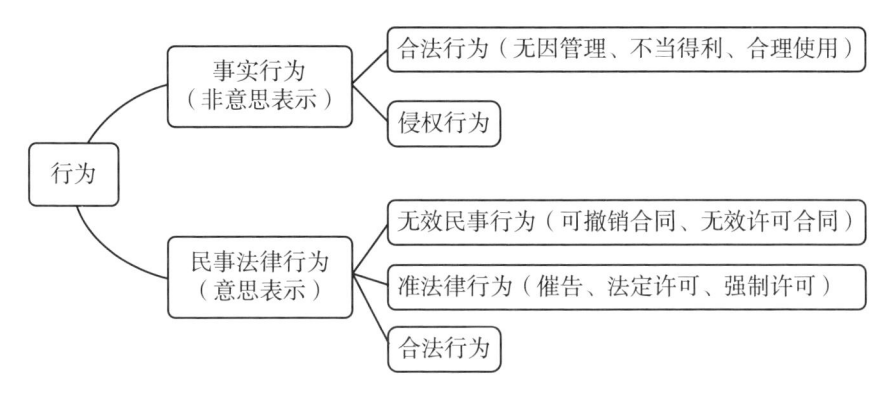

```
                    ┌─ 合法行为（无因管理、不当得利、合理使用）
        事实行为 ────┤
        （非意思表示）└─ 侵权行为
行为 ───┤
        │            ┌─ 无效民事行为（可撤销合同、无效许可合同）
        民事法律行为 ─┤
        （意思表示）  ├─ 准法律行为（催告、法定许可、强制许可）
                    └─ 合法行为
```

图 3-2 行为性质分类

（一）基于合法事实行为的合理使用制度

探讨合理使用制度中的行为性质，显然需要明确事实行为的法律释义。我国民法并未规定事实行为的概念，但学界在对行为范畴研究过程中，对事实行为作出一定释义。事实行为，"即行为人实施一定的行为时主观上并没有产生、变更或消灭某一民事法律关系的意思，从事智力创造活动，拾得遗失物等均属于合法的事实行为"[1]；或者"行为人不具有设立、变更或毁灭民事法律关系的意图，但根据法律规定客观上能引起民事法律后果的行为，如技术发明创造等"[2]；抑或"基于某种事实之状态或经过、发生法律所特别规定的效力之行为"[3]。还有学者认为事实行为应当更名为"事件行为"，即突出该类行为介于意思行为与纯事件之间的混合特征，表明这是一种缺乏意欲使其成为法律效力的意思的行为，这种行为一方面与事件相似，一方面又属于人的行为。[4] 基于此，事实行为要产生对应的民事法律事实，其要满足独特的构成要件。一是法律需事先规定出客观行为和民事法律后果。质言之，事实行为需要客观法事先规定出详细且不同的事实行为种类，且在这些法律

---

[1] 王利民．民法总则研究 [M]．3版．北京：中国人民大学出版社，2018：160.
[2] 安连成．民事法律制度研究 [M]．天津：天津人民出版社，2018：41.
[3] 梁慧星．民法总论 [M]．北京：法律出版社，2011：64.
[4] 孙永生．民法学的新发现 [M]．桂林：广西师范大学出版社，2018：262.

规范中必定包含典型的事实状态和对应的法律后果。二是某些具体事实的发生能够对应事先规定的法律规范。即行为人的行为实施过程与法定的典型事实状态相契合，事实行为才能就此发生法律后果。但在事实行为之上，存在侵权行为和合法行为，合理使用应当是合法的事实行为。由此可见，合理使用制度的发生不仅需要事先预设使用行为，而且需要使用者在无意思表示的行为过程中铆合事实状态，并且不满足侵权构成要件。在此基础上，针对合理使用制度的行为基础是否满足合法事实行为的构成要件，需要从立法规制、学理概念和司法适用进行辨析。

（二）意思表示与法定结果无关的法定许可制度

民法虽对法律行为作出基础性规定，但未在其预设框架内作出具体划分。事实行为与法律行为的核心区别在于前者不依赖行为人的意图产生其法律后果。❶

这就表明法律行为的意思表示，是基于对行为人"意思自治"的价值认可发生法律效力，但法定许可制度无法体现"意思自治"这一私权属性。因此，在法律行为框架内，有一种在意思表示之上，却并非私法自治而发生法律效果的行为，它基于法律规定，而不问行为人是否企图发生何等效果而当然发生法律效果的行为，学说上称为准法律行为，准法律行为包括意思通知（催告）、观念通知（股东大会）和感情表示。❷ 准法律行为具有两方面的特征：一方面，法律并不直接规定具体法律关系的主体、客体和权利义务内容，而仅设置法律行为成立和生效的一般规则，并通过法律行为中介实现法律关系的具体化；另一方面，法律并不放任具体意思表示的非典型化内容，而通过对意思表示环境和内容的推定，赋予具体法律行为明确而完整的法律意义。准法律行为的作用在于，这种特殊的法律行为控制方式，可以通过法定制度规范特殊法律行为，形成规范且系统的法律行为制度。

---

❶ 董安生. 民事法律行为 [M]. 北京：中国人民大学出版社，2002：78.
❷ 王泽鉴. 民法总则 [M]. 北京：中国人民大学出版社，2015：239.

（三）合理使用和法定许可的行为之辨

合理使用和法定许可之间的区别通常认为包括以下方面：一是合理使用无须付费，法定许可需要付酬；二是合理使用中作品使用的"量"有特殊要求，而法定许可对作品使用时可以大量且完整地使用；三是合理使用一般为非复制使用，而法定许可为复制性使用；四是法定许可未排除未发表作品；五是法定许可需要尊重著作权人的事先声明，而合理使用没有这一要件。

但在行为性质的探讨下，合理使用和法定许可两种进路之间的差别主要在于意思表示的意图。在准法律行为之中，意思表示是产生法律行为的前提，但意思表示并不等于法律行为，在多数情况下，意思表示并不能产生预期的法律后果。一切法律的效力均是法律所赋予，法律行为的效力亦是通过法律创设。此外，法定许可虽未谋求特定的法律后果，却希望通过该行为表达该事实的意愿等。在合理使用行为中，具有法律意义的不是行为人的意图，而是行为的客观结果。❶ 因为行为人使用作品并达到因其表现意思内容（学习、研究、教育等）而产生法律效果，故在合理使用的构成要件中，并没有强调行为人的行为能力，意思表示意图，甚至没有标的，仅仅是行为结果的客观证明。而在法定许可中，行为虽然具有行为人意图，但法律后果并非基于此发生，而是法律预先规定的客观结果，因而行为人使用作品（广播台播放已经出版的录音制品等）在一定程度上能表达其需要著作权人许可才能完成播放完整作品或部分作品的事实，从而完成付酬等许可行为。

行为性质的探讨，在于从本质上窥探数字化表达纳入何种作品使用制度更为合适。技术的进步，导致人类创作的表达与数字化表达产生混淆，在明确作品使用两种制度的行为性质基础上，明晰数字化表达的行为本质是一种客观性结果，从而为制度链接并进行反思调适奠定基础。

---

❶ 吴汉东. 关于合理使用制度的民法学思考[J]. 法学家，1996（6）：54-62.

本章小结

　　基于数字化表达的多维度视角，可以明确得出数字化能够从不同层面的法理基础进行可版权性问题解答的证成。通过符号学视角奠定了数字化表达的符号基础，明确指出数字化表达就是一种媒介、一种手段。作为符号的数字化表达，想当然无法脱离人的本体而单独存在，因而人类的参与成为必然，人类作为数字化表达的中心也成为必然。既然数字化表达是以"人类为中心"，那么数字化表达在可版权性的主体层面就得以解释，且基于主体的协同性趋向进行利益衡量的判断。数字化表达作为一种客观实在的表达，其行为能够被合理使用所吸纳认定，也能够通过客观实在性论证其最终表达的一定形式表现特征，且从数字化表达是由人类通过技术的再现来看，其独创性应当蕴含其中而证成所吸纳的"作者个性"。因而，数字化表达的本质剖析，能够在找寻逻辑证成的基础上，为之后的立法例和司法例之困提出相应的解决方案，并在适度的限度内作出一定突破，且这种突破遵循了最古老的著作权制度规则，甚至是著作权制度所依赖的民法基本原则。

第四章　数字化表达的著作权法重塑之立法考量

数字化表达的出现，使现有各国乃至国际公约的可版权性认定标准产生变化，尤其是对数字化表达主体变革的思索。虽然"无论拥有什么技术都无法制定出在任何时候都可以绝对适用于各种问题的规则"[1]，且"法律不应该是被嘲笑的对象"[2]，但法律仍需对当下时代的技术挑战作出回应。通过法律解释，也许能够解决某些方面的问题，但并不是严格意义上的法律制度建设，重构法律或者修改法律以针对性地解决某些问题，是法律正常的演进之路。重要的是建立一个法律环境，以防止使用新技术的新商业和文化的萎缩，这些新技术是目前或未来"无法想象的"。

第一节　数字化表达的著作权法立法例宏观考量

法律适用在于裁判者能够通过立法本意而对其进行法律条文的合理解读，这样才能体现出法官宣示法律的本质内涵，判例法亦应当如此。法律不应当成为批判对象的关键在于，立法者在进行法律制定和法律修改时所应当遵循何种立法指导思想，以及这种指导思想是如何通过立法条文的体系制定并最终实现立法目标。数字化表达对可版权性认定的冲击，应当适时基于其立法目的进行宏观调适并最终作出有益的指导思想、条文明晰和技术价值筛选。

---

[1] 孔祥俊. 司法哲学 [M]. 北京：中国法制出版社，2017：441.
[2] 张明楷. 刑法格言的展开 [M]. 2版. 北京：法律出版社，2003：3.

一、立法例指导思想的转变

建构版权法的伊始价值在于增进公共利益与维护公共领域，因此赋予私人以版权来保护其利益，并按照权利归属理论将作品可能产生的所有利益留给作者。但随着社会生活与生产方式的发展，版权法作为调整社会利益关系而建立的利益平衡二元价值论目标已经处于危机中心，国内外的改革方案叫嚣着在改变著作权制度的立法指导思想，以期能够解决因技术变革导致的版权正当性瓦解问题。

法律的本质就是衡量人类社会关系中各类价值的位阶，并对社会关系的冲突进行调和。版权法调整利益主体间的关系，就是为了在符合社会整体发展的前提下满足不同利益的诉求。因此，各国的版权法在订立的开篇，通常都会以相应的总目标作为版权法制定的正当性基础，以此来推动版权法需要实现的价值。从各国对版权法价值的定位导向来看，英国在《安娜法令》中"鼓励有学问和有知识的人编写有益的作品"；《美国宪法》强调"促进科学和有用技术的发展"，并在《美国版权法》明确保护作者与促进知识传播的目标；《德国著作权法》中则指出以作者利益优先，再考虑其他层面（包括社会公众、艺术、科学技术等）的利益；《日本著作权法》指出，其目的"在于确定关于作品、表演、录制品和广播的作者的权利及与此相关的权利，注意这些文化产品的正当利用，以谋保护作者的权利，为文化的发展作出贡献"。[1] 而在相关的国际版权条约中，则是为了尽可能有效地保护作者享有权利的共同愿望。因此，国际公约所体现的指导思想在于保护作者私人利益，而各国在制定版权制度的同时，则认为私人的正当利益应当作出一部分舍弃，从而保障"思想"和"精神"层面拥有一个充分的公共领域能够进行有效创作。

概言之，立法指导思想的变革有助于著作权制度体系在性质、内容上的

---

[1] 《十二国著作权法》翻译组. 十二国著作权法［M］. 北京：清华大学出版社，2011. 参见书中各部分内容。

第四章　数字化表达的著作权法重塑之立法考量

转变，而这些转变在数字化表达的著作权法研究中具有重要意义。以主体资格为例，主体人格的伦理基础因浪漫主义思想而逐步受到关注，但在功利主义面前，技术与人类的博弈催生了拟制人格主体，形成了去伦理化的法律人格构造。❶ 计算机程序具备著作权法保护要素的现代发展，使得新技术领域的作者主体与作品产生分离。数字化表达依赖的程序大多是企业程序设计者的创作物，而数字化表达后续的用户使用行为具备著作权法保护的要素，很难确定著作权制度的立法指导思想究竟保障何种"作者"的权利。此外，数字化技术导致的全球性合作加深，如果数字化表达的著作权法保护不予以确定，或者即便加以确定但是忽略了数字化表达的国际性交流与传播，依旧很难解决数字化表达的地域性突破趋势。

知识的最大用途在于社会性消费，而非个体的自我消费，波普尔的"蜜蜂理论"认为知识的创造者既需要他人的"蜂蜜"保持体力，也需要供养"雄蜂"。❷ 因此，如果非要将作者的创作行为与公众的公共行为进行比较，那么无论从法律的位阶层面还是新经济学来看，都应当是以文化的传播和文化产业的发展为主。显然，知识的传播最终仍旧落脚于文化发展，即便是在文化历史没有那么悠久的国家，文化产业的重视依旧指向了文化发展的具体层面。

将著作权法的立法指导思想转变至文化的交流与合作之上，可以促进公众能够在跨区域的范围内进行传播。诚然，创作者对作品的掌控是不允许他人进行精神利益的损害的。但数字化表达的不同在于，无论哪种类型的数字化表达，均无法通过数字化技术掌控，这种思想的表达是在人类掌控之外的一种客观性过程。因此，数字化表达若要具备著作权法保护的基本要素，应当将立法指导思想从二元平衡论转变为价值抉择论。这样，数字化表达在能够满足各类不同市场对价与促进文化传播层面具有高于作者私人利益的价值。因而，从作者层面的精神论来看，作者是否为思想表达的参与者或者作者是

---

❶ 付继存. 著作权法的价值构造研究 [M]. 北京：知识产权出版社，2019：前言1.
❷ 付继存. 著作权法的价值构造研究 [M]. 北京：知识产权出版社，2019：35–36.

否在思想与表达达成合意的目标解释已然不是那么重要。作者的经济利益反映出作者权利的控制权并非特别重要，其价值选择应当从私权权利走向灵活的利益结构。这种利益结构所包含的就是国际文化的产业合作与交流，促进社会文化的发展。

二、法定作品类型的立法模式应当进行适当阐明

目前作品类型的立法模式均是学者在研究各国版权客体时的法律解释。无论是开放式还是封闭式的作品类型列举，这些模式的定义均是学理上的解读以及法条解释。开放式列举虽然为了保证作品类型增设的灵活性，为法官提供案例审判的相对自由裁量权，但法律的制定是为了保障其所保护客体在一定时期内的稳固性。因此，作品类型的开放式列举只是对作品概念的一种阐明，即便是美国法官可在审判时突破原有法律进行"造法"的情况下，依然采取谨慎的态度，选择尊重美国立法者的立法例，基本鲜少突破法定的作品类型，寻求合适的现有法定类型进行保护。以封闭式列举或者半开放式列举的国家，通常因法定作品类型的不适性，逐渐走向开放式的列举例。例如法国、德国等在对作品类型进行封闭式列举后，虽然向开放式列举例演化，但作品类型的制定仍选择通过法律修改进行扩张，例如因新技术的发展而产生的音像制品、电影制品和计算机软件等作品类型，均是通过具体的法条增设明确在作品法定类型之中，而非模棱两可地放置在作品概念的解释之内。

需要明确的是，各国无论是何种立法模式，都应当较为准确地阐明法定作品类型能否突破或者作何种突破。著作权法作品类型的争议并非因技术的更迭而产生，短时性作品类型的问题由来已久。各国针对插花、发型设计、音乐喷泉、灯光秀等问题均通过实际案例进行裁定，认为短时性表达能够作为一定形式表现的法官通常将其纳入现有法定作品类型，或者认为构成新的作品类型，并将这些作品进行概念范畴内的释义。法律的制定并非任意性行为，立法仍需要技术进行指导，一项法律的整体框架、指导思想所反映的法律品格、法律名称、规范、内容安排、具体结构、法律用语以及常用字词的

设定都需要遵循一定的技巧和方法。❶ 因此，作品具体类型不仅是著作权法的内容编排，还涉及具体结构与法律名称、用语等一系列的体系化安排。但数字化表达中新作品类型的出现，很容易在现有著作权法体系找到作品概念的"头部"，却无法满足具体作品类型的"尾部"，导致体系内的偏差和逻辑不自洽。也正因如此，司法实践中多次且反复出现的新数字化表达类型，如人工智能生成内容、数字人等均需在立法例中找寻合适的法定作品类型进行认定。

在数字化表达的著作权保护认定过程中，智能化的数字化表达通常能够以传统的作品类型如文字作品、音乐作品等出现，而虚拟化的数字化表达通常涉及虚拟与现实结合，并且这一作品可能会依赖具体的地理位置、具体的触觉和音频指令来强化该表达的内容，因此这一技术性的扩张能够以人类能够感知的多种方式进行再现，但在现有具体作品类型中，虽然视听作品强调了人类的听觉与视觉，但是割裂了五感，因而作品具体类型的明晰是有助于认定人类感官是否作为整体作品认定的关键。

如果视听作品改为感官作品，则在一定程度上确定虚拟化的数字化表达作品类型。本研究在此借助《视听表演北京条约》中对视听作品的定义，对感官作品建议作出如下定义，"对于运动图像的体现物，不论是否通过声音、嗅觉等不少于两种等一些人类感官体验的表达物，可以某种载体（现在已知或未来发展）且不同于人类载体（类似于杂技、舞蹈等）的可被人类感知，并能进行传播的运动图像"，即具备载体表达且不同于人类载体、人类可感知（不少于两种感官）以及运动图像的传播三要素。

三、技术价值中技术中立的否认

有美国学者曾经指出"技术的问题要由技术解决"，❷ 这就表明技术从来

---

❶ 刘平. 立法原理、程序与技术[M]. 上海：学林出版社，2017：283.
❷ 劳伦斯·莱斯格. 代码2.0：网络空间中的法律[M]. 修订版. 李旭，沈伟伟，译. 北京：清华大学出版社，2018：10-12.

都不是孤立存在的。前文已经提到，技术是一种类比于"寄生物"的非自主体，它的产生与发展必须依赖人类而产生能量，而人的参与则必然包含人的目的、意志等主观成分，从而实现技术价值创造。以社会生产方式的演进来看，技术的演进虽然是一种客观性的存在，其基础取自自然世界，但技术既然由人类创造，就必然能够使人力量加以外化，即人类本质的延伸。正如马克思所说："自然界并没有创造出任何机器、机车、铁路……它们是由人类的手创造出来的人类头脑的器官；是物化的知识力量。"❶我国古代学者老子也将技术与人的本性进行关联，虽然老子的观点为技术否定论❷，但也体现出老子从技术中看到了人类主观性的统合。因此，技术的客观性与主观性是辩证联系且不可分割的固有属性。技术中立论则认为，技术只是一种与价值无涉，且只为达成目的的工具或者手段，不存在善恶好坏之分。但这一观点本身就存在悖论，既然技术是为了达成某一目的，则必然是有利害关系的。技术中立观点概因为了防止社会批判技术的优劣，从而驱除外部所赋予的价值。这一点虽然无可厚非，但技术与人类在共生的过程中，其演化和发展则更加明确技术并非中立论可以进行解读的。

社会需要的物质生产方式和物质生活资料通常是技术发展的推动力。需求是发明之母，发明并非在真空中产生。❸由此一来，技术的演进同人类的演进亦有相似之处，"物竞天择"的规律似乎顺应着技术的更迭，智能化取代纯粹的计算机程序，虚拟化取代单一的图片和影像处理技术，技术发展至今并非仅仅是客观存在就可以做到的。由此一来，技术中立论则不攻自破，技术价值论更适合用于辩证思考其客观性和主观性的统一，以此来解决数字化表达中可版权性问题的本质。

从数字化表达带来的著作权法保护问题来看，数字化表达需要的作品来

---

❶ 中央编译局. 马克思恩格斯全集：第46卷（下）[M]. 北京：人民出版社，1980：219-220，287.

❷ 《老子·第五十七章》："人多利器，国家滋昏；人多伎巧，奇物滋起。"

❸ 罗伯特·洛根. 什么是信息[M]. 何道宽，译. 北京：中国大百科全书出版社，2019：112.

源是合法的原因,不在于阻止人们通过数字化技术获取和使用这些作品,而是在于如何通过"监管"这些作品用以保障著作权制度仍需维护的私权利益。从数字化表达的作者主体资格来看,因为技术必然依赖主观性存在,则数字化表达则蕴含人类思想,因而作为人类思想延伸的数字化表达便不会陷入"智能化"并非"人类"的困境。主体资格的解决则意味着独创性要素中"作者个性"的缺失,即便是单纯的虚拟化场景的体现,也是人类在精心设计之下而产生的一种五感相互结合的体验。

因此,在技术价值论的指导下,技术与人类的结合表明技术并非朝着人类失控的局面发展,而是技术在更好地帮助人类的同时并顺应社会生产方式进行发展。数字化表达即便发展至更智能或更具体验感的阶段,也将会在遵循技术价值论的前提下协助人类,而非取代人类。因此,数字化表达的著作权法研究并非一种超前且虚无的研究,而是一种立足于社会生产方式发展的制度研究。

第二节　数字化表达的著作权法具体考量之主体论

在"人类中心主义"的基础之上,"人机交互"的协同性得以证成,但同时也应当明白数字化表达将独立创作带入集体创作,因而协同主体则具有不同的类别,这些主体类型决定了其在数字化表达过程每一个阶段所作出的贡献以及独创性,因而主体的立法考量,应当明晰每一种协同主体资格所具备的构成要件,并最终由司法加以验证。

一、以人为本的协同主体资格

探究数字化表达的主体资格是解决数字化表达内容的最终归属,抛开数字化表达的主体资格研究其可版权性的问题是没有任何意义的。无论数字化表达的内容如何精巧且具备著作权价值,但主体资格奠定了著作权法保护探讨的主体、客体和限制性要件。盲目抛开"人类中心"的资格论,而探讨智

数字化表达的著作权法问题研究 >>>

能化的数字化表达具备主体资格,不会符合法律体系所创设的原有宗旨;以技术否认虚拟化的数字化表达整个过程中的人类创造,也不满足符号学中所指以及技术价值说的理论基础。因此,在坚守"以人为本"的主体资格,不破除法律主体资格体系的基础上,明确数字化表达具备协同主体资格的立法制定,可有效缓解智能化、虚拟化甚至二者合一的技术冲击所带来的可版权性问题。

在法律上把著作权归属于一部机器是不可想象的,不管这部机器多么完美。[1] 澳大利亚1993年《关于计算机软件保护的报告书》中指出,计算机生成作品的著作权人只能是对计算机生成作品作出贡献的自然人,即便该自然人的贡献达不到独创性的高度。[2] 坚守"人类中心"主体资格的立法观,是对旨在将"思想"赋予"表达"的作者权利的重要保护。可版权性的主体资格经历了从自然人作者到法人作者甚至现在"机器作者"("电子作者")的演变,作品中突出作者观念的"思想"逐渐模糊,但相较于"机器作者",法人作品中仍是自然人主体通过思维活动最终的思想表达,即便作者主体的权利不归属于创作者,但最终权利仍归属于自然人。这是因为法人背后仍是自然人真实的存在。现阶段一些国家对"机器作者"的主体资格赋予,不仅突破了原有立法系统,更是将主体资格的作者身份寄托在一个不具备思想的"客观性整体过程"行为之上。而数字化表达的客观性整体过程,无论从何种视角进行辨析,都无法摆脱数字化表达的本质是一种符号,这种符号就是人类将其"能指"的思想赋予在"所指"。

以媒介传播的符号学为论,数字化表达是人类思想的延伸,这种延伸同人类先前以语言、文字、图片以及多媒体的表达并无区别。以经济学视角下的符号学作为探讨,数字化表达与可交易的一部电影、一部书籍之间不存在任何差异。以公共政策为基础的法律制定,是服务于人类的。可见,多维度

---

[1] 弗洛朗斯-马里·皮里乌,陆象淦. 作者享有知识产权的合法性 [J]. 第欧根尼, 2005 (1): 50-74, 111.
[2] 曹源. 人工智能创作物获得版权保护的合理性 [J]. 科技与法律, 2016 (3): 488-508.

视角下的数字化表达，也不会抛开"作者"的权利是"人类"权利的立法宗旨。概言之，遵从法律创设的主体资格不会赋予一部电影、一部书籍这些人类思想延伸工具的基础，赋予"机器"以作者的主体身份也属无稽之谈。诚然，不能否认"电子人"索菲亚的立法创设具有前沿性，也不能否认未来数字化表达智能化能到何种地步，但是立法指导原则将"人类中心"贯彻至今，数字化技术以及数字化表达只能是人类的工具，是人类在最大程度优化且便利社会精神文化需求的宗旨。只有在"人类中心"的基础上，探讨法律主体资格，才能展现著作权制度的基本价值。

显然，如果将作者身份的"自然人"内在突破至"机器人"，相当于将著作权保护的作者"思想表达"具化到符号"表达方式"，从而混乱了著作权法保护的作品中包含精神权利的价值。如果不朝着有益于数字化表达的方向协调法律，就无法实现公共领域的利益。即便在作者主体演化过程中，仍未抛开"精神权利"的"人类中心"来看，固守"人类中心"应对数字化表达中智能化表达的主体资格是绝对必要的，但在一定程度协调人类与智能化的基础上也实为必需。

二、协同主体资格的现有立法类型考量

将智能化的数字化表达转移至人类，是一种激励人类更好发展数字化技术的趋向，但即便将数字化表达整体过程中程序设计者、投资者、使用者和数字化表达技术服务提供者四种类型的参与，也将导致主体资格确定的困难。因此，在数字化表达的主体论之下，应当探讨四方主体作为协同主体的立法类型，并从中进行调适和完善，在不挑战原有法律主体类型的情况下调适并完善主体类型。

（一）数字化表达的著作权主体类型

数字化表达的参与者涉及四类主体对其著作权权利的主张，分别是数字化表达的程序设计者、投资者（为数字化技术提供财力、物力和人力支持的法人或非法人组织）、使用者（终端用户）和数字化表达技术服务提供者。

就这四类主体而言，有必要针对不同类型的主体进行相应的分析，分析的角度不应脱离著作权制度的原始宗旨和最终价值。著作权制度是以原始宗旨换取最终价值的实现，原始宗旨是私权赋予，最终价值是公众对作品传播与获取层面的公共利益。若单纯以参与者的角度考虑版权归属，则会因数字化表达过程中设计者对数字化的程序部分，投资者基于物资材料的投入以及使用者对终端表达的劳动投入而主张不同程度的版权，既难以抉择数字化表达的可版权性主体，也难以保证数字化表达的整体过程呈现。基于此，在确定最佳协作作者时，应当对其数字化表达的参与身份进行考量。

1. 程序设计者

程序设计者是影响并在一定程度上通过程序的设计影响数字化表达的一类主体。程序设计者通过自然语言处理，并最终由机器转化为机器语言，是数字化表达的原始参与者。依照国际现行的相关规定，程序设计者可以对计算机程序、软件等主张权利，不过数字化表达的发展导致程序设计者在数字化表达的最终层面与程序脱钩，表达为虚拟影像、文字、音乐等，并由终端用户参与，最终以影像等进行保存，产生了不同层面的表达。但即便是虚拟化的数字化表达，仍需依托程序而进行内容的预设，如果没有预设进行虚拟化激活，则无法呈现该表达。在智能化的数字化表达中，程序设计者是其主力，即便最终的表达会导致程序的脱钩，但数字化表达的完整过程要求程序的设定才能最终得到表达，故而程序设计者具备可版权性主体的资格要件。

2. 投资者

投资者，是为数字化表达提供帮助的人，其可以是自然人，也可是法人或非法人组织。独立程序员可能保留数字化表达在具备可版权性的情况下的完整版权，而大型公司内智能化所创作的数字化表达的版权可以通过雇佣合同来解决，并归因于程序员或为其工作的公司（基于协议）。如果投资者选择将版权分配给程序设计者，则可以通过相应的协议来完成。但从长远来看，为了将数字化表达能够投入商业化的市场，通常以雇佣关系或者委托关系而实现权属归类的投资者可能更为有效。

3. 使用者

最需要进行考量的则是数字化表达的使用者，即对数字化技术的终端表达作出干预的一类主体，亦可称为"终端用户"，且这是数字化表达与传统协作主体最主要的区别。终端用户在两类数字化表达中所扮演的角色并不类似。在智能化的数字化表达层面，终端用户对其整个表达过程的影响微乎其微，只是进行简单的指令输入或者最终表达的筛选，通过指令输入和最终筛选的内容几乎也是由于程序设计者的"算法黑箱"程序出现的不同结果，故有学者认为赋予终端用户智能化的数字化表达层面享有著作权权利不具备说服力。从"算法黑箱"程序终端具有不确定性来看，虽然终端用户对表达进行了干预，即指令要求输出的内容类型和表达的最后筛选，但这些仍是基于程序设计者前期程序的控制，而不是对早期智能化的数字化表达整体过程的参与，显然终端用户主张智能化的数字化表达版权的行为既不现实也不合理，而程序设计者或投资者具备对智能化的数字化表达进行版权控制的资格，且具有一定现实意义。

终端用户对数字化表达的参与过程必然获取了智能化实体，如智能机器人、智能音箱或者智能汽车等后作出的行为，必然通过付费或者其他利益的付出而得到。以对价的支付与换取来看，终端用户在一定程度上对程序设计者或投资者进行了弥补，可以获取对数字化表达的使用，因而也不会影响终端用户对作品的合法化使用，从而对智能化的数字化表达产生不利影响，还能将研发资金收回。而在虚拟化的数字化表达中，终端用户对其整体表达的影响较为深刻。虚拟化依托的虚拟现实和增强现实的实体设备，均是以营利为目的而设计，在程序设定上必然出现程序设定占据主导和终端用户操作占据主导的两种类型。在第一种完全依照程序设定，或者虽然终端用户有选择但仍需按照程序进行的情况下，终端用户对最终表达的筛选显然参与度不够，不具备主张主体资格的可行性。第二种例如终端用户虽然需要在特定地点才能激活该虚拟化的数字化表达，但通过不同的指令可能会产生不同的场景，例如一些美图软件增加的特效，不同用户对虚拟化游戏作出不同的系列指令等情况下，终端用户所选择的现实物理场景、虚拟数据、拍摄角度或摄制过程等则对最终表达具有决定作用,因而此种情境可以主张作者权利。

4. 数字化表达技术服务提供者

数字化表达技术服务提供者,可参照网络服务提供者和生成式人工智能服务提供者的概念进行法律释义。我国立法在规定网络服务提供者相关法律制度时有两种进路:一种是大一统的方式,即以"网络服务提供者"的称谓概括规定,但对网络服务提供者类型并未作出区分阐述,如《民法典》《网络安全法》《刑法》《慈善法》等。即虽未对网络服务提供者进行分类,但在法律文件中列举了具体的类别,对于网络服务提供者内涵的认定有所助益,如《网络交易监督管理办法》"加强网络直播营销活动监管的意见"将网络社交、网络直播、网络平台作为网络服务提供者的具体类型。另一种是类型化规定,我国《信息网络传播权保护条例》将网络服务提供者分为四种类型。我国《生成式人工智能服务管理办法》指出,生成式人工智能服务提供者,是指利用生成式人工智能技术提供生成式人工智能服务(包括通过提供可编程接口等方式提供生成式人工智能服务)的组织、个人。因此,数字化表达服务提供者,应当是利用数字化技术向终端用户提供生成文本、图片、音频、视频等内容服务的组织、个人。

(二) 现有立法的协作作者类型

明确数字化表达内在蕴含自然人的"思想"表达,则可依据现有立法例讨论,以人为中心的协作作者类型在国际上大致分为雇佣主体、合作主体以及拟制的法人主体。而通常法人主体与雇佣主体发生交叉关系,如在我国著作权法中,职务作品的其他权利归为法人所有,而一些职务作品可能就是法人意志的体现。因此,在此区分协作作者的类型主要是为数字化表达的主体资格进行核实的法律解释,以期在现有制度下进行调和。

1. 雇佣作品的雇主资格

数字化表达的作者主体资格赋予人类的做法最早可以追溯到英国版权法中对计算机程序代码的规定,指出计算机生成作品的所有权可赋予进行作品创作所需而参与的人。这一规定的某些层面类似于《美国版权法》中的"雇佣原则",即雇主对雇员的作品具有版权的规定,但在一定程度上偏离了英国现行代理人法律中"雇员"和"雇主"的明确关系。在 Community for Creative Non-Violence v. Reid 一案中,美国联邦最高法院明确规定《美国版权法》第 101 条中的"雇员"释义必须参照美国有关代理人法的条款。❶ 但如果遵循此种先例,将"雇员"完全限定在代理人的基础上,则无法满足对数字化表达的可版权性需求。美国其后通过判例对"雇佣原则"的调适,认为"雇主"与"雇员"必须具备为了调整原有代理人关系以便数字化表达能在不挑战著作权制度下的适用,雇佣原则中对"员工"和"雇主"这两个术语应当作相对解释,而不是根据代理人规定进行严格的限制,才是允许将数字化表达的主体资格与人类作者进行衔接的最有效方法。

《美国版权法》中雇佣原则的规定适用于创作的作品是受版权保护的"雇佣作品",此类作品具有两种类型,第一种是"雇员在其工作范围内准备的工作",第二种是"特别命令或委托使用的作品……如果当事人在双方签署的书面文书中明确同意,该作品应被视为雇佣作品"。第二种的特殊雇佣作品是将 9 种委托作品❷涵盖至雇佣作品之中,但委托作品作为雇佣作品具有严格的构成要件。《德国著作权法》对计算机程序的雇佣作品进行了规定,认为雇员在履行其职责或按照雇主的指示进行计算机程序的研发,则雇主完全有权行使计算机程序中的所有经济权利,除非另有约定。❸ 此外,《德国著作权法》在第三章使用权、第五章版权权利的交易、第六章版权合法使用许可的限制中均对雇佣关系进行了一些规定,且在第 43 条指出雇佣关系中作者的认定应当:"适用于作者为履行由雇佣关系或服务关系引起的义务而创作的作品,除非根据雇佣关系或服务关系的条款或性质另有规定的情况。"

可见,"雇佣原则"的目的在于通过著作权制度的规定将作者的主体资

---

❶ Cmty. for Creative Non-Violence v. Reid, 490 U. S. 730, 739-40 (1989).
❷ 在本研究中,主要探讨未有合意情形下的作品归属,而确定作品的作者身份,因此对于委托合同而产生的合作作品不在此探讨之列。
❸ Act on Copyright and Related Rights (Urheberrechtsgesetz, UrhG) Chapter 8 Section 69b.

格授予最初并不进行作品创作的一方。但因第二类雇佣作品相较于第一类而言，是一种通过协议进行协商的作品，而第一种则是完全为了工作而生成的作品，因此有学者指出应当仅在第一种雇佣作品类型中探讨数字化表达的智能化属于"雇员"的可能性，且应当将"雇主"和"雇员"视为雇佣原则范围内的相对术语，从而将智能化生成的数字化表达分配给人类作者来防止其作品进入公共领域。

2. 合作作品的"合作作者"

在探讨"合作作者"之前，基于广义"合作关系"下的"演绎作品"的主体在此予以排除。其原因主要有三点：一是探讨可版权性的数字化表达权属认定时，如果数字化表达属于二次创作，那么将会在未经合法使用的情况下诱发侵权，而这种侵权最终将无探讨数字化表达可版权性的必要；二是数字化表达通常基于程序而产生，程序会导致偏差而产生抄袭行为，但因算法程序造成的侵权后果在未影响前作者的利益时，应当考量容错率；三是如果数字化表达是通过合法授权而对原有作品进行演绎行为，那么本研究探讨的仅为数字化表达主体（包含创作者、投资者、终端用户和数字化表达服务提供者）的利益分配，故而也无在前作者已获得利益补偿的前提下进行探讨的必要。基于此，本研究仅探讨狭义视角下的合作作品的"合作作者"。

1986年，美国国会技术评估办公室重新研究计算机生成内容问题时，指出计算机在人机互动的过程中，在某种程度上具有成为合作作者的可能性。❶合作作者即合作作品的创作者，判断合作作者要件的逻辑前提在于一种独创性表达是合作作品（co-operation works）。合作作品通常是指两个或两个以上的人合作创作的作品，合作者相互需有共创作品的合意，同时又实施了共创作品的行为。❷ 严格限制合作作品的构成要件则应当主要包括：（1）合作者需要"有意识"地参与一部作品的创作；（2）共同创作的意图应当事先或

---

❶ U. S. Congress. Intellectual Property Rights in an Age of Electronics and Information [R]. America: Office of Technology Assessmen, 1986.

❷ 吴汉东. 人工智能生成作品的著作权法之问 [J]. 中外法学, 2020, 32 (3): 653-673.

者在创作作品时就有；（3）每一位共同创作者都应当对作品作出实质性的"贡献"；（4）最终呈现的内容应当是不可分割的完整作品。

1909年《美国版权法》并未对具有共同创作意图的作品进行相关规定，因此当时也并无合作作者的概念，但美国作为英美法系的代表国家，其通过判例审判，在法律适用和法律解释下逐渐完善了合作作品的法律地位，并对合作作品的构成要件逐步明确。美国法院首先在一则案件中认定了"有意识"作为合作作者的主要要素，后又在相应案件中认为每个作者是否认识以及身份关系并不重要，重要的是每个合作者都有与别人创作作品的意思表示。❶ 而从合作作品作为完整作品来看，各国都认为不可分割应当是合作作品的必备要素。在《德国著作权法》中，合作作品的共同创作属创作人共同享有，且合作作品不可分割；《日本著作权法》认为合作作品须有两人以上进行参与，且每个人创作的部分无法分开单独使用；《英国版权法》认为合作作品是两人以上创作的对各自贡献不易区分的作品。而我国现行《著作权法》认为，合作作品包括可分割使用和不可分割使用的作品。

如此一来，基于合作作品的构成要件，合作作者的主体资格能够部分有效解决数字化表达的权属问题，这一点将在下文中进行探讨。

3. 法人作品的"作者"要件

法人作品，是我国著作权权利归属制度下的独有设计，由学术研究和司法实践约定而来，最早的法人作品被学界称为"单位作品"，后被统一称为"法人作品"。❷ 法人作品并非我国著作权法的法律概念，因为现行《著作权法》第11条的规定中，包括非法人组织。❸ 可见，法人作品的构成要件应当

---

❶ Edward B. Marks Music Corp. v. Jerry Vogel Music Co. 140F. 2d at 267.
❷ 唐劲军. 论法人作品 [D]. 重庆：西南政法大学，2019.
❸ 该内容为我国现行《著作权法》第11条第3款之规定："由法人或者其他组织主持，代表法人或者其他组织意志创作，并由法人或者其他组织承担责任的作品，法人或者其他组织视为作者。"但基于我国《民法典》中将"其他组织"改为"非法人组织"，故《著作权法修正案草案》第11条第3款规定为："由法人或者非法人组织主持，代表法人或者非法人组织意志创作，并由法人或者非法人组织承担责任的作品，法人或者非法人组织视为作者。"

包括"主持"之客观行为;"意志"之主观体现;"责任"之法律承担。"主持"、"意志"和"责任"为并列要件,缺一不可。即不仅为"为他人创作进行组织工作、提供咨询意见、物质条件或者进行其他辅助工作"的客观行为,还需在该作品中明确其为法人或其他组织服务的目的,且最终由法人或其他组织承担责任后果。通常与法人作品纠缠不清的就是职务作品❶,即我国现行《著作权法》第 18 条之规定。而这一"意志"并不单纯为法人或其他组织下达之命令就可笼统概述,因为在同职务作品进行比较时会发现,两者的差距较大:一是职务作品中的署名权,二是创作的起因,三是作品表达的意志和作品的种类❷。这就表明,职务作品与法人作品之间的不同在于"法人作品"是我国视为作者的情形,"法人"作为拟制主体是作品的原始主体,而职务作品虽然仍归于法人或其他组织,但其所有权乃继受而来。

在《日本著作权法》中,其"职务作品"的条款制定类似于我国"职务作品"和"法人作品"的糅合。《日本著作权法》第 15 条规定,职务作品的作者是"按照法人或者其他使用者的提议,从事该法人等所属业务的人在职务上创作的(计算机程序除外)、以该法人名义发表的作品,只要该作品创作时的合同、工作规章没有特别规定,则该等法人等为该作品的作者"。一方面,该条款取"拟制主体"的立法表达,并且构成要件中的"提议""法人名义"等用语与我国"法人作品"类似;另一方面,"从事所属业务"则同我国"职务作品"的规定类似,而这一条款也明确展示出我国著作权法为舶来品的事实。我国《大清著作权律》制定之际,其相关内容基本由日本学者参与制定,因此与《日本著作权法》条款存在相似之处尤为可解,只不过我国在著作权法顺应时代潮流的变革中,将一些条款进行细化,从而形成我国的独有制度,但并非全然不可寻。

---

❶ 职务作品与雇佣作品之间只不过是不同国家针对多种主体参与作品创作的不同法律用语。

❷ 我国现行《著作权法》规定,特殊职务作品的种类不仅限于工程设计图、产品设计图、地图和计算机软件,还包括合意情况下的自由约定。

此外，与法人作品密切相关的作品类型还包括委托作品。委托作品依照委托合同生成，而委托合同又属于我国《民法典》中的定作合同类型❶，即所包含的要素与法人作品的构成要件出现重合，因此我国很多学者认为应当废除"法人作品"的相关概念。有学者认为，"委托作品"应当参照《美国版权法》中9种特殊雇佣作品的制度，即在特殊条件下，委托作品的版权权属仍归于雇主，此外其他的委托作品适用一般的版权归属原则，即通常由受托人享有，因此在探讨委托作品时应当将其置于雇佣作品的体系之中。❷ 但其实从两者的性质来看，委托作品更适合多重主体在意志自由的情况下订立的合同，通常可以解决各国数字化表达中三方主体利益分配的应用。法人作品则因限于我国的特殊规定，并且存在相应的法律冲突，故在本章的探讨中，仅将其作为一种制度的探讨。

（三）现有协作作者类型的适用优劣

即便将数字化表达的"人格"因素转移至程序设计者或者投资者的"人类"之上，现有协作作者构成要件的适用仍具有一定缺陷。合作作者的重要之处在于各创作者的合意、共创行为、贡献；雇佣作者的重要之处在于雇员的创作体现在程序设计者和投资者之上，而非与终端用户的关联上。法人作品则可能影响后续合作作者的产生。数字化表达即便是一种"类人化"的智能化，但仍与现有"人格"要素产生冲突，且因为数字化本身不具备"人格"要素，导致在适用协作作者的类别时出现构成要素的缺失。

1. 雇佣主体的适用优劣

通过对"雇主"和"雇员"范围的重新解释，可以解决现行数字化表达对版权归属体系中四方面的挑战：一是在不挑战法律主体资格的情况下，将

---

❶ 依照我国《民法典》第770—774条规定，（1）定作物由定作人定作，定作所需技术资料等由定作人提供；（2）承揽人所承作的定作物符合定作人要求；（3）为了保证定作物符合其需要，定作人有权对定作物的制作过程进行监督检查。

❷ 樊宇. 论视为作者原则：以中美两起著作权纠纷案为视角［J］. 政法论坛, 2020, 38（2）：44-59.

作者归属于自然人或法人；二是避免了对数字化表达中非人类作者这一无结果性的辩论；三是不仅能够确保数字化表达具备可版权性探讨的资格，并且在具备可版权性的要件下能够进行版权登记并作出适当记录，以保障数字化表达的作品顺利发表；四是解决数字化表达中数字化这一技术的无限生命，且因为数字化表达的缘故其创作之日和最终保护日的期限较容易确定。但即便以雇佣作品解决数字化表达的主体资格，并且通过对这些未直接参与创作受版权保护的数字化表达的三方主体赋予作者的身份，仍无法满足现有雇佣作品的构成要件。

首先，雇佣作品的限制较窄，即便1976年《美国版权法》在雇佣作品中未妥协委托作品不属于雇佣作品，但仍旧仅限于9种特殊情形。可见，雇佣作品的限定明确为"雇主"和"雇员"，两者的隶属关系并非其他关系能取而代之。诚然，"雇员"作为"自然人"的解释无法解决智能化的数字化表达。其次，职务作品的原理并不适合智能化的"作品"的权属逻辑，将智能化的数字化技术比喻为"雇员"是不合适且不恰当的。再次，即便将数字化表达与程序设计者看作整体的数字化表达的创作者，雇佣作品仍旧存在隶属关系的难以界定。数字化表达的过程体现出整体作品的供给与输出并非内容表达即可完成，尤其是在整个创作过程中不同主体的参与。一些国家立法规定雇佣关系中的作品可以由具体研发的自然人保留署名权，且大多数国家认为雇佣作品中雇主只享有财产权利而无人身权利。如《德国著作权法》认为雇佣作品的雇主仅仅享有雇佣作品的独占使用权，不享有雇佣作品的著作人身权和财产权。[1] 最后，数字化表达的研发可能并非一家公司所承担，各个公司之间通常为通力合作的关系，而非雇主与雇员的关系。

可见，"雇佣作品"能在很大程度上解释程序设计者与投资者之间的关系，适用于单一的数字化表达过程，而对于两个以上的投资者，甚至最终由

---

[1] 《德国著作权法》第69b条："雇员为执行职务或者根据雇主指示创作计算机程序的，如无其他约定，只有雇主有权行使计算机程序的一切著作财产权权限。"

终端用户参与的情况下,以"雇主""雇员"进行数字化表达的主体定位却有不恰当之处。

2. 合作作者的适用优劣

在版权体系中,协作作品的种类较多,由两个以上的人创作的作品不仅包括合作作品,还包括改编作品、汇编作品等,而判断两个以上的人创作的作品是否为合作作品,关键要素是看合作者之间是否有将各自的贡献结合成一件作品的共同创作的意图,这一意图是当事人之间达成的共同创作作品的意思表示。❶

虽然从传播学视角来看,因技术作为人类的延伸,因而数字化表达可以暗含人类思想,但合作作品的主体适用可从另一方面很好地阐明智能化的数字化表达中人机协作的主体资格。有学者认为,人机合一是"后人类时代"人工智能类人化、创造智能化的一种具体表象和客观存在样态。❷ 智能化的数字化表达虽然在程序设计者的程序中有固定成分,但是其程序的设定是一种通过数据分析的较为不确定性且产出随机性的"黑箱算法",令人啼笑皆非的"智障人工智能"就可以体现其智能化并非完全朝着预算的结果出发,只是更大程度地偏向预设结果。因此,从整体来看,数字化表达前期的输入、中期的算法与后期的指令,均影响着最终表达的内容和形式。将数字化表达的创作事实行为与程序设计者的实质性贡献行为进行结合,能够帮助理解数字化表达蕴含"人类"思想的内在本质。

非个性化创作取代个性化创作时,就要考虑除却人机合作之外的其他主体,例如终端用户的合作。合作作品的作者应当在主观上具备共同创作的合作意图才是构成合作作品最主要的前提条件。由此,在合作作者的构成层面,即便将数字化表达的内在创作要素作为人类思想的延伸性表达,但合作作品的主体资格进行适用仍旧存在些许困难。作品是作者人格和精神的延伸,作

---

❶ 李晓慧. 美国法视角下合作作品中共同创作意图的法律解释 [J]. 法律方法, 2015, 18 (2): 330-339.

❷ 吴汉东. 人工智能生成作品的著作权法之问 [J]. 中外法学, 2020, 32 (3): 653-673.

者与作品就如同父子的关系,作品是作者"心智的孩子",因此著作权的人身权利可能很难归于一些辅助性创作者或者无参与创作者。[1] 在虚拟化的数字化表达中,设计者的设计意图在很大程度上是为了满足市场的需求,一般只是为了提供给用户以更好的观感,其并未明示与后续用户进行共同创作的行为。在智能化的数字化表达中,设计者在编写程序时通常是为了增强用户体验,以保证终端用户对智能化的数字化表达提出改进意见,也并非明确知道用户会通过智能化的数字化表达进行共同创作,且数字化表达通常以输入指令的方式进行工作,输入的指令不同就会产生不同类型或者不同场景的表达,除非像激萌相机这类固定性的表达,因为用户与程序的连接很难想象是一种共创作品的行为。此外,在终端用户利用智能化进行数字化表达时,如果要构成合作作品,终端用户必须有实质性的"贡献",而仅以指令的输入产出的内容很难证明终端用户能够对完整表达有"贡献",且即便用户在后续对输出的内容进行的完整内容有"贡献",但也很难认定程序设计者就是明确表示与用户进行合意并进行创作。

  数字化时代,是一个与智能化、虚拟化不可分割的时代,固守"人类中心"固然重要,但固守"人类中心"并非固守人格要素。数字化表达的内在暗含着人类设计者或者人类投资者(可以是法人作品也可以是雇佣作品的主体)的对数字化表达的可版权性要素的考量,最终是在私权权利论和经济价值论上达成的利益平衡。在一定程度上弱化人格要素,而非改变现行立法规制,针对著作权制度进行弹性适用,强调作者的主体资格是服务于公共利益的目的,才能在协同关系的基础上与时俱进地对人格要素进行一定范围的扩张。

三、"人类中心主义"视角下协作作者的具体规制

  社会发展不可逆转地改变了原子化的个人活动,包括创作在内的各项活

---

[1] Adolf Dietzn. International Copyright Law and Practice [M]. Matthew Bender & Company, Inc., 2006: 7.

动都在向集体行为的方向演变,❶ 而这些改变基本上也是为了保障市场创作资源的有效供给,并将收益进行有效分配,而作品的最大化利用才是在"人类中心主义"视角下将利益分配给自然人或者拟制人格背后所保护的自然人的重点。

(一)"雇佣"视角下主体资格确定——基于经济视角

版权体系早期就是一种赞助体制,出版商为文学作品的创作者投资进行图书出版,美术馆或者画廊这些"天使投资人"为美术作品开办展览等均是为了在帮助自然人作者收获利益的同时,逐步走向市场分配体制的规划。从经济学的视角来看,将数字化表达作为人类的延伸也无外乎是为了保障人类这一本体的利益。可以说,在经济学视角下无论是法人作品还是包含在雇佣作品中的特殊委托作品,均可以在雇佣关系的基础上,将双方归纳为委托人(principal)和代理人(agent),共同面对诸如应对道德风险、降低代理成本等问题。❷ 但这里的"委托人"和"代理人"均是一种指向性的法律用语,亦可称为"雇主"和"雇员",只是这一称谓在适用不同隶属关系时所阐明的效果不同。雇佣关系较为牢固,通常能够负担雇员所需的沉没成本,而委托关系较为松散,通常代理人支付一定的沉没成本。因而,从不同的视角出发,数字化表达的权利归属应当立足于不同的经济关系进行适用。

1. 雇佣关系的雇主主体——基于长期且稳定的投资关系

如果"雇主"和"雇员"在该准则的范围内被解释为相对的,则可以在雇佣作品中将包括于个人、公司或组织中的"作者"同无所不包的"作品"(如书籍、录音、电影、图像甚至计算机代码)相趋同,从而反映出为了适应新出现并反映当代社会变化的技术和经济,从而调整服务于政策的法律,将数字化表达的主体资格转移至相应的自然人和视为作者的主体之上。因此,

---

❶ 蒋舸. 雇佣关系与法人作品构成要件[J]. 法律科学(西北政法大学学报),2014,32(5):102-109.
❷ 蒋舸. 雇佣关系与法人作品构成要件[J]. 法律科学(西北政法大学学报),2014,32(5):102-109.

"雇主"可以被认为是为了实现目标或完成任务而使用数字化表达的自然人、法人或非法人组织,而数字化表达的程序员、投资者将在满足其条件的前提下满足其定义。利用数字化表达来创作内容,则数字化表达可以被视为创作,而由其提供的数字化表达可以作为一种服务或者劳动产出而可以交由其程序员或投资者使用。但在各国具体的雇佣主体中,雇佣主体与我国所述的法人作品并未进行一定区分,因此在雇佣作品内包含着类似于我国独有的法人作品的构成要件。数字化表达的本身就是计算机软件或者程序,这些在现有著作权体制下就受到著作权法的保护,且无论是智能化还是虚拟化的数字化表达,其呈现均依靠人类设计而成。

因此,程序设计者和投资者以数字化技术作为一种特殊的服务,从而取得主体资格的做法,不仅能够在获得版权保护中取得利益,更能通过利益的获取保障数字化表达的创新开发,从而为未来的数字化表达提供发展渠道。

2. 委托关系的委托主体——基于短期性的投资关系

鉴于法人作品在一定程度上可以进行雇佣作品和委托作品的不同适用,为了避免法律用语以及法律体系的混乱与混淆,本研究在讨论各国可适用的作者权利归属时,尽量避免使用我国法人作品的特殊规定,从而将其与我国著作权法体系中委托作品进行对比探讨。之所以讨论委托关系的主体权属资格在于现实中的交易成本无法归为零,一些实际的成本负担并非每个投资者都愿意将其作为稳固的关系进行投资并承担投资失败的风险,因此需要借助较优的法律规则实现交易市场中数字化表达后续的作品使用效率价值而解决数字化表达的作品归属。

这种委托关系或者法人关系通常适用于多方投资者之间的委托合作。一些数字化表达的研发与使用通常需要不同的主体参与,并不单纯是投资者与设计者之间的关系、投资者—投资者(雇佣的设计者)之间的关系。因此,投资者与投资者之间的委托关系通常以公平的投入成本进行计算。一些投资者可能所用的物资资料不足,但是因人才的出现而能够对数字化表达的市场需求作出改善,以委托合同的形式弥补各方投资者之间的差异与不足,允许各方自由进行市场交易,从而创设可交易的权利并将受托方在承担一定经济风险的情况下,允许以数字化表达的权利作为担保,从而保障了相当于设计者一方的利益纽带,遵循著作权制度本身的市场规律。

此外,委托关系还能较好地解决原始主体与后续用户之间的分配关系。例如,美联社与人工智能公司合作,借助人工智能平台 Wordsmith 实现自动化报道,如今已经达到每季度 3000 余篇的产量;2015 年腾讯财经也率先推出由人工智能系统撰写的新闻报道,并且根据软件的设计与调试,工程师可以根据新闻业者的需要促使人工智能在标题、导语、主体、背景资料选择等方面实现差异化的创作。❶ 在数字化表达的使用者利用期间,用户仅以单纯利用形式进行的使用行为,可以看作委托关系的使用,即数字化表达的权利归属应当归为原始的投资者或者设计者所有。

(二) 合作关系的合作主体——基于平衡视角

平衡视角,即利益平衡原则理论下所遵循的著作权体系下保障的使用者权利视角,使用者乃新利益主体中的终端用户。这一合作关系旨在平衡以人为基础的横向共有人之间的著作权权属。通常来说,合作作品的价值来源于各创作者所带来的具体贡献,并且这一贡献通常是被受众感知的重要部分,在没有对表达作出实质性贡献的情况下,可能将会切断没有参与劳动或者只参与了辅助性劳动的创作者。但属于私权范畴的著作权制度,可以在意思自治的前提下允许双方当事人通过约定进行著作权权属的共享。❷ 虽然人格权利的归属很难在通过约定的合同中站稳脚跟,对于未付出智力劳动只提供生产要素的材料,或者仅提供"思想"火花并未参与表达过程的主体来说,如果仅因为人格权利的归属不洽就贸然切断作品与相关利益主体的纽带也是不恰当的。从正义论出发,"投入—回报"通常是一对孪生体,在利益平衡的视角下往往投入成本的投资者会比设计者主体付出更多。不只在投资者与设

---

❶ 徐小奔. 人工智能"创作"的人格要素 [J]. 求索, 2019 (6): 95 – 102.

❷ Aalmuhammed v. Lee, 202 F. 3d (9th Cir., 2000).

计者之间，投资者与投资者之间、投资者与用户之间、设计者与用户之间以及数字化表达技术服务提供者相互之间的关系也更为复杂且难以抉择。以委托达成的协议通常能有效解决数字化表达的意志体现"委托人"的偏好，以雇佣关系则旨在解决隶属关系的权属，而以合作关系构成的数字化表达则旨在解决平等投资者或者用户参与创作的行为结果。

通常情况下，用户一旦通过雇佣、委托或合作等约定权属的方式产生与在先权利人的权属关系，他们往往会比在先权利人更高效地利用和传播数字化表达的内容。一方面，用户会通过更具"个性化"的设计来展现与其他用户不同的内容；另一方面，用户将极大地通过自身资源来拓展其创作后的传播途径。例如，网红达人利用数字化表达合作而成的视听作品通过各种视频网站等交流网站进行有效传播，从而能让公众知晓并应用数字化表达。因此，抛却事先了解的合作关系层面进行合作作品的定位，不仅能够有效保护数字化表达的后续用户参与而创作的新数字化表达，还能有效传播原有数字化表达的内容。新数字化表达的内容通过合作作品的权属规定能够激发创作的积极性，激励思想的产生和传播。

需要明确的是，合作作品的本质在于意思自治的合意，如果没有合意前提，合作作品的权属适用便荡然无存。美国在意识到这一点之后，认为合作作品可以适用默示许可原则加以解决。默示合同不以双方意图为基础，有时甚至与当事人的意愿相违背，主要是为了体现公平正义的法律效果。[1] 但美国在利用默示合同解释合作作品时，认为合作作品并非以贡献就可以定位为著作权意义上的合作者，但可以依照默示合同作出补偿。即依据数字化表达的固定性内容被用户后续使用并创作新的内容形成较为替代性的条件时，用户则独立拥有数字化表达的权属。需要知道的是，以智能化的数字化表达为例，如果"小冰"进行作曲，用户进行填词，或者以新乐器的增加促使原曲更具层次性，那么这首歌曲或者这首增添实质性内容的曲子则无法完全替

---

[1] 李晓慧. 美国法视角下合作作品中共同创作意图的法律解释 [J]. 法律方法, 2015, 18 (2): 330-339.

代原曲，因而合作作品的适用在这种条件下，可以以默示合同的规定允许用户使用数字化表达的内容，同时数字化表达与新内容的表达构成合作作品，并且各创作者共同享有作品的权属。

第三节　数字化表达的著作权保护具体考量之客体论

应对数字化表达著作权法的宏观问题之后，便要涉及具体的立法条款调适。明晰现行作品具体类型是为了适应数字化表达的著作权法保护而进行的客体外延之探讨，但即便能够在事实上认定数字化表达的具体之类型，如果在基本的客体概念论中达不到相应的标准，那么其著作权法保护的具体考量也是于事无补的。因此，为适应数字化这一技术带来的表达结果能够满足可版权性客体的基础概念内涵，应当对现有的相应认定要素作出具体调适。

一、独创性要素的调适

之所以在计算机软件中认定程序设计者为作者，是因为计算机程序的编写、调试等行为是由自然人完成的，而这些行为被视为具备"独创性的表达"。❶ 而独创性或者说原创性在一开始就备受困惑，立法例上的独创性要素通常被各国认为是可版权性的一项基本原则，独创性的程度各国却并没有进行相关释义。有学者认为独创性要素解决了著作权制度框架下定义作品的核心概念，从而解决版权所保护的客体范围，其虽不直接回应对知识产权保护与自由表达、自由竞争间的紧张关系，然而是这一切的起点。❷ 各国通常仅将"独创性"或"original"作为法律术语，规定在各国规定作品概念的法条中，而具体的认定通常是在司法判决中完成。独创性的明晰在于为动态的司

---

❶ 徐小奔. 人工智能"创作"的人格要素 [J]. 求索, 2019 (6): 95 – 102.
❷ Junlin Liu. 独创性及其考察路径再思考 [EB/OL]. (2017 – 10 – 23) [2025 – 01 – 04]. https://mp.weixin.qq.com/s/1Gev9_0Z9ygDPv15czgnog.

法裁判提供较为稳定的普适性的模式，而无论是以作者还是以作品为起点对独创性的要素进行判定，均是为了在动态的司法审判中为作品创作的行为及结果找寻一个合适的答案。

数字化表达的出现，需要对可版权性的客体认定标准进行调适，以适应技术发展的需要。诚然，技术发展并非进行独创性要素调适的充分必要条件，技术发展却能从侧面激发市场经济以及国际版权体系的变革，是体现著作权制度价值的必要条件。因此，独创性要素的立法例探究旨在为各国出台指示性文件[1]中进行法律释义的阐明。独创性作为作品的本质属性，其要素的探讨必然是扫清数字化表达以及后续技术发展的困惑之根源。故针对原有独创性的要素认定，应当结合创作的整体过程来展现独创性所体现的动态创作过程和静态创作结果，而非单独进行"独"与"创"的语义解释。这是因为，集体创作的过程背后仍旧是自然人的创作，集体创作成为现有社会的创作主流，单纯探讨"独"或"创"的意义不大，而数字化表达的过程便是对这类集体创作的最好诠释。前文已明确数字化表达的过程体现了人类思想的内在要素，那么如何通过逻辑理论阐释独创性的动静结合过程才是对独创性要素进行调适的关键。

首先，将独创性的作品创作行为看作一种客观的创作过程，这样一来数字化表达的客观性过程便可纳入逻辑一环。其次，再将人类创作的逻辑起点作为"创"的主观要素进行阐释，便可发现无论是设计者、投资者、服务提供者还是用户，都是通过主观思想的注入才最终形成这些程序或者算法，而这些程序或算法既然被纳入版权客体中，便自然具备独创性的内容。最后，如无相关证据证明该程序或算法是抄袭而来，或者数字化表达的载体造成侵权，则可回归独创性的本质，证明其具备独创性。但在此强调一点，独创性并非与"新颖性"或"艺术性"产生混同，数字化表达作为一种客观性过

---

[1] 指示性文件在各个国家体现的法律文本不同，欧盟通常以《欧盟版权指令》指导各国著作权制度，日本文化厅以类似于《著作权法部分修改的法律概要说明资料》（《著作権法の一部を改正する法律 概要説明資料》）进行阐述，美国援引法院判例，我国则是实施条例或者司法解释文本等。

程，只有具体表达方式呈现时，才应当根据具体的作品类型进行艺术性的判断，片面地强调一些无关的特征将无益于独创性要素的认定。

故对独创性要素的调适总结为，独创性是客观的动态创作行为与主观的思想活动的结合，客观的创作行为通过作品的最终表达呈现而判定，主观的思想活动在于人类主体的参与，且这种参与决定了最终表达的呈现。

二、一定表现形式的认定与完善

现象不是直接地被组合，它们首先被捕获并表达为技术的元素，然后才能被组合，❶ 作品亦是如此。无论是何种具体表达形式，作品的表达都需要通过技术这一符号学手段加以阐释，并被人类感知才是实现作品"思想与表达"的完整展现。在数字化时代下，如果对一定表现形式的认定仅仅考量"复制"这一中心语义的内涵，仍会将著作权制度置于"复制中心主义"之下。而在"传播中心主义"的现代著作权制度之下，各国在定义其著作权法中的"再现性"抑或"固定性"时，通常体现该作品的表达能够以某种有形形式❷展现，即作品通过具体的表达形式展现，从而与著作权制度规定下的作品具体类型相对应。倘若法律只是肤浅且抽象地对再现性进行语义解释，并非著作权制度作为法律理性工具的重要价值体现，更无法涵盖某一词语的法律释义，或者说无法精准地体现该词语所在的法律条文中的明确释义，以及与整个制度体系存在的关联。因此，数字化表达对再现性进行版权体制内的法律释义时，更应当立足于著作权制度之上，并于著作权制度体系以及其所定位的法律条款进行解释。

首先，一定表现形式是对作品能被感知的释义，旨在表明作品表达是通过具体表达方式展现的表达，不能排除未来技术形成的新机器或设备的

---

❶ 布莱恩·阿瑟. 技术的本质 [M]. 曹东溟，王健，译. 杭州：浙江人民出版社，2014：73.
❷ 《美国版权法》中以"fixed in any tangible medium of expression"表明作品的固定性是固定在一种有形介质中的表达，一旦作品是一种能被固定在有形媒介中的内容表达，则无论是作品后续的复制还是传播，均可以实现。

表达。因此，这种表达"无论是文字、数字、注释、声音、图片还是任何其他图形或符号标记，无论以印刷的书面形式还是摄影、雕塑、打孔、磁性或其他任何未来发展的能够以稳定形式体现的媒介都没有区别"[1]。而数字化表达则是过去预测的"未来体现形式"。数字化表达的最终客观呈现，经过了多种媒介，这些媒介包括前期的"合法作品来源"、中期的计算机程序抑或算法，以及最终表达所借助的传统表达形式或者虚拟现实结合的新表达形式。

其次，表达的具体方式可以是在即刻表达中的当下呈现，并且能够进行后续再现，其包含的固定性要素仅针对各国法律条款的具体规定。这就表明一定表现形式旨在强调作品具有足够的永久性或稳定性，不仅是可以被短暂地感知，并且能在感知后以复制或以其他方式进行作品的传播。例如，数字化表达的虚拟化类别呈现的内容，可以通过计算机程序或算法存储在计算机软件中，而用户在后续的使用过程中，便可以通过计算机程序的启动进行虚拟与现实结合的再现。虽然现实场景可能发生改变，但计算机程序所蕴含的数字化表达仍旧是一种原样再现，并且这种再现可以通过其他媒介如传统数字化技术进行传播。

最后，一定表现形式的感知不应当仅限于视觉和听觉的感知。人类具有耳、眼、肤、鼻、舌五类感官，掌控着听觉、视觉、触觉、嗅觉和味觉，而现行的再现性通常仅限于人类的视觉和听觉，由此演化出较为宽泛的视听作品类型，但当数字化技术发展至今，人机交互的界面通常在虚拟化中演化为触觉和嗅觉的指令，则强化除视听之外的感知。因此，如果贸然将人机交互界面的触觉等感官进行剥离，则难以展现完整的数字化表达作品，因而在表述再现性时，其他感官的感知形式是未来可以参考的具体感知形式。

数字化表达作为著作权法保护的客体，所抽象出的范畴，应当是反映过去、现在与未来的著作权制度一直所追求的价值，并且将这种价值体现在著

---

[1] Pub. L. 94-553, title I, §101, Oct. 19, 1976, 90 Stat. 2541.

作权制度体系之中。尽量以客观性的具体创作行为将其从"人类主体"的抽象性思想活动中剥离出来,从而适应技术自动化而导致"智能化"创作行为的非人类要素参与。同时,应当是强调技术性"传播"的一定形式表现重现,以及人机交互时除视听之外的感知,并作为整体性感知形式进行认定。

第四节 数字化表达的著作权法具体考量之限制论

一、数字化表达适用作品合法性的制度调和

（一）数字化表达与合理使用制度的适用与反思

数字化表达的客观性表明其与合理使用的事实行为可以进行制度融合。以此来看,将数字化表达与合理使用进行链接的基础在于,数字化表达过程中对作品使用的行为若不经过意思表示构成法律行为,则为事实行为,且这种行为一旦划到合法事实行为的范畴,其就可构成合理使用,否则为侵权行为。侵权行为的产生可能源于输入端的批量复制,抑或输出端的非创作性生成作品。但无论出现哪种客观行为,均可能导致侵权后果,而该后果并非人工智能发展所愿,故而制度的链接出现差池,合理使用制度无法完全将数字化表达纳入其体制。

数字化表达之所以较易与合理使用进行联系,在于数字化表达的客观性,符合合理使用这一合法事实行为的情境。对数字化表达纳入合理使用制度规制的合理性分析,首要条件则是需要满足合理使用的构成要件,即数字化表达能体现出事实行为的本质。首先,数字化表达的客观行为能通过既定的法律规范作出能发生的预设性法律事实,故而这种事实行为是可通过法律规定的。其次,数字化表达的结果可通过输出端客观呈现,但这并不意味着为人工智能正在人为地复制被认为涉及人类学习的先进认知系统,这种正在"学习"的想法在很大程度上是一个隐喻,我们可以认为这些算法是从功能意义上学习的：它们能够通过经验改变自己的行为以提高其在某些任务上的

性能。❶因此输出端如果满足法定合理使用的预设后果则能纳入该行为制度，若无法满足其预设后果，则直接归为侵权结果，从而进入责任分配环节。最后，数字化表达从输入端到输出端的行为便可不用进行分类探讨，只要以该典型事实状态能否吻合对应的法律后果即可，而非再次厘定人工智能数字化表达行为应归于何类范畴。

值得反思的是，合理使用制度纳入数字化表达仍存在一定障碍。合理使用虽然不需要意思表示，但因其基于合法事实行为，其也应当是基于人的行为。虽然合理使用的具体行为中包括法人主体，但法人主体具有法律拟制人格，是民法规定的民事行为主体，而人工智能作为一个机器，显然不属于民事主体的范畴。

除此之外，合理使用制度很容易被数字化表达突破这道合法的防御墙，进而构成侵权的事实行为。❷数字化表达在输入端批量且自动的复制行为容易产生争议。这种批量化的输入操作不仅在现行法律中找不到法定预设情形，而且在司法适用层面也难以说这种作品使用的量未超过应有的限度。即便我国司法实践中，有法院认为人工智能的批量复制行为应当与后续作品使用作为不可分割的整体行为认定，❸即最终输入端的内容是对已有资料的一种解

---

❶ Harry Surden. Machine Learning and Law［J］. Washington Law Review，2014，89：87-115.

❷ 我国《著作权法》将"数字化"作为"复制行为"的一种，产生侵权事实。在人工智能技术发展的过程中，人工智能训练数据涉及的作品数字化批量复制，导致国际侵权案件频发，主要包括：Thomson Reuters v. Ross Intelligence 案、Gatty Images，Inc. v. Stability AI，Inc. 案、作者集体诉 OpenAI 案、法国反垄断监管机构对谷歌处以 2.5 亿欧元罚款案、作家集体诉 Meta Platforms，Inc. 案、德国 Kneschke v. LAION 案、多家加拿大媒体联合控告 OpenAI 侵权案，以及我国"奥特曼案"。其中只有德国和我国法院进行了最终判决。我国法院认为服务提供者没有进行实际训练而不需要删除人工智能数据库中的奥特曼图片，德国法院认为非商业使用的行为不构成侵权，但实际上承认了这种批量复制行为是否构成侵权事实。参见 Kneschke v. LAION（310 O 227/23）、广州互联网法院（2024）粤 0192 民初 113 号民事判决书。

❸ 参见北京市高级人民法院（2013）高民终字第 1221 号民事判决书，在王莘诉谷歌图书馆案中，原判决书指明"有些合理使用行为的实施需要以复制为前提。在这种情况下，专门为了合理使用行为而进行的复制，应当与后续使用行为结合起来作为一个整体看待，不应与后续的合理使用行为割裂开来看看。换言之，如果是专门为了后续的合理使用行为而未经许可复制他人作品，应当认定为合理使用行为的一个部分，同样构成合理使用"。

读、重新解读或组合后变革,故而可以构成合理使用的合法事实行为。有学者直接将智能化的数字表达为人工智能编创行为,从而保证人工智能编创以创新方式加工原作品后再次创作出新的作品,增加新的智力成果和社会财富。❶ 但是,这种非表现性使用的前提是将人工智能数字化表达的输出结果框定在一个既定的范围之内,即人工智能最后在输出端一定能产生一个新的作品,而且这个新作品既不能和原作品之间有改编的痕迹,还要符合合理使用的构成要素。这种情况并非涵盖数字化表达的所有行为,正如前文所述,有些人工智能通过深度学习后,仅仅对作品进行原样输出,如现在的小爱音箱、人脸识别系统等,就能满足用户需求。因此,人工智能的终端结果并不能完全保证其完全是编创或创作的结果,即便是基于改编而产生的改编作品,也是侵权行为。

(二) 数字化表达与法定许可制度的质疑与反思

仅从法定许可制度的行为性质来看,数字化表达与法定许可的制度链接存在天然的不适性。

(1) 难以证明数字化表达具备意思表示的外部性表达。法律赋予法律行为的法律效力之理由,乃在于行为人于其意思表示亦欲如此之效力,即法律以行为人在心中有一定之效力意思,而以之表现于外部,故容忍其效力意思,而以其相当内容之法律效力。❷ 现阶段,智能化的数字化表达处于较低层级,一旦智能化的自主性能提升,则该行为是否具备意思表示的争议会加大,❸ 因而可以是另一层面的意思表示,但是意思表示的核心在于意志,"意志只有作为能思维的理智才是真实的、自由的意志",思维把握意志的本质,从

---

❶ 梅术文,宋歌. 论人工智能编创应适用版权合理使用制度 [J]. 中国编辑,2019 (4):78 – 82.
❷ 史尚宽. 民法总论 [M]. 北京:中国政法大学出版社,2000:275.
❸ 刘鑫. 人工智能生成技术方案的专利法规制:理论争议、实践难题与法律对策 [J]. 法律科学(西北政法大学学报),2019,37 (5):82 – 92,在其文章中论述需要扩大发明人的定义。郭明龙,王菁. 人工智能法律人格赋予之必要性辨析 [J]. 交大法学,2019 (3):20 –31,该文认为基于法律人格的赋予在于责任分配的承担。

而将人的实践活动和人因工具而具有的支配行为区分开来,从而纳入意思表示的法律范畴。❶ 从某种意义上说,智能化仅仅是可能拥有相当于人类大脑的代码形式,即便该代码能够通过深度学习自我开发,也不能将机器与人类之间进行等同。一言以蔽之,智能化实现意思表示的外部性表达的可能性几乎无法证成,而智能化的数字化表达的行为本质与人类深度认知层面的意思表示并无法作出类推适用。此外,虚拟化的数字化表达也难以匹配意思表示的外部表达,虚拟化通常是一种接续性行为,虽然操纵虚拟化的主体均是可进行意思表示的主体,但是这些意思表示并不是一种合意。虚拟现实的游戏用户仅仅是为了实现游戏体验而依照指令作出相应的行为,而在实现指令目的后,用户的后续指令并非与设计者有意思表示。

(2) 数字化表达的不确定性难以达到预期法定后果。第一,法定许可制度的法定行为后果虽与意思表示之间并无实质关系,且最终的法定后果并未完全规定,但仍需要数字化表达符合预先设定的一定范围的法定结果。而人工智能并不同于计算机数据库的应用,也不同于录音制品等工具的输出稳定性,其独特的黑箱算法属性,决定了深度学习结果存在一定的不确定性。第二,智能化的数字化表达是一个由输入到输出的完整过程。若将智能化的数字化表达类比于人类的成长阶段,算法植入初期仿若婴儿,仅存寥寥无几的数据,需要人工智能在算法基础上对作品做出感知,收集大量作品为自己的知识储备打好基础。等到知识储备量达到一定要求,智能化的程序开始对作品反复筛选并分析,从而构建最优算法指令模型,并调取数据,对外界作出反馈。那么数字化表达同人类漫长的成长阶段对知识长期积累,并习得能力的进程类似,最终像小冰、AIVA那样,创作出符合作品构成要件的生成物,而这种新作品的产生纳入法定许可就不够合适。因此,能够纳入合理使用制度的智能化数字化表达想当然与法定许可制度存在天然的矛盾。

不同于智能化,虚拟化的预期法律后果很大程度上取决于用户的参与程

---

❶ 黑格尔. 法哲学原理 [M]. 高兆明,译. 北京:商务印书馆,2017:35.

度。虚拟化的数字化表达通常需要用户付费购买一定的设备（头盔传感器、投射仪）或者下载一些软件（激萌相机）等才能实现虚拟现实的呈现，而用户针对虚拟现实的呈现可能取决于用户的选择标准。例如，激萌相机的下载就涵盖用户可以免费使用相应的虚拟化场景，头盔也明确包含一些正版游戏的使用，这些都是为了呈现虚拟现实的图像而支付的合理费用，因此，这可以是一种合法行为。此外，虚拟化的图像展现是一种客观状态，如果用户用来拍摄照片或者进行创作，那么这种将其作为新拍摄图片的一部分便可以归纳到其客观性表现过程中，或者虚拟的成像与现实的场景结合的新图片也通常是一种用户的事实行为。如使用激萌相机的场景进行拍照，使用虚拟化呈现的飞机作为一种视频元素等，均是一种"用户创作行为"。

那么，仅因智能化的数字化表达不具备意思表示就否定其纳入法定许可制度的可能性，有些过于绝对。因为法定许可制度中的行为主体均为法人，法人的存在是否能在一定程度上支撑智能化的数字化表达的外在表现可以通过法律拟制其意思表示。数字化表达所产生的计算结果的价值，应当是决定这种法律效果产生的具有意思表示的主体。但基于数字化表达的智能化外壳，在一开始就不存在特定的意思表示，无法与法定许可制度产生特定关系。即便法律拟制了智能化的人格，那么其依旧很难满足法定许可制度的构成要件，如果不赋予智能化的数字化表达以法律拟制人格，则在先作品的所有权人可以通过授权许可的集体管理制度，或者其他途径对著作权人进行权益补偿。可见，法人主体无论是在法定许可制度还是在合理使用制度中，都不是影响其行为本质的重要因素。

通过对合理使用和法定许可的比较，合理使用虽然只能保护数字化表达的部分类型，但基于事实行为的行为性质基础，合理使用制度的链接更为合理，而法定许可制度的纳入不仅存在行为本质的不适性，还存在对数字化表达类型的立法技术障碍。同时，如果为了弥补著作权人的权益，也不因侵权行为阻碍人工智能的健康发展，可以在合理使用制度纳入部分数字化表达之外，通过其他并行制度模式加以调适。

二、数字化表达使用作品对合理使用的选择与调适

目前，各个国家和地区对数字化表达的健康发展较为重视，且针对智能化的数字化表达进行了著作权法的修改。以日本为例，2019年1月1日，《日本著作权法》修正案正式生效，此次修正旨在完善并进一步扩大某些豁免条款（人们在未经版权持有人同意的情况下也可使用版权作品）的适用范围，该修正案中与智能化相关豁免条款主要限于未作出察觉的情况下对版权作品进行了使用，根据该修正案，企业能够将版权作品记录（复制）在其数据库中，从而使用该数据来进行人工智能的开发。❶这就暗含了这种使用仅限于以下情况：人工智能使用该数据用于机器学习的目的，并在未作出察觉的情况下使用了版权作品。此外，版权作品还可用于数据验证的目的，例如文件检索服务以及抄袭检查服务。

（一）数字化表达使用作品更契合合理使用制度

首先，合理使用制度能提升机器学习对作品使用的有效性。合理使用制度创设的本身就是为了对著作权人的权利进行合理的限制，以保证作品的传播使用。以经济视角来看，合理使用制度平衡了著作权的滥用。如果不对创造性作品赋予财产权，那么生产者可以向作品使用者收取的价格就会趋向0，生产者的收入就会缩减，产生更多作品的激励也随之降低。如果社会赋予创造性作品财产权，那么价格就会提高，作品产生的信息就能为更少部分或更加富裕的观众或读者所掌握，而且可以在不产生任何额外成本的条件下传播给任何人。因此，技术的变革并不能影响制度创设本身的价值目标，而合理使用的创制，就是提升作品使用的有效性。虽然机器学习在最后输出层面会导致作品的原样输出，但这种原样输出仅限于特定类型，人工智能为了寻求算法最优的结果，其在机器学习后构建出的模型，即便存在不确定性，也在很大程度上是创作的结果。人工智能"输入—输出"过程中一旦出现结果的

---

❶《日本版权法》修正案提出作品使用的豁免条款[N]. 中国新闻出版广电报，2019-03-28（7）.

偏差，算法就要优化调整，从而实现作品的再创作。因而，机器学习的整个过程同人类阅读的过程有相似之处，既然人类大脑运转能够对原作产生知识增值，那么算法运算并提取最优结果也在一定层面产生知识增值。这种对作品使用的有效性既满足了人工智能健康发展的需求，也从功利主义的角度保护了"思想的表达"，提升了作品使用的有效性，促进了艺术和科学领域的进步，提供给公众更好作品的精神价值。

其次，能够提升数据储备。创作的过程应是从已有的资料开始，数字化表达也不应例外。这种资料包括已经获取的故事、价值、观念，而这些原始资料都是出于一个社会文化背景之中的，创作的过程既是给予的，又是创造的，创作的过程受到社会发展的一种无形的约束，但是创作的过程又不是简单地复制，而是一种重新解读。❶ 数字化自发展以来就很明确地以海量信息的存储为基点，如果将数字化使用先前作品纳入合理使用制度之中，数字化表达的过程就可以看作不可分割的完整行为过程，且仅需要以输出结果作为侵权考量，从而在输入端可以海量存储作品，为数字化表达提供作品储备的基础。

最后，数字化表达基于其事实行为仅存在合理使用或侵权使用的结果，预防侵权案件的发生。有些数字化表达在特定的服务领域需要对作品进行原样输出，而这种原样输出在事实行为中，如果不能被合理使用制度吸纳，就直接构成侵权。简单来看，这样很容易为司法增加负累并阻碍数字化表达的发展。从实际来看，现阶段各个国家无论是智能化类型还是虚拟化类型，可供参考的司法案件少之又少，但仍有王莘诉谷歌一案❷的前鉴。如果将数字化表达纳入合理使用，并规定合理使用条款的适用范围，不仅可以明确未在合理使用规制内的数字化表达的类型在不存在侵权的情况下，还能于合理使用而使数字化表达的可版权性得到著作权法的支持，从而通过法律制度的本质，即减少诉讼提升社会整体效益的趋向来解决。以道路设置红绿灯制度为

---

❶ 吕炳斌. 网络时代版权制度的变革与创新 [M]. 北京：中国民主法制出版社，2012：39.
❷ 北京市高级人民法院（2013）高民终字第1221号民事判决书。

例，其就是为了在一定时间内提升道路的使用效率，从而减少因道路使用而产生争执的可能性。一旦未被纳入合理使用规制的机器学习有侵权的可能，在作品输入和算法植入之初，市场竞争通过自动调整，作品就会被寻求更为合理的授权机制，或者以更合适的法律进行规制。于是，法定许可制度在更合理的授权机制或制度调适出现时，其未明确付酬制度、使用方式等缺陷暴露无遗，故而不被作为理想制度加以选择。基于人工智能自始倾向于规避诉诸司法审判，选择合适的授权机制和法律规制，从而减少了侵权案件的发生。

在制度创制的本质上，合理使用制度证明了创作新作品对已有作品的重要性。为了确保原作品表达中所包含的思想和事实不被相应的著作权人垄断，合理使用制度为这些思想和事实提供了可用于新作品构建的法律基础。数字化表达被纳入合理使用制度，即可在不侵权的基础上使用作品，创制新的作品，从而与著作权制度的立法思想达成高度一致的契合。因此，在数字化表达急需大量资料作为后续输出的模式下，或者仅需一些重要资料输出时，一些作品的合法利用通过合理使用制度的方式更为合适。

（二）调适合理使用制度应对数字化表达使用作品

数字化表达之所以能够快速实现并得到支持，是因为数字化表达的技术能够更迅捷、更方便、更精确地满足不同用户的需求。数字化表达虽然能够通过合理使用作为对先前作品合法来源的获取以及侵权抗辩，但著作权制度的调适并非仅为了应对技术变革所导致的一些具有版权价值的内容排除在可版权性之外，其调适与完善也是为了平衡新的各方主体的利益关系，并保障在合适的限度内为各方主体提供合理且可行的联动机制为其谋求相应的权益。因此，在合理使用制度的适用之外，补偿金制度、版权登记制度或两制度的结合，以及兼用的信用评级制度均可缓解合理使用制度中不需许可、不需付费的问题。

1. 合理使用制度与补偿金制度

一般来说，版权使用费可以分为稿费和版税两种，传统上的稿费一般用于图书、报刊等形式出版的文字、音乐作品，由出版商一次性支付给著作权人。而版税通过具体标准由国家规定，对音乐、戏剧作品等进行收取。但是随着现代传播技术的发展，著作权使用费开始成为传统合理使用范围内用于补偿著作权人利益而收取费用的一种制度，而这个制度目前多由发达国家制定，目标在于维系社会公平，协调著作权人与作品使用者利益。目前，针对这种使用费主要包括复制版税和录制版税。该制度源于《德国著作权法》中的复制版税，随后为世界许多国家效仿建立并完善，形成日本模式、德国模式和美国模式等三种模式。❶ 在数字化表达使用先前作品时，将合理使用制度与著作权使用费连接主要有三点优势。

第一，收费主体为登记备案的管理主体收取，付费主体为数字化表达的生产者。这种收费模式不仅降低了作品许可的流转成本，并且在登记备案时直接进行预先付费，最终通过售卖形式由作品使用者支付。第二，具体收费标准可针对不同类型的数字化产品作出，具有合理性。若对科研技术进行收费，将阻碍数字化研究技术的发展，不利于更完善的数字化表达呈现在未来市场之中。同时，若对不同类型的数字化技术采取相同收费标准也不够合理，故可针对具体类型的数字化表达使用进行收费。第三，当著作权人发现其作品被使用时，可先去备案登记处查看是否事先登记并预先支付使用费，如果预先支付可向管理机构进行申领费用，如果登记未支付，可由管理主体去征收。若对支付金额不满意，可以进行调整并由登记平台进行公示，这样不仅能最大限度地保障著作权人的利益，在理论层面也能减少诉累。

2. 合理使用制度与版权登记制度

版权的权利取得较之专利法和商标法有特殊之处，即版权的获得分为自动取得、登记取得和准登记取得制度。而在《伯尔尼公约》和《世界版权公约》规定版权权利的享受和行使无须履行任何相关程序或手续之后，各成员

---

❶ 吴汉东. 著作权合理使用制度研究［M］. 北京：中国人民大学出版社，2013：202－204.

方通常不再将版权登记制度作为版权取得主要依据,但有些国家认为版权登记可作为司法裁判中诉讼发生时的重要证据。在《世界版权公约》保留了被大多数国家所使用和承认的"版权标记"❶之后,仍有一些成员方为了防止版权权属的诉讼争议难以有效解决,选择加注版权标记,以免在权属的版权诉争中处于不利地位。版权登记制度是指版权人向版权行政机关申请作品的一种备案行为,用于证明该作品的权利取得时间,以确保版权权利的初步权属。

国外的版权登记时间先于版权登记制度的出现,1476年活字印刷术传入英国,英国皇室要求出版商或印刷商将其名字与所在地铭刻于出版品上,并向政府注册登记,后来《安娜法令》规定作者的作品应当满足注册和存放的形式要求。在1790年《美国版权法》和1793年《法国著作权法》中,均要求作出版权登记、存放作品副本或在其作品上标明版权告示的形式要求。❷诚然,对版权登记制度的观点仍存在两派。支持者认为,该制度于权利人而言,是一种权利的彰示;于社会公众而言,查找和利用版权作品将更为便利。❸反对者则认为,版权登记制度的运作和审查所花费的成本较高,将不利于版权人的作品使用效率。

无论是基于确权还是侵权救济的观点,版权登记的成本较高是无法避免的,但是著作权制度在不断地借助新兴数字技术,如区块链进行优化。因此,有英国学者提出以版权交易的模式,建立"数字版权交易中心",将成为改进知识产权制度的重要推动力。❹英国作为这一实践的先行者,其基于交易

---

❶ 包括:(1)"不许翻印""版权保留"或类似声明,或相当于这种声明的英文缩略字母©(如在音像制品上,则为Ⓟ);(2)版权人姓名或名称(可以用简写或缩写);(3)作品出版年份。

❷ Stef van Gompel. Formalities in the Digital Era: An Obstacle or Opportunity? [J/OL]. Intellectual Property: Copyright Law eJournal, 2012. DOI: 10.4337/9781849806428.00028.

❸ 吕炳斌.版权登记制度革新的第三条道路:基于交易的版权登记[J].比较法研究,2017(5):170-181.

❹ Ian Hargreaves. Digital Opportunity: A Review of Intellectual Property and Growth(U.K. Department for Business, Innovation&Skills 2011)[R/OL].(2011-05-26)[2025-01-04]. https://assets.publishing.service.gov.uk/government/uploads/system/uploads/attachment_data/file/32563/ipreview-finalreport.pdf.

的版权登记制度实施的成果仍有待进一步确认，但这一模式无论从国际制度还是审查层面都将随着技术的变革产生进一步的成效。

基于版权登记制度与数字化时代的可版权性问题来看，其主要有以下重要优势。第一，这种登记的目的可以方便地定位到侵权主体，同时还可在侵权发生之后作出及时更正，如果该侵权主体及时对机器学习进行干预更正，并且及时做出补偿，则可进行免责，否则需要承担侵权责任。第二，基于备案登记还能及时找到作品的著作权人，以便直接在线上完成授权许可，具备可操作性，而这种意思表示产生的法定后果无须再归类到法定许可制度中。第三，这种登记能够减少著作权作品信息的搜寻成本，提升作品交易效率，确保版权交易安全并避免重复交易。❶ 需要注意的是，备案登记的管理主体应当进行筛选，这种管理主体不仅限于著作权集体管理组织，也可交由具备完善技术的企业并且提供收益，在一定程度上更能激励这些管理主体更好地督促备案登记的实现。

3. 配套合理使用的"组合制度"——基于信用评级

在分析补偿金制度和版权登记制度时，发现两者可以通过合理的配套制度帮助合理使用制度在数字化表达的应用。两制度能够进行配套使用，与一个重要的根源——信用密不可分。信用评级的机制能够帮助补偿金制度和版权登记制度更好地融合，信用评级的约束能够在自由的版权交易市场中进行资源的监管，并能最大限度地发挥市场的自由竞争，从而激发数字化表达所在的相关市场的活力，有助于数字化表达传播的有的放矢。

信用的本质则是基于产权关系的博弈。信用与版权的关联则在民法体系中的诚实信用原则。虽然一些版权侵权案件的具体裁定，不以诚实信用作为认定标准，但在侵权案件中，以实际损害结果证明其有损诚实信用原则。因此，将信用评级与版权的相关制度进行关联的基础在于此原则所表明的法理学本质内涵。在现实实践中，2008年金融危机发生后，信用评级的失信行为

---

❶ 杨红军. 版权许可制度论［M］. 北京：知识产权出版社，2013：158-159.

被认为是危机产生的根源,约束乏力的声誉机制立即成为被抨击的对象,有些学者直陈诚信规制的功效已然衰竭,而以美国与欧盟为代表的发达债券市场也相继开展信用评级监管改革,试图追寻更强有力的信用评级机构约束机制。❶ 无论是合理使用、补偿金还是版权登记制度,均是相对自由的行为,如果不对这些制度下的行为进行适当约束,则很难推进这些制度的配套使用。通过图4-1信用评级对著作权的影响,可以认为,合理的信用评级将会对制度的使用产生重要意义。

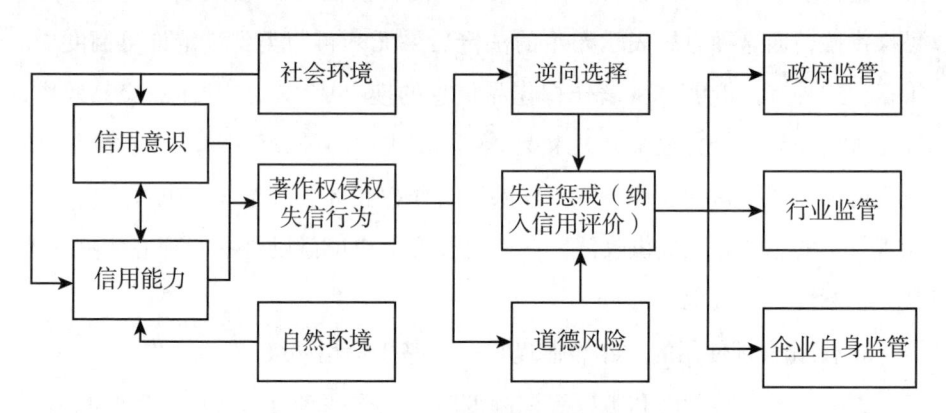

图4-1 著作权侵权信用评级体系构建

在信用评级体系下,行政机关、行业机构、版权人和使用者均可以作为信用评级的参与者,行政机关和行业机构作为能够选择并研发信用评级的主体,可以参与到专业化、职业化和新业态化的对接中,并进行信用评级的公开公示,建立"黑名单"体制等,而版权人通过版权登记可以实时监管使用者的信用评级,同时使用者也可对版权登记的权利人进行对比监管,从而形成互惠融通的信用监管机制。

侵权与企业信用挂钩,完成了对企业知识产权侵权行为监管的单次博弈,过渡到对企业整体性利益目标实现反复博弈。企业的整体效益是企业在行业市场竞争之根基,而企业生命周期也需要企业以长久竞争的活力维持,信用

---

❶ 阎维博.信用评级机构声誉机制的兴衰与重塑 [J].私法,2019,32(2):140-160.

乃人们往来之根本，故也是企业进行交易活动之根基，知识产权侵权记录一旦纳入，则其作为经济活动往来之考量，对企业内外评价均具直观性和客观性，是企业厚积薄发之价值，更是强化知识产权保护的重大体现。

将著作权法的配套制度同信用评级挂钩，完成了对数字化表达的著作权权属监管的单次博弈，过渡到对市场竞争和利益分配的反复博弈。这正是契合了数字化表达的著作权法保护，目的是提供数字化表达行业之根基，而数字化表达的交易活力也需信用作为往来根本加以维持，信用评级一旦纳入并作为经济活动往来之考量，对数字化表达这一新技术时代的客体传播与交易均具直观性和客观性，从而保障了各方利益。

本章小结

基于宏观视角，将产生立法指导、内容以及与技术的解决方案。利益平衡作为版权法的最终实现价值，实际上暗含了价值抉择的重要思想。利益平衡的前提在于著作权制度中存在多种权益关系，且这些权益关系中所体现出的价值会产生价值位阶，进行价值衡量就是对利益进行衡量，然而，价值之间不可能很好地进行调和，天平两端总是会有倾斜，固守利益平衡将很难从价值中找寻出路，而从价值中进行取舍并且加以抉择才能为立法宗旨中最终的文化传播和丰富文化利益价值作出指导，才最终体现了法律所需要实现目的的这一手段之根本。在版权法律规定的内容上，即便是判例法国家也在努力朝着"法定主义"靠近，法官造法并非常态，其所遵循的也是各国版权法的基本原则，因而明确可版权性作品的类型也是必需的。技术作为促进著作权诞生的重要条件，必然具备相应的价值，"技术中立"并不适用现有的规则，一旦加以使用，就不可能是一种不具备"好坏"的工具，其所具有的价值在人类创造产生之时就被附加，因而"技术中立"被"技术价值"取代才能准确反映人类与数字化表达之间的关系，以及数字化表达所蕴含的人类思想。

在具体微观层面，主要包括主体、客体和合法来源的问题。主体基于设计者、投资者和用户的三种类型，应当基于"雇佣关系"和"合作关系"准确归为雇佣作品、委托作品和合作作品的认定中，然后基于不同的构成要件进行认定。客体层面中独创性应当将数字化表达看作一个整体过程，而再现性则应当在一定程度上突破人类感知的区分，并且将不同感官作为一个整体蕴含在客体之中。在作品合法使用上，因为数字化表达行为的客观性导致其事实行为而应当适用合理使用制度，但数字化表达如果不加以限制，对原作品的利益主体将产生威胁，且很难从根本上突破合理使用的认定要素，因而只能建议在合理使用制度的基础上加以补偿金制度（著作权使用费），并通过登记制度进行补偿金的收取以及信用的评级。这些规定的明确，将有助于在司法审判中判定数字化表达中参与主体的主观恶意以及是否作出合理使用的认定。

第五章　数字化表达的著作权法重塑之司法调整

立法的规制趋于完善，也将在一定程度上影响司法的认定。司法如果在现有阶段无法从立法中找到法律基础，就要通过法律解释进行调整。从现有各国立法来看，法官都在为技术变革而带来的不同法律问题找寻合适的出路，这些旧有问题在一定层面上能够为数字化表达提供解决方案，且有些已经开始司法实践的探索，但司法的分歧与争议也一直存在，司法并不能因为框定法律而适用法律，如果可以通过法学解释解决问题，那么势必关注的不是制度本身，而是制度的执行能达成什么目的。

第一节　允许数字化表达司法标准的细微差别

司法实践会基于法官对法条的法理学解读、立法指导文件的解读不同而有所不同，因此对于著作权法保护的认定层面也会存在细微差别。无论是法理学层面的规范阐释，还是司法解释提供的适用指引，法官在司法裁量中展现的能动性往往源于对法律原理的差异化认知，这种基于法理诠释与规则适用之间的张力所衍生的裁判差异，恰恰构成了司法创新机制的实践样态。值得注意的是，此类个案中形成的裁判智慧可能通过类型化提炼升华为理论范式，最终反哺司法实践形成良性互动。

一、数字化表达的合法性与作品使用

虽说早期数字化技术如计算机软件、电子音乐等均是数字化表达的可版权性成果，但是这些传统数字化表达并不会涉及对前件作品的批量化、自动化抑或相对完整性的复制，除非这些传统数字化表达是基于抄袭、剽窃等手段而产生。本书所研究的数字化表达类型因为数字化技术的发展而涉及前件作品合理使用的问题。无论是《美国版权法》基于功利主义而考虑从激励层面刺激作品的产生，还是《日本著作权法》在促进文化发展层面，保障文化财产的公正利用并赋予和保护作者应有的权利，抑或《法国知识产权法典》在著作权部分体现作者精神权利而认为作者只要能够证明创作的事实，就该作品享有独占的及可对抗一切他人的无形财产权，其层面均是立足于人类能够从作品汲取精神层面的内容，从而通过作品市场的价值回收来确保人类对作品的精神满足。因此，各国无论是在条文解释还是在具体的司法判例中，均对数字化表达的作品使用进行了解读。成文法国家预先设定了与数字化表达相关的合法使用的法条释义，而判例法国家则通过具体的司法实践不断摸索。

（一）日本的相关释义

在成文法国家，对数字化表达的作品使用进行较为完备的立法阐明的国家是日本。日本文化厅因人工智能的作品使用等问题对著作权法的合理使用制度进行修改之后，出台了《关于应对数字化·网络化发展的灵活性权利限制规定的基本考量（对《著作权法》第30条之4、第47条之4以及第47条之5的释义）》的解释，以便司法实践的应用。在该解释中，日本文化厅将著作权法的立法目的解释为确保人类"享受"作品的前提而制定的合理使用条款，因此《日本著作权法》第30条之4的"享受"是以人为主体而规定的，人工智能作为一种数字化技术，是基于深度学习的算法指令而阅读作品，难以适用于"享受"二字。因此，人工智能基于自动化程序而利用相应资料，并将先前作品记录在其存储盘中的行为，是不以"享受作品而表现其思想或感情"为目的的客观行为,应当属于《日本著作权法》第 30 条之 4 所规定的权利限制的内容。此外,人工智能的"深度学习"属于一种"信息分析",而"信息分析"则是"从多数作品及其他大量信息中,提取构成该信息的语言、声音、影像及其他要素相关的信息,进行比较、分类及其他统计上的……分析",无法满足人类"享受"作品之说,且该解释还认为向他人提供数据的行为只要是基于人工智能的开发便可认定为满足《日本著作权法》第 30 条之 4 的规定内容。❶ 除却智能化的数字化表达与作品使用的突破,日本文化厅在 2017 年 4 月召开文化审议会,并在著作权的分科会报告书中指出,"对于具有表现和功能复合性质的程序作品,应该保障其研发这些程序的代价的回收机会,从而保障通过程序的实行等享受程序功能的作品利用行为"。❷ 但该报告中还提醒,如果这些作品的使用超出了用于确认产品功能和性能的试验的社会一般观念所必需的范围,则这些对作品的使用方式,可能被评价为以享受为目的。例如,如果这些程序的内容最终通过电影的方式来满足公众的精神"享受"需求,则这些细微差距可能便不适用该法条。

诚然,日本对立法修改的基本解释均是为了具体的司法实践而进行的阐明,日本对智能化的数字化表达的作品使用层面在基于立法修改的柔性宗旨之上,给予了最大程度的作品使用,且并未在立法中明确指出"非营利性"或"非商业性"的使用要件,这意味着在具体的司法审判中,即便企业以盈利为目的也可能在理论上获得日本法上的合理使用免责,但这仅仅是理论层面。因为日本属于《伯尔尼公约》的成员,对于作品的合理使用应当尊重其"三步检验法"的标准。因此,该解释中认为法院在能够证明这些信息分析与一些数据库存在利益损害时,则基于《伯尔尼公约》可以认定该行为属于"不正当损害著作权者利益的情况",并对"享受"作出了较为严格的限制,

---

❶ 日本文化庁著作権課:《デジタル化・ネットワーク化の進展に対応した 柔軟な権利制限規定に関する基本的な考え方(著作権法第 30 条の4,第 47 条の4 及び第 47 条の5 関係)》,令和元年(2019 年)10 月 24 日,第 10 页、第 37 - 39 页。

❷ 日本文化庁著作権課:《ニーズ募集に提出された課題の整理(詳細版・番号順)》,平成 29 年(2017 年)。

认为即便是基于对技术的开发，但这种技术涉及人类的精神层面，如开发一种人类情感的沉浸式映画技术，通常需要法院不能只考虑行为人主观的相关主张，而是综合考虑利用行为中涉及的作品形态以及利用过程等客观状况。例如，搜集人类基于虚拟现实的技术体验而放映的电影则可能会涉及侵权，甚至通过3DCG技术❶的虚拟化渲染也可能构成侵权。因此，即便是成文法国家有具体的指导释义，也会在具体的司法实践中，因为一些具体行为过程和目的的细微差别而影响数字化表达对作品使用合法性判断的结果。就目前而言，日本判例中没有找到数字化表达的前沿性判例，但其对法条的释义为司法裁判提供了长远的发展。

（二）判例法国家

以美国为首的判例法国家，对作品使用的限制要件可谓较为灵活且详细。因数字化表达技术的发展是由传统走向未来的阶段，目前可确定的数字化表达案例虽说还未有完全性争议出现，但从传统的数字化表达来看，技术导致了司法认定要素的争议，并对司法认定要素产生了变革性影响。从已有的司法实践来看，美国认定合理使用基于法律规定的四要素要件进行认定，但在具体的判例中，仍与"三步检验法"产生一定关联，同时也因法官的理论基础以及价值目标不同而对类似的案例产生差异化的判决结果。在作出区分的数字化表达类型中，法院对智能化的数字化表达和虚拟化的数字化表达的态度也有明显不同。在虚拟化的数字化表达中，法院很少支持虚拟化的数字化表达能够构成合理使用，但在智能化的数字化表达中，即便是自动化程序的"爬取"行为，在满足一定要件的基础上，也能够构成合理使用。因此，在对四要素要件进行分析的同时，需要对案例中法官的独特见解进行分析，以寻迹作出不同判决结果的原因所在。

首先，英美法系国家认为，合理使用的目的和性质是保障社会公众利益

---

❶ 3DCG（3D computer graphics），即使现实主义的计算机生成图像，通常这种图像具有高度逼真的3D效果，可以通过该数字化技术和特效创造现实的故事片，如《明日之后》等游戏的制造。3DCG在美国和日本已经形成一种产业。

能够对已获得版权的作品进行使用，有学者将其称为"使用者权"。因此，在判定合理使用时，将作品使用的目的，即区分是否商业性使用，以及使用的性质，即是否是转化性使用作为首要考量因素。但司法实践通过 Encyclopaedia Britannica Educ. Corp. v. Crooks 案❶告诉我们，非商业性使用也并非不构成合理使用，而 Authors Guild v. Google Inc. 案❷也说明商业性目的通过"转换性使用"以及具备其他要素并不影响合理使用的认定。Authors Guild v. Google Inc. 案是关于自动化计算机程序"爬取"，但该案中谷歌对作品的用途转换能够使他人快速搜索到想要的资料，是激发读者兴趣和增进公共知识的手段。法官因此认为即使搜索引擎是商业性使用，也不应该限制他人潜在的公平使用行为，因为转换性使用是一种和原来不同的并且传递新的内容，进一步帮助公共知识总体目标的实现。在有关虚拟化的数字化表达案件中，法院的有关判决认为即便存在转换性使用，但基于商业目的的使用仍无法作为割裂的要素看待，因为"四要素"要件缺一不可。在 FireSabre Consulting LLC v. Sheehy 案❸中，法院认为合理使用没有为课堂或教育用途提供全面豁免，营利和非营利的区分不以收取金钱为唯一标准，而是使用者能否在不支付对价的前提下从利用的版权作品中获利。而 FireSabre 通过虚拟现实让学生进行学习的行为，并非一种非营利性的行为。因此，在作品使用的目的以及性质中，数字化表达的智能化层面可以转换性使用缓解非商业目的的使用，但虚拟化层面通常因其具有的利益程度，而无法以"转换性使用"对认定其可能产生的侵权事实作出缓解。

其次，受版权保护作品的性质。这一点明确要求合理使用的作品必须是受版权保护的作品。这一点应当通过三个维度进行了解。一是该行为针对的客体必须在版权保护之下。如果数字化表达是对公有领域或者纯粹的"思

---

❶ Encyclopaedia Britannica Educ. Corp. v. Crooks，558 F. Supp. 1247（W. D. N. Y. 1983）.
❷ Authors Guild v. Google Inc.，804 F. 3d 202，220，225（2d. Cir. 2015）.
❸ FireSabre Consulting LLC v. Sheehy，No. 11－CV－4719 CS，2013 WL 5420977（S. D. N. Y. Sep. 26，2013）.

想"进行使用,那么没必要讨论智能化的批量复制行为。二是客体不同类型会产生保护水平的高低。如不同作品类型所拥有的著作财产权的范畴不同,其受保护的内容也不同。因此,如果数字化表达仅仅复制大量新闻评论中的新闻部分,那么这一行为便可豁免。三是作品未登记和登记也会导致争议的产生。如在 UAB"Planner 5D" v. Facebook, Inc. 案中,因原告 UAB"Planner 5D"的作品有些未登记,因此在二审法院中,法院认为依据《美国法典》第 411(A)条❶规定,则无法对被侵权的作品提起诉讼。❷ 因此,合理使用能否成立,还需要判断作品的性质,且主要包括是否为版权法的客体、保护的范畴以及是否登记,且登记与否指向了诉讼主体的权利。因此,在假设所使用作品具有版权的前提下,数字化表达的作品使用则需要进入是否"实质性"使用的认定标准中。

再次,应当考虑这种使用版权作品的数量和实质。这一因素的考量在于通过对"数量"和"质量"的双重考量,则有利于区分使用作品是否占据很大比例,甚至在一定程度上直接掠夺性使用了版权作品的核心内容。❸ 在数字化表达的不同类型层面却呈现了不同的结果。虚拟化的数字化表达案例中,法院在 FireSabre Consulting LLC v. Sheehy 案中认为,虚拟现实的教学完全使用了或者基本使用了原告的作品,因而无法排除其"复制"行为的事实。而在智能化的数字化表达案例 Authors Guild v. Google Inc. 中,虽然"少量或不太重要的段落被复制时,合理使用成立的可能性更大",❹ 但谷歌大量复制的行为应当与"为了能够检索和识别到对搜索者有兴趣的书籍"的目的进行结合,因此阅读片段的公开而非整个完整电子书籍的公开,以及谷歌采取的技术措施,均可以为合理使用提供有效的辩护。因此,相较于作品使用的数量,

---

❶ 《美国法典》第 17 章第 411(A)节:"在对版权要求进行预先登记或登记之前,不得向版权局提起侵犯美国作品版权的民事诉讼。"

❷ UAB"Planner 5D" v. Facebook, Inc., No. 19-CV-03132-WHO, 2020 WL 4260733, at 1 (N. D. Cal. July 24, 2020).

❸ NXIVM Corp. v. Ross Inst., 364 F. 3d 471, 480 (2d Cir. 2004).

❹ 《美国法典》第 17 章第 107 节:"当少量或不太重要的段落被复制时,发现合理使用的可能性更大,而不是当复制范围很广时,或者包含原作中最重要的部分时。"

· 182 ·

第五章　数字化表达的著作权法重塑之司法调整

使用性质更为重要,即使一些片段均为原样复制。此外,法院也因技术措施的采取为保护电子作品的泄露加码而认为其使用行为还应与使用目的相结合考量。但在 Google Inc. v. Gmail 案❶中,法院认为谷歌对谷歌邮箱用户邮件内容批量复制,不能因人工智能的研发需要而被认定为不侵权,即使这些批量复制最终也不生成作品。

最后,合理使用应当将版权作品未来的潜在市场或价值纳入考量。因为这些基于合理使用的作品很有可能成为原作品或改编作品的竞争替代品,从而在未来预期的潜在购买者将优先选择这些合理使用的作品,进而给原作品作者的预期收入产生影响。智能化的数字化表达层面,法院对 Authors Guild v. Google Inc. 中的该要素进行了分析,认为尽管搜索引擎从所搜索的书籍中提供片段可能会造成一定的销售损失,但从正常情况来看,一本书的购买价格相对于获取任意种类的随机分散片段所需成本相对较低,如果读者对该书有兴趣,则提供片段的行为不太可能满足搜索者对作者作品受保护方面的兴趣,故而这些数字副本的查询性目的无法夺取原作品的潜在利益甚至是衍生品的潜在利益。而在 FireSabre Consulting LLC v. Sheehy 案中,法院认为合理使用的重点在于通过转换性手段产生的新作品占据另一个市场,且是版权所有人不太可能去开发的市场,而本研究中所使用的内容与原告在创作虚拟现实的初衷,即用于教育的目的产生重叠,且被告在未经授权且未支付"使用费"的前提下,擅自创作虚拟现实的内容并且将其用于教育领域的行为,显然会削弱原告作品的全部价值的能力,故而被告侵犯的是原告的直接利益。

基于法院的分析,最终认为 FireSabre Consulting LLC v. Sheehy 案无法构成合理使用,而 Authors Guild v. Google Inc. 可以构成合理使用。前述案例虽然与本研究所述的数字化表达存在技术发展的区别,但此案例旨在分析构成合理使用的要件认定中的细微差别,而通过案例的分析可以得出的差别在于,商业性目的通常可以通过转换性使用加以排除,而一旦构成转换性使用,即

---

❶ Google v. OHIM – Giersch Ventures（GMail）,（Case T – 527/10）（2011/C 30/75）.

· 183 ·

便作品是一种原样复制，也不会损害原有作者的利益以及作品的实质性因素，且不会危及作品未来或者潜在的市场利益。可见，转换性使用通常是合理使用辩护的最佳手段，而在这一手段之上，智能化的数字化表达通常因后续的创作性表达而构成转换性使用，无论是基于技术研发还是商业目的。虚拟化的数字化表达通常因涉及作品原样复制，且通常这种性质可能在演绎作品层面较大，因而难以完全构成合理使用。

可见，数字化表达因为需要对原有作品的复制从而创作新作品的技术性要素将导致其侵权风险加大。但同样对于原作品的作者来说，找到已经侵权或者存在潜在侵权的行为人也同样困难。如果不承担侵权的风险，设计者将无法对数字化表达技术层面进行应用，而数字化技术也要求著作权制度应当能为作品使用的不可预测性提供开放性的基础，正如专利制度中标准必要专利的开放，以及当然许可制度的建立。这些都应当有助于思想的扩展，以及思想的新表达。诚然，这些都将加剧相关利益者之间的矛盾，但也不可否认技术将为作品的表达带来新的内涵，这些不单纯像是图案、图形或者雕塑作品那样简单。

只有在保证数字化表达对作品使用是合法的前提下，数字化表达才能具备可版权性的要素，而只有构成可版权性的客体，数字化表达才不会因版权保护的缺失最终与其依存的技术走向停滞不前的结果。

二、数字化表达的协同性与主体资格

无论是智能化的数字化表达还是虚拟化的数字化表达，均面临主体资格的问题，虽然法律明确规定作者是创作作品的自然人，但是在某些情况下雇佣作品和合作作品的出现，甚至基于委托行为产生的委托作品均导致作品与作者分离。正如学者弗朗兹（Franz）所述，"没有人是一座孤岛，也没有人能够在真空中创造"❶。作家需要思想的来源，也需要工具、手段的支撑，而

---

❶ 弗朗兹·博厄斯. 原始艺术 [M]. 金辉, 译. 贵阳: 贵州人民出版社, 2004: 105 - 106.

第五章 数字化表达的著作权法重塑之司法调整

这些"作者"的出现，也反映出作品的集体创作行为，同时为数字化表达主体的协同性提供了基础。

在智能化的数字化表达层面，主体的协同性主要体现在人机合作之上。基于现有案例，除却我国发生的人工智能创作物案，国外的现有司法领域难以找到对智能化的数字化表达主体资格认定的案例。但从传统数字化表达的案例来看，以美国为代表的一些国家，除欧盟对索菲亚的主体肯定之外，认为智能化的数字化表达所依赖的"人工智能"不具备主体资格。因为作者的身份问题就像早期使用机械装置，如摄影设备的问题。摄影设备提供的新成像技术是实际上因摄影师调整并操纵该装置而最终产生的创造性活动的关联所在。与早期复制文本或者图形的印刷机或者复印机不同的是，摄影所产生的结果几乎都是因为调整机械的相关功能而产生的，且基于不同的曝光度、噪点、景深的选择不同，最后呈现的照片也不同，在一定程度上是对原有景物的选择性改变的呈现。美国联邦最高法院在 Burrows – Giles Lithographic Co. v. Sarony 案中认为，摄影师通过安排和界定摄影设备的主题和操作参数方面的活动，进行了创造性的选择，而由此产生的机器输出的照片与其产生关联，因此应当在照片纳入版权客体之时，承认摄影者的作者身份。❶ 正如法律认为齿轮和计算机程序以及其他设备具有等价性一样，❷ 摄像机对于摄影师就像画笔、画布、颜料等对于画家需要固定画作一样，都是一种工具或者手段。因此，在判断作者的主体资格时，应当明确作者与作品之间的因果关系，无论是法律规定的智力创作的活动，还是应当存在的意图。正如有学者认为，明确承认因果关系将提高版权作者的一致性。❸此外，法院认为对文本的视觉描绘的详细程度还将导致合作作品的产生，因为画家的画作可能被视为融入了源于叙事的表达。❹ 可见，如果按照"智能化"的技术本质来看，

---

❶ Cf Burrow – Giles Lithographic Co. v. Sarony, 111 U. S. 53 (1884).
❷ Final Report of the National Commission on New Technological Uses of Copyrighted Works 29 – 30 (1978) (dissenting opinion of Commissioner John Hersey).
❸ Shyamakrishna Balganesh. Causing Copyright [J]. Columbia Law Review, 2017, 117 (1): 1 – 78.
❹ Gaiman v. McFarlen, 360 F. 3d 644 (7th Cir. 2004).

基于人类的目的在于通过这一技术媒介来实现创造性表达,并且基于技术媒介本是由设计者设计的关系,代码即便具有"智能化"特征,但在不出错的情况下,将很大程度上体现设计者的意志,因而人机合作的结果自然将主体资格归为设计者。此后,无论是基于雇佣关系、委托关系还是合作关系,设计者的主体资格将作为推定存在,而非将主体资格归于智能化。

在虚拟化的数字化表达中,往往涉及用户与研发者的高度合作,这是因为智能化的数字化表达终端输出通常已经能够体现指令输入者的表达要求,且这一表达在设计者的程序之内,除非后续用户对这一输出进行了合作,比如为"小冰"的诗歌集谱曲等具有明显合作行为的作品生成。但用户与设计者的高度合作应当是在设计者没有通过指令对用户的参与行为进行过度限制的情况下。似乎重复将是决定版权保护是否延伸到虚拟现实世界的一个关键因素,特别是鉴于虚拟现实用户可能成为虚拟世界的"共同作者",拥有比电子游戏用户所拥有的更大的权利。在有关虚拟化的数字化表达中,主体通常不涉及"人类"与"人工智能"的区分,重点在后续用户的利用之上,而限于司法判例中不涉及主体资格的审视,在此仍旧通过现实而非裁判举例。不同于原有的交互界面,虚拟现实通过多感官环境、虚拟角色的分身来实现与用户交互。这些均会产生空间和动态变化,并且促使用户作为一个整体。作为处理用户与设计者版权归属的第一案,Williams Elecs., Inc. v. Artic Int'l, Inc. 案[1]中,被告认为玩家的参与使游戏不具备固定性要件,因而游戏开发商不具备版权主体资格,应当将主体资格赋予游戏用户。但法院认为,游戏的大部分场景和声音是基于程序而产生的有序性重复,不论玩家如何操控都无法改变游戏的许多方面。该案例中,游戏的玩家被限制在程序中,如果虚拟现实的扩张不过分限制玩家的艺术创作,则玩家应该在满足作品构成要件的基础上具备主体资格。[2] 在 FireSabre Consulting LLC v. Sheehy 案中,法院认

---

[1] Williams Electronics, Inc. v. Arctic Intern, Inc., 685 F.2d 870, 875 (3d Cir.1982).

[2] Erez Reuveni. On Virtual Worlds: Copyright and Contract Law at the Dawn of the Virtual Age [J]. Indiana Law Journal, 2007, 82: 216-308.

为学生对虚拟现实的参与可能会构成新的作品，但不是其讨论的对象。此外，现阶段流行的激萌相机、3DCG 以及"虚拟歌手"等均可以为用户的主体资格提供有力支撑，但是其基于合作作品还是其他类型的作品均是立法和实践的规定。通常因为数字化表达的特殊性，这些作品往往通过登记的形式来确定主体资格，只不过主体资格会因一些特殊形式而产生变化，这些主体的最终确定仍需要继续实践。而在虚拟化表达的主体协同性中，用户最终是否具备主体资格，不仅在于其可版权性要素的一般性要件，而且主要在于考量其与作品生成的因果关系。

因此，作者虽然常常被认为是不可逾越的"自然人"，但如果通过行为本质来看，数字化表达的主体资格可以通过因果关系、意图、意志等与法律后果相关联，这样基于版权运作的创作行为本质才能得到鼓励或者侵权行为实施能够得以阻止。

三、数字化表达技术性与独创性表达

作品的本质在于创造性表达，可有可无的表达只得到这种轻微的保护，因为它非常接近不可保护的想法本身，以至于"表达式"不提供任何新的或额外的想法。❶ 著作权法排除了"思想与表达混同"、处于公有领域知识的保护，进一步提取出独创性的思想，且最后进行表达。

（一）思想与表达二分法

思想与表达二分法的原则在于排除思想与表达的混同。在 Google v. Oracle 一案❷中，谷歌认为甲骨文用于开发 Java 的 API 端口是处于源程序和目标程序之间进行相互通信的语言，因此它就像操作开关机的指令一样，无法对 API 的端口作出其他选择，且美国版权局认为，在计算机兼容性和互操作性的基础上，有限数量的代码可以进行复制。然而甲骨文认为，谷歌可以

---

❶ Frybarger v. International Business Machines Corp., 812 F. 2d 525, 530（9th Cir. 1987）.
❷ Google LLC v. Oracle Am., Inc., 141 S. Ct. 1183（2021）.

数字化表达的著作权法问题研究 >>>

通过获取 API 授权的方式进行复制,并举例微软、苹果等公司可以自己研发 API 端口。因此,API 端口是否构成有限的表达成为能否受保护的关键,鉴于该案仍未作出裁决,可以想象如果对 API 进行保护,则会造成端口兼容性付费的危险,如果不纳入保护则不会激励新 Java 程序的研发,而这一结果正如目前数字化表达所面临的困境一样。

智能化的数字化表达可以分为创作输出和原样输出:原样输出的内容如果原来是具有版权的作品,仍旧具备版权;而创作输出的内容则需要对思想和表达作出区分。智能化需要计算机程序进行操纵,计算机程序原本作为版权法保护的客体则无须讨论,其讨论的标准在于这些代码最终呈现的内容将如何体现其"表达"并非"思想"的唯一表达式?因为指令的输入很可能导致唯一的表达结果,那么唯一表达结果与表达的混同则很难区分。如果"小冰"在"以春为题"的指令中,仅能通过程序分析作出同样的一首诗,那么这一思想与表达的混同就很相近。但其实在具体判例中,智能化的数字化表达通常并不会因程序设定而局限于混同原则,因为程序的设定是数字化呈现的根本,而程序的设定源于设计者,智能化只不过是工具。❶ 作为工具的数字化表达,将表达的唯一性看作程序员思想的干涸,而并非表达的混同。

在虚拟化的数字化表达中,计算机程序及其所包含的任何作者的设计是为了组织和指导计算机在用户正确指导时有效地执行特定任务,用户界面的设计是为了与用户进行通信,以促进对程序本身的理解和使用。❷ 因此,针对虚拟化的数字化表达的不同组成应当基于不同的保护。在 Manufacturers Technologies, Inc. v. CAMS, Inc. 一案中,法院认为负责屏幕显示器内部导航的元素是不可保护的。由于虚拟现实用户界面的出现和引入,使用户能够体验和参与底层应用程序,因此应该在屏幕显示中保护那些非字面元素(那些

---

❶ Express Newspapers Plc v. Liverpool Daily Post & Echo Plc [1985] 3 All E. R. 680.
❷ Manufacturers Technologies, Inc. v. CAMS, Inc., 706 F. Supp. 984, 993 (D. Conn. 1989).

允许用户与底层应用程序之间通信的元素）。❶ 问题是如果应用程序设计人员创建一个虚拟现实程序，有效地模拟在医学院使用的外观和感觉，那么该供应商是否可以有效地阻止其他人使用相同的导航和控制虚拟现实的方法；即操作本身中运动的表达式？这个问题涉及许多情况下的长期问题，即当涉及用户界面时，什么是著作权法保护的客体？什么是可分开进行著作权法保护的表达与思想？

（1）著作权法保护不会延伸到具体的场景中去。最广泛的保护是对"最强"作品的保护，在这些作品中，相当复杂或幻想的艺术表现形式主导于相对简单化的主题，这些作品几乎完全是作者创造性的产物，而不是这些思想主体的内容。在概念表达统一性的概念下，思想和表达是不可区分的，版权只会防止相同的复制。没有简单的规则来区分思想和它们的表达方式。❷

（2）思想和表达之间的界限可以参照有关工作所寻求达到的目的来划定。换句话说，功利主义作品的目的或功能将是作品的想法，而对该目的或结果没有必要的一切都将是思想表达的一部分，如果有实现预期目的的各种手段，那么所选择的特定手段对该目的是不必要的；因此，有表达，而不是想法。如果是一种操控性且具有通用方式的虚拟化的数字化表达，如通过选择移动选项列表，或者通过指令确定该选项列表，那么就是思想与表达的混同，就被排除在著作权保护范围之外。对于虚拟现实来说，虚拟现实用户界面的体验感却难以断定这种具有功能性的操作可能会因设计者的思想不同而最终产生不同表达方式的交互性操作。因此，在确定具体的数字化表达时，明确其功能性质与外观之间不可替代的差别十分重要。

（二）独创性程度

著作权保护并不要求作品必须具备新颖性或独特性，这与专利保护的标

---

❶ Manufacturers Technologies, Inc. v. CAMS, Inc., 706 F. Supp. 984, 993（D. Conn. 1989）；
❷ Lotus Dev. Corp. v. Paperback Software Int'l, 740 F. Supp. 37, 53（D. Mass. 1990）.

准有着本质区别。法律对原创性的要求非常基础，只需达到"最低限度"的独创性即可。具体而言，只要作品是作者独立完成的，包含明显的个人创作痕迹，而非对他人作品的简单复制或微不足道的改动，就能获得版权保护。值得注意的是，著作权制度并不评判作品的艺术价值或技术水平，即使是艺术表现较为拙劣的作品，只要确实是作者自己的创作成果，就完全符合保护条件。这种保护机制的核心在于禁止直接抄袭行为，确保每个创作者都能享有其智力劳动成果的合法权益。简而言之，著作权保护看重的是作品的原创属性和独立创作过程，而非其艺术价值或创新程度。

（1）独创性原则是与作者个性关联最强的原则。美国法院认为，《美国宪法》的范围足够广泛，足以涵盖授权照片版权的行为，只要它们是作者原始智力概念的代表。❶ 而在猴子自拍案中，美国联邦最高法院和第九巡回法院在根据该法分析作者身份时一再提到主体必须是"人"或"人类"。❷ 欧盟虽然曾一度认为"电子人"的赋予是必要的，在具体的案例中却将作品和人类作者进行必要关联，且将人格描述为人类属性，并将人类的内部局限和控制因素与人工智能作出区分，认为人工智能的局限性是因为程序本身的需要，是无法克服的，它们无法作出自主的选择。即如果表达是由"技术考虑、规则或限制"决定的，就没有自由和创造性选择的余地。❸ 澳大利亚法院更加明确了作品的人类作者的需要，并且断定独创性要求作者亲自在作品中投入一些精神/智力努力，这种精神努力，即使是低努力，也是针对该作品的特定表现形式的。❹ 所有的人都强调，作者身份是评估作品是否受到版权保护的一个关键因素，所有的人都拒绝将版权授予计算机生成和缺乏（完全或大部分）人类输入的产品。以前对这些人的决定甚至断言"'原创'一词意味着'作者'"，强调版权保护对（人类）作者的依赖。

---

❶ Cf Burrow – Giles Lithographic Co. v. Sarony, 111 U. S. 53 (1884).
❷ Naruto v. Slater, 15 – cv – 04324 – WHO, 2016, 5. http://cases.justia.com/federal/districtcourts/california/candce/3:2015cv04324/291324/45/0.pdf?ts=1454149106.
❸ Case C – 604/10 Football Dataco, at 39 and case law cited therein.
❹ Sands & McDougall Pty Ltd v. Robinson (1917) 23 CLR 49.

(2) 独创性具备一定程度。在 UAB "Planner 5D" v. Facebook, Inc. 一案中，脸书（Facebook）声称 Planner 5D 的作品是"真实的"和"真实世界物体的精确数字渲染"，而 Planner 5D 声称，"人类建模者必须亲自制作每一个三维物体"，以获得"真正真实的场景"，它花了时间、金钱和精力来制作他们的对象和汇编，尽管这并不一定证明任何创造性的表达都被添加到现实生活对象的渲染中。Planner 5D 认为其网站展示了"手工制作"的各种颜色、纹理、特征和装饰的物体，但法院认为 Planner 5D 没有充分地声称其场景编译背后有任何创造性的选择过程。它没有指出用户在生成的场景中进行了任何创造性的选择，也没有指出它在汇编中遗漏的任何场景。此外，"额头出汗"理论并不能确认独创性或创造性的存在，这在申诉中没有被指称，即使有，这些指控也是不够的。Planner 5D 必须充分地证明制造三维物体和场景所付出的时间和努力。在 Griffo v. Oculus 一案中，同样是虚拟化的数字化表达，原告的"shayd"是其独立设计的内容，且获得版权局的注册。可见，独创性程度将会对独创性表达产生一定的影响。

事实是，如果法院对 Planner 5D 设计的虚拟现实空间的集合不进行保护，Planner 5D 所拥有的虚拟现实内容将会处于公共领域，虽然这种慷慨的选择有助于公共领域的增加，但如果不给予将现实演化到虚拟空间等编写程序的所有者赋予一定垄断的权利，很容易导致类似于 Planner 5D 设计的内容被大量复制，并在未来的市场竞争中产生无法挽回的可怕后果。

四、数字化表达虚拟性与再现性

版权的再现性，即以目前已知或后来开发的任何方法固定一件作品的物质对象，该作品可以直接或借助机器或设备从其中被感知、复制或以其他方式传播，并具体规定，当作品在副本中的实施方式足够永久或稳定，使其能够被感知、复制或以其他方式传播一段时间以上时，该复制品是固定的。例如，视听作品被永久地体现在一个物质对象，即记忆装置中，可以借助游戏的其他组成部分来感知它。

数字化表达的著作权法问题研究 >>>

显然,虚拟性体现在数字化表达的方方面面,如果说仅仅基于数字化这一特征,那么数字化本身就具有"固定性"上的再现性,因为"程序的所有部分,一旦存储在游戏中任何地方的存储设备中,都被固定在一个有形的媒介中"❶。例如,在 FireSabre Consulting LLC v. Sheehy 一案中,原告将设计存在数据服务器上,并且通过虚拟现实的虚拟角色出现了一定的时间,而这种持续时间的出现已经足够允许与教学中的学生进行交流。虽然其后学生能够通过虚拟现实进行修改地形设计的体验,但这并不能从一开始就让这些设计消失,因此这些地形是可以转移出来,并且供学生进行参考的,且虚拟现实所创造的艺术性,并不逊色于图画或模具等其他工具的表达。因此,这些可供改编的表达并不意味着是一种短暂的。基于这种固定性和再现性的结果,原告应当对虚拟现实中的地形设计拥有版权。

在 Lewis Galoob Toys, Inc. v. Nintendo of Am., Inc. 案中,法院明确指出作品应当具有单独的表达形式。❷ 这一单独表达形式是固定的,且能从原始作品中转移出来的独立存在。法院还认为一些视听游戏通过反复重复,则就在证明其能够通过短暂性的特征满足"固定"的要求,❸ 尤其是这些普通对象的虚拟版本很可能会减少对原始对象的需求,特别是如果它能够执行原始对象的所有功能,增加虚拟世界的现实主义。

这些已有案例或多或少解决了一定的问题,例如通过"参与测试"体验来确保底层应用程序与虚拟现实用户界限的要素不被其他应用程序软件侵权,通过因果关系确定设计者或者视为作者的主体资格,限定"人类"主体确保"独创性"的本质,以及通过技术性的改变保证虚拟现实的独创性程度存在,且通过计算机程序的固定肯定了虚拟化的再现性,但这些案例远无法解决未来的司法出现的状况。例如智能化的程度越高,与人的关联则越少。虚拟化

---

❶ Stern elecs, Inc. v. Kaufman, 669 F. 2d 852, 855 n. 4 (2d Cir. 1982).
❷ Lewis Galoob Toys, Inc. v. Nintendo of Am., Inc., 780 F. Supp. 1283, 1291 (N. D. Cal. 1991), aff'd, 964 F. 2d 965 (9th Cir. 1992), as amended (Aug. 5, 1992).
❸ Williams Electronics, Inc. v. Arctic Intern, Inc., 685 F. 2d 870, 875 (3d Cir. 1982).

对现实场景的反馈以增强人类虚拟现实的体验,如果仅因技术性改变否认独创性,不仅会危及虚拟化的数字化表达发展的利益所需,还会因潜在侵权而赔付高额损害赔偿金。虚拟化的其他感官加入的体验会导致仅限于视觉和听觉的作品无法适用。因此,现有司法的裁决应当留下一些审慎的思考,并对未来的审判布置一个微妙的任务,即如何衡量技术所导致的客体界限的突破,而非单纯地将其纳入版权保护领域或者不纳入保护领域。

第二节 数字化表达的著作权法保护认定标准探索

数字化表达虽然现在未有大量的司法实践用以探索,但数字化表达的历史脉络的梳理为本研究的数字化表达的可版权性认定提供了丰厚的资料来源。因此,在梳理过与之相关的司法案例以及相应的创新性认定后,可提出可版权性司法考量的一系列标准。

一、作品使用认定增加附加要件

诚然,数字化表达从客观生成的行为性质层面能够剥离人类的主体意识,无法脱离程序进行完全自主的创造,而这一点也正是其构成事实行为而可以纳入合理使用制度的根源。然而,数字化表达从行为性质层面构成合理使用,并不代表能够从现有立法突破其构成要件,并在法律基础上从司法实践中变革其认定标准。无论是以美国为代表的"四要素"标准,还是作为《伯尔尼公约》成员方所奉行的"三步检验法",都无法从技术领域对作品使用在未经授权的模式下构成合理使用,除非这种使用的前提是,数字化表达不是对现实世界作品的原样复制,或者相当大的相似性,且法院通常会考虑"新作品是否仅仅取代了原始创作的对象","作品是否以及在多大程度上是转换性的",还是用了"新的表达、意义或信息"来改变原始作品。❶ 这些均在一定

---

❶ Campbell v. Acuff–Rose Music, Inc., 510 U. S. 569, 580 (1994).

层面突出数字化表达应当是从"转换性"或者"思想"层面的复制。

因此,正如各国学者对现有案例所关注的那样,作品使用是数字化表达的重要层面,无论是满足人类精神需求的文学作品,还是开发游戏的艺术作品。可以想象,如果虚拟化的数字化表达需要经过每一个建筑设计或者室外公共艺术作品以及室内作品的画作作者授权,才能实现呈现,达到强化用户体验的目的,那么虚拟化的数字化表达创造将陷入瓶颈。此外,为了保证智能化有足够多的"知识"储备,并要求通过授权许可行为支付许可费,但最后的数字化表述并非原样或者改编输出,也会变相增加不合理支出,虽然这种复制如果完全免费也并非合适。因此,只有在立法层面进一步规制的基础上进行实践层面的完善,将其真正运用到现实中,才算是真正满足法律运行的效益原则。

(一)不以精神感受作为排除批量复制的前件

合理使用的行为性质应当是事实行为,增加感官感受的逻辑前提在于区分数字化表达与人类批量复制之间的差别。人类的批量复制通常是以精神的满足作为前提,这能够阐明作品的利用行为是通过精神需求,而保证权利人可以进行回收创作成本的机会。这是一种对作品使用的重要经济行为,通过这种经济对价的制度方式,进一步保证了原作品作者的财产权利,同样意味着将不会直接损害原作品作者的权利。因此,借用日本文化厅所提供的法律释明,认为某一行为是否以"享受作品中表现的思想或感情"为目的而进行的,最终将在司法上进行具体的判断,但在认定时,并不是只考虑与行为人的主观相关的主张,而是综合考虑利用行为的形态和利用经过等客观状况。

以智能化的数字化表达作为具体实例,人工智能的开发,需要收集并利用作品,或者为了开发的目的而将收集到的作品数据提供给第三方(转让或公开传送等)的这些行为作为支持。因此,智能化的研发与早期为了开发适合复制艺术品的照相机或打印机而试验性地复制艺术品的行为,甚至是为了开发适合复制的纸张而反复复制艺术品的行为均无任何区别。从这个层面来看,这种并非为了满足精神需求,而只是为了科研发展的行为想当然满足合理使用构成要件的前提。但是这种开发性的行为对用于研究用户精神需求行为具有不适性。因为以开发令人感动的影像技术为目的,将会邀请很多用户进行电影观看,并通过虚拟现实呈现的感觉来评价该技术能够受欢迎的程度以及技术的改进,这些都将是以技术研发为目的的行为,但是这些行为不可避免地需要收集用户的感受,从而对技术进行评估和改进。诚然,日本进行法律释明时指出,其著作权法第 30 条第 4 款的规定并没有指出"享受"的目的是必要条件,因此贸然以感受的情况排除合理使用的要件,则对以后多感官环境的数字化表达难以进行合理使用要件的认定。

因此,以感受作为合理使用的前提要件仅能通过智能化的数字化表达进行适用,因为这些是基于"算法更优"的目的。虚拟化的数字化表达则基于多感官环境的需求,若因其精神感受的必要性而排除合理使用认定,则容易造成侵权,最终支付高额赔偿金,这并非数字化表达的相关利益者所期望看到的趋势。在对虚拟化的数字化表达进行认定时,其多感官环境的反复试验应当同技术开发的目的相一致,不能因感受性满足而排除其合理使用的认定。

总结而言,精神感受可以在一定层面适用于数字化表达的认定,但并非完全适用,而这也恰恰证明技术带来的问题虽然旧有制度中也有存留,但数字化表达在一定层面加深了这种问题的冲突。

(二)使用性质可贯穿合理使用认定

基于不同的使用性质,使用行为将最终对原作品作者产生影响。如果这种使用与原作品所在的市场或者潜在市场之间并无关联,则即便构成商业目的的使用,也不会排除合理使用的认定。而如果这种使用性质同原作品的市场或潜在市场之间存在交叠,则即便是一种非营利性使用,也将会排除在合理使用之外。正如在 Authors Guild v. Google Inc. 案中,原告认为图书馆是 Authors Guild 授权谷歌建造的,只不过问题在于谷歌建造图书馆的同时,对 Authors Guild 所管理的所有作品进行数字化扫描复制,并且将这些数字化副本用于商业目的的应用中,使读者可以通过片段和部分资料呈现达到获取原件全文的目的。法官认为，Authors Guild 虽然并未授权谷歌可以研发商业使用的检索系统，并强调这种使用是转换性质的，但是"转换性"也并不意味着对作者原文所作的任何和所有修改都必然支持合理使用的结论。谷歌的这种转换性质可以构成合理使用的原因在于其与 Authors Guild 的表达完全不同，也正是因为这种使用的表达不同，将会在其他要件的认定上产生关联。

如果从使用性质层面排除复制实质性内容要素来看，这种只是提取部分片段激发读者兴趣，并创造购买书籍完整版本的机会的情况，实则不会对原有作品的市场或潜在市场造成利益损失，反而能够从侧面刺激原有作品市场的发展，抑或这种使用性质实然对原有作品财产权利造成事实损害，但是这种损害程度是"微弱"的，且最后会同作者利益形成良性循环。基于此，使用性质中的损害认定可以在某种程度用来判定数字化表达使用作品的合理使用认定标准。第一，数字化表达的使用性质在于开发不同市场的用户需求。智能化在于通过批量复制而最终输出创造性表达，虚拟化在于通过复制而呈现多感官的虚拟环境。第二，数字化表达瞄准的用户领域不同。通常智能化为用户提供便捷阅读或者对话方式，虚拟化则通过虚拟成像为网络空间的用户提供不同感受。第三，数字化表达的市场不同不代表以后这些市场不属于潜在市场。也许室外公共艺术作品可以通过虚拟现实来进行推广，但这些通常与虚拟化的数字化表达不同，因为这种虚拟化设定通常是一系列的城市面貌展现等，并非独立出现的个体，除非该个体是一个完整的室内艺术展品收藏体验。基于此，通过使用性质可以较好避免合理使用认定中批量复制的尴尬局面。

（三）"用户参与"程度进行比对

在大多数情况下，采用"用户体验"的方法并不会导致独创。例如，早在 Manufacturers Technologies, Inc. v. CAMS, Inc. 一案❶中，法院应用"用户体验"测试作为支撑法院认定合理使用的判决。"内部导航方法"使参与体

---

❶ Manufacturers Technologies, Inc. v. CAMS, Inc., 706 F. Supp. 984（D. Conn. 1989）.

第五章　数字化表达的著作权法重塑之司法调整

验能够使用底层软件，而底层软件是有关用户界面概念的组成部分，即表达底层程序。法院除了应用既定的测试，还根据用户体验来具体询问所涉要素是否可以超越特定的应用程序，并用于加强其他应用程序的参与经验。具体而言，用户旨在确定所涉组成部分是否是《美国版权法》第 102（b）节所述无法保护的工作中所示的一种操作方法。如果法院确定特定元素主要负责启用用户对应用程序的参与体验，即它要么是一个想法，要么与用户界面的想法有关，那么该元素应该被确定为不可保护的想法或表达式，与不可保护的想法合并，并且只保护不被逐字或几乎逐字复制。❶ 在法官采用的"用户体验"的方法中，可以总结出四个有关数字化表达与底层程序的表达是"思想与表达"的分割：（1）对数字化表达终端呈现进行用户体验，以证明这一呈现不同于其他的呈现；（2）用户对数字化终端呈现与设计的原稿进行体验比对，在证明原稿与其他设计不同的基础上为其提供使用的基础；（3）对代码进行比对，证明这些代码在一定程度上是不是以抄袭的方式而表达的内容；（4）通过对比判断接触原有代码方式的可能性来看，如果是通过反向工程研究，则可以在一定程度上提出免责，如果是复制，那么终端呈现即使不一样也不能予以免责。

然而，在 Lotus Dev. Corp. v. Paperback Software Int'l 的平装本案❷中，基顿（Kington）法官对菜单命令系统的保护受到学界质疑。如果基顿法官保护 Lotus 的菜单命令系统不受逐字或近乎逐字复制的影响，那么该行为根本不构成侵权事实。然而，如果基顿法官是在保护整个菜单命令系统不受任何接近或基于 Lotus 接口的影响，那么基顿法官可能过度放宽了合理使用的认定要件。虽然这种使用"参与体验"测试，能让开发人员在利用他人"思想表达"时，推进技术和促进未来发展方面走得更远，但仍无法辩驳批量复制行为导致的侵权事实发生。

---

❶ Andrew H. Rosen. Virtual Reality: Copyrightable Subject Matter and the Scope of Judicial Protection [J]. Jurimetrics, 1992, 33（1）: 35-65.

❷ Lotus Dev. Corp. v. Paperback Software Int'l, 740 F. Supp. 37, 65-68（D. Mass. 1990）.

（四）整体看待数字化表达过程

通常数字化表达前端的复制行为很难构成合理使用，而如果基于输出端的表达则会发现，原有作品和现有表达虽然具有关联性，但只存在于"思想"或公共领域。因此，对于数字化表达的本质，即程序或者算法而言，数字化表达的整体就尤为重要，因为割裂地看待某一阶段，是对数字化表达技术本质的偏见。在 Sega Enterprises Ltd. v. Accolade, Inc. 一案[1]中，美国联邦第九巡回上诉法院认为，游戏发行商 Accolade 对世嘉游戏公司的"中间复制"满足合理使用，因为 Accolade 必须获得这个游戏的兼容性功能要求，且在 Accolade 终端，其仅呈现了世嘉游戏中一些不受版权保护的功能代码。基于 Accolade 游戏兼容性的需求，且对游戏中的代码复制并不会导致终端输出的等同，则可以据此来认定未经授权而复制受版权保护作品的行为，可以构成合理使用。

需要明确的一点是，机器作品虽然在事实行为上与人类进行阅读有异曲同工之处，但前提是人类在进行阅读知识并提升储备量的同时，为相应的知识进行了对价支付，无论是以支付学费还是书籍购买费用的方式进行。这些行为同无数机器仅需要支付一本书籍、一部电影、一首歌曲的价格是不同的。也许有人指出，学校图书馆就是，但学生在等待仅有的几本书籍时，需要付出额外的时间。这是因为学生想要整本复制书籍，就需要整合书籍片段，因此人为成本可能与购买书籍的价格相差无几。因此，合理使用可以是在支付一定对价的基础上完成的，也就是通常所说的"版税"或者"著作权补偿金"。

（五）利益分配下的制度认定

数字化表达如果不在"效益"原则的基础上对作品使用有一个良好的法律构建和司法认定，则不仅会威胁到它自身所在市场利益，还会对作者的边缘化权益构成侵蚀。现阶段出现的一家名为 Jukedeck 的公司，是通过智能化来训练、创作和改编音乐，Jukedeck 的用户可以从一系列参数中选择曲目，

---

[1] Sega Enters. Ltd. v. Accolade, Inc. , 977 F. 2d 1510 (9th Cir. 1992).

第五章　数字化表达的著作权法重塑之司法调整

设置参数最终通过智能化形成数字化表达。❶ 该公司提供了三种许可选择来管理其人工智能生成的歌曲的使用："个人、小企业或非营利"和"大企业"可以通过支付版税的形式进行使用，但不能转售或提供给他人使用，而另一种"购买版权"明显就是支付对价。因此，法院可以通过相应对价支付来达到合理使用的目的，而非支付高额的赔偿金来阻碍数字化表达的发展。

如果著作权人事先决定是否允许利用属于自己的作品，并提出允许的条件，利用者在同意并满足其条件时便可以开始利用。在这一点上，传统的著作物与数字著作物别无二致。可是，如上所述，在传统的著作物交易中，因为是用有体物作化身来处理著作权，所以是用有体物的买卖形式进行著作物交易的。与此相反，在数字化表达领域，因为不存在有体物的化身，所以，如果不作任何技术措施，数字化表达的财产权交易便难以成立。

有些学者基于市场失灵理论，认为广泛的"合理使用费"制度是合理的。因为广泛的合理使用通过支付许可费的方式，调整了受著作权保护的作品可以在大批量复制的情况下获取相应的利润，而不是推定侵权人可以合理使用为借口进行不侵权抗辩。这样可以促进既定权利持有人的利益，并有助于下游作品的合法使用。但有些学者认为，原作品作者可能会通过"合理使用费"来增加每一次作品获取收益的机会。因此，在立法完善的建议中，明确指出这些费用必须交由第三方判断，这样可以在相应的市场机制下进行合理、公平的调整。

就现阶段而言，智能化和虚拟化的数字化表达将会持续发展，作品使用的根源也正是受到作品利益分配机制的影响而产生了问题。所以现实情况下，合理使用也不等于完全免费。"复制版税"和"录制版税"早在美国、丹麦和德国等国相继发展并不断完善，数字化表达作为扩大作品使用的新方式和新途径，应当对其进行利益分配的补偿。因此，著作权的补偿金或者"合理使用费"的支付均可以弥补原有作品的利益损失。在司法实践中，如果侵权

---

❶ Create unique, royalty - free soundtracks for your videos, Jukedeck, https：//perma.cc/L6EW - 9K4L.

人已经在立法基础上为数字化表达支付了一定的使用费金额,即便这些金额过少,但是也应当认定其已经构成合理使用。

一般来说,著作权制度本身是为了避免重叠的权利,而具体判断最终是在司法实践中确立的。例如,被控侵权人完全没有支付"合理使用费",则司法机关可以通过主观意图来断定。如果侵权人是恶意侵权(如反复侵权、明显侵权),则法院可以认定为侵权而不构成合理使用,要求侵权人支付高额的赔偿金;但如果其侵权是非恶意侵权,可以明确其原告是否与其有达成协议的意图,而在此基础上为其调解或者作出赔偿。如果被诉侵权人在相关平台已经找寻到相关利益人,或者通过一些平台支付了相应对价,则法院可在个案的基础上为原告提供赔偿,而不直接认定这种数字化表达构成侵权。作为权利保护的最后一道防线,法院可以通过具体的行为认定而控制相关利益人的权利不必要的扩张,最终实现一定程度上的利润分配。❶

数字化表达将实现巨大的社会效益和经济效益。但它真正的效益在很大程度上来源于真正人类的创造性工作。合理使用的困境对应着数字化表达未经授权情况下的作品使用困境,通过司法的实践加强适用可以真正促进社会公平,确保作者在其作品中享有表达价值的权利来促进人类表达的创造和传播。

二、以因果关系确保自然人的主体定位

传统的纸笔作品引起了所有同样的问题;在阳光下没有什么新的东西。❷其实在具体的司法认定层面,需要解决的问题不在于其是构成哪种协同性主体资格,而是明确定位数字化表达无论在何种情况下都仅仅是一种技术,且

---

❶ Benjamin L. W. Sobel. Artificial Intelligence's Fair Use Crisis [J]. The Columbia Journal of Law & The Arts, 2017, 41 (1): 45 – 97.

❷ James Grimmelmann. There's No Such Thing As a Computer – Authored Work – and It's a Good Thing, Too [J]. The Columbia Journal of Law & The Arts, 2016, 39: 403 – 416.

这种技术的表达应当推定为可合作的。从这一层面来看,因果关系的认定要件则可以确保主体定位为自然人,也可定位至以默认方式许可合作行为的发生。

(一)因果关系认定自然人创作者

在智能化的数字化表达中,其程序所展示的终端表达很难分清楚是哪一位设计者的算法最终起到了作用。具备智能化的数字化表达的自主程度也与人类程序设计的干预成反比,智能化的程度越高,人为干预的作用就越小,而人为干预越小,设计者与智能化之间的关联程度则越低。因此,有学者认为智能化的数字化表达很难区分具体的设计者,也无法成为解决智能化的数字化表达主体资格的良好办法。❶ 因此,有立法指出一种由计算机生成的作品是不存在人类作者的❷,或数字化生成内容中的"作者个体"❸。但在进行主体资格分析的基础上,以人类为中心的版权法理论仍然是主要的,因为人类创造了数字化表达的程序,才能让这些程序更好地服务于版权的创作。因此,智能化的数字化表达就要基于自动化程序或算法而产生的著作权法保护的客体范畴内的表达,就需要视为"作者作品",因为这些内容从基础上与人类本身的创造有着因果关系。

由此可知,将人类排除在外的作者规则应当将背离"以人类中心"的原则视为一种不具备理论基础的法律虚构。作者与智能化的数字化表达的因果联系应当是一直存在的,因为这将有助于理解独创性中"作者个性"的体现,而不是单纯地将设计者作为一种与智能化相关联的存在。这种区别在于因果关系能够直接认定设计者是终端表达的促成者,而单纯的联系仅将设计者看作参与者,可以类比为合作作品中付出智力劳动之人,或者法人作品中提供物质设备之人。

---

❶ Ana Ramalho, A. Will Robots Rule the (Artistic) World? A Proposed Model for the Legal Status of Creations by Artificial Intelligence Systems [J]. Journal of Internet Law, 2017, 21 (1): 12-25.

❷ Section 178 of the UK Copyright Designs and Patents Act (CDPA).

❸ Section 2 (1) Irish Copyright and Related Rights Act 2000.

（二）因果关系下合作作者的默认

在早期的契约法阶段，合同的成立需要以受诺人明确的允诺或者行为表示为前提。但在 Effects 案中，法律在特定情形中会强加于一种默示义务（implying an obligation）来确保一个缺乏双方协商（对价）的债务存在，因此版权默示许可被认为是法律创制的产物，与其他的默示事实合同（implied-in-fact contract）非常像，且意味着尽管双方表达行为缺乏明确的意思表示，但仍可以被理解为要约与承诺。❶ 在 Home Prot. Bldg. & Loan Ass'n 案中，法院通过当事人没有明示其意图，而意图在某种具体环境下体现在具体行为中且当事人受到此意图的约束，事实上的默示合同由此产生。❷

默示意图将有助于认定合作作品。给予当事人对作品合作真意的客观标准，如果次要作者的贡献并不在于独创性的表达层面，则可以推定次要作者具备很小的合作意图，该状态下主要作者则可以成为唯一作者。数字化表达的用户也可以据此而认定合作的默示意图，一般来看，用户通常是具有创造性实力的主体，而用户通常就是基于创作的意图与设计者产生合作，并且与作品的呈现产生因果关系。而解决这一问题在于设计者的意图是可以合作与否。如果按照默示来看，设计者对数字化表达的设计就在于与用户之间产生互动，并且互动性是数字化表达的特征，且数字化表达的载体出售以及未明确不与用户进行合作的意思表示下，可以通过最终的行为表达来看是否构成用户与设计者之间的推定合意，这样可以解决后续共创行为的困境。

（三）登记或署名的最终确认

基于《伯尔尼公约》的自动取得版权保护原则，一般认定版权自创作完成之日起就可以取得，这种"自动取得"原则是一种实质要件，但一般认定主体的归属是基于形式要件。美国联邦最高法院在 Fourth Estate Public Benefit

---

❶ 宋戈. 版权默示许可的确立与展望——以著作权法第三次修改为视角 [J]. 电子知识产权, 2016（4）：25-34.

❷ Home Prot. Bldg. & Loan Ass'n, 17 A. 2d 755, 756 (Pa. Super. Ct. 1941).

Corp. v. Wall – Street. com 案❶中裁定，在提起诉讼之前必须提供登记证明。其他国家则大多通过作品署名的方式来认定作者。在司法实践中，法院在将著作权归为"人类"或者以人类为基础的"拟制主体"的基础上，根据登记或者署名的方式来具体认定作者的主体资格。

因此，在相应证据提供的基础上，署名或者登记的主体应当被认定为作者。而后续无论是基于委托合同、雇佣关系还是合作作品，法人作品的构成均可以具体案例的证据进行证明，从而提升司法机关认定作者的效率。

三、独创性："独"与"创"的特殊认定

独创性是判定作品的核心标准，相较于再现性这一客观标准，独创性因为"创"的认定而产生主观标准的考量，因而在数字化表达的认定层面需要进行特殊看待，而这种解释的适用也取决于数字化表达的整体过程由人类操控的因果关系。

（一）思想表达的随机性与独创性相关

司法实践中，独创性劳动投入的结果虽不必然是某种人们可以看出的"巨人的狮爪"❷，但创作必须是人类所期待的能带来的更多的成果活动的结果，因而独创性应当是带来"前所未有"的东西。前文对思想表达二分法是用以划定著作权保护范围的工具，而非判定数字化表达是否是"作品"的标准。换言之，独创性在作为划定著作权保护范围依据时仅须考察具体表达，但作为判断某创作物是否构成新作品时，则不能局限于具体表达的判断。即不能以作品的具体表达并非自然人的智力创作便否认作品资格：一方面，著作权在例外情况下也保护作品中独创性的综合理念，如歪曲、篡改他人作品主要表现为对作者综合理念的恶意曲解；另一方面，在逻辑上，如果是自然人无意识地行动（如梦游）而产生的外在表达形式，也因其不含有综合理念

---

❶ Fourth Estate Public Benefit Corp. v. Wall – Street. com，LLC，586 U. S. （2019）.
❷ M. 雷炳德. 著作权法［M］. 张恩民，译. 北京：法律出版社，2005：117.

而不被视为作品,只能作为无意义的符号存在。在此基础上,数字化表达应当通过不同的具体考量因素来适应智能化和虚拟化的独创性认定。

这一认定在于智能化的数字化表达类型,因为智能化依托的算法和程序会在终端的具体表达式中呈现随机性特征,而这一随机性特征恰恰是设计者进行设计时预留的空白和选择,也因此在背后仍然蕴含着人类设计的独创性。因此,有学者认为智能化涉及判断和输出的最小随机性以及算法优化,均是为了体现独创性的程序性规定。❶ 也正是因为智能化的数字化表达缺乏想象力,并且仅能在算法规定的层面进行输出,输出内容才成为人类与智能化之间的本质区别,从而无法割断人类参与者必须是智能化的数字化表达的参与者,进而保证具备独创性的实质要件。在这种随机性的情况下,现有司法却在一定程度上承认了其独创性的要件。

例如,在野外拍摄野生动物或特定天气气象,摄影师往往并不是选取某一角度后就一动不动地等待野生动物或者特定天气条件的出现,更常见的做法是将摄像机架设好后选择自动拍摄或自动摄录模式,对于该角度可能出现的景象进行长时间的自动拍摄。等过了一段时间之后,摄影师再取回摄像机,对其中拍摄的影像进行筛选。如果拍摄影像中有清晰地捕捉到野生动物或特定天气的画面,那么该画面的截图虽然是由自动拍摄完成,但是仍然不能否认其可以作为摄影作品。因为该照片或视频体现了最低限度的人类的智力性劳动,即拍摄者的选择、干预和判断;在拍摄前,摄影师要调查了解野生动物出没的时间、地段,在架设相机的位置上要进行判断,在拍摄参数上要预先设定,拍摄后要在冗长的视频素材中进行筛选,并对目标照片或视频进行后期编辑处理;此外,这样的拍摄也带有很大的随机性,需要拍摄者的毅力和多次尝试。可见,即使是自动拍摄的照片,但如果明显体现了人工干预、选择和判断的,可以构成摄影作品。因此,在照片拍摄、形成的过程中,只要有人为因素的参与,使人以独创性的方式在拍摄过程

---

❶ Ana Ramalho. Will robots rule the(artistic)world? – A Proposed Model for the Legal Status of Creations by Artificial Intelligence Systems [J]. Journal of Internet Law, 2017 (7).

中发挥了作用,那么就满足了摄影作品所需的独创性要求,构成摄影作品。

在对独创性高低的认定中,其独创性的程度并没有想象的那么高。诚然,Burrow-Giles案分析表明,纯粹的机械编码或对观察到的现象的转换是事实,而不是作者的表达。❶因此,在相关案例中,一项工作的"机械或常规"组成不够原始,不足以获得保护。❷但有些随机性的内容也可以视为独创性的体现。在Alfred Bell & Co. v. Catalda Fine Arts Inc.案❸中,弗兰克法官指出,因视力不佳或肌肉组织有缺陷,或因打雷引起的可能会产生足够明显的变化而产生的作品,如果"作者"无意中碰到了这样的变化,就可以把它当作自己的版权。

可见,随机性的特征与人类设定程序之间存在密不可分的关系,也正因为程序或者算法基于有目的或无目的的最优设计,或者其他目的的设计,导致智能化的数字化表达在很大程度上趋向于程序设计者最初的意图和目的。也正因为这种程序设计,为智能化表达提供了可具备独创性的"作者个性"因素结果。

(二)以底层程序弥补技术具备独创性的否定标准

底层程序的考量主要针对虚拟化的数字化表达。虚拟化的数字化表达的趋向在于给公众带来多感官环境的体验,且这种体验能够将用户置身其中,并在一定的技术应用下通过用户界面产生互动。而这些互动与传统的用户界面不同,通过虚拟化的数字化表达可以通过增强现实、虚拟现实的物理特性形成特定的目标,增强了用户与界面的交互性。基于虚拟化的交互性,产生两种保护模式:一是作为独立的客体进行保护,二是作为电脑程序的整体进行保护。但虚拟化的数字化表达所产生的界面,会因为空间感觉和动态的变化导致其更倾向于是一种视觉、听觉甚至是触觉嗅觉的感受,因此,如果作

---

❶ Cf Burrow-Giles Lithographic Co. v. Sarony, 111 U.S. 53 (1884).

❷ Benjamin L. W. Sobel. Artificial Intelligence's Fair Use Crisis [J]. The Columbia Journal of Law & The Arts, 2017, 41 (1): 45-97.

❸ Alfred Bell & Co. Ltd. v. Catalda Fine Arts, Inc. et al, 191 F. 2d 99 (2d Cir. 1951).

为电脑程序的整体进行保护，则很难是一种有效保护。在这种体验难以判定的情况下，更无法认定独创性的程度。

例如，法院在对虚拟化的数字化表达的不同案例中就采取了不同的态度，在 UAB "Planner 5D" v. Facebook, Inc. 案❶中，法官认为这些家居类的家具、场景、户型均是对现实的真实反映，就算"Planner 5D"耗费了大量的人力、物力和财力去创建这些虚拟化的内容，并最终通过数字化表达，这些单个的元素仅是通过技术的再现，相当于对现实世界内容的复制，且无法证明其所进行的"思想活动"。而在 FireSabre Consulting LLC v. Sheehy 案中，法院则认为这些岛屿本身是通过虚拟化直接设计的，因此对于独创性要件并无质疑。此外，在 Gfiffo v. Oculus 案中，原告所拥有的名为"shayd"的项目程序也被认为是具有独创性的。因此，在这种情况下判定基于现实存在但在虚拟化的数字化表达中再现的情况，是否具备最低程度的独创性，则成为判断独创性的标准。

法院认为"Planner 5D"并没有对相关的家居用品进行独创性的再现，但通过3DCG的一款名为《明日之后》的游戏就可以发现，写实类的游戏场景的设计通常也来自现实场景。基于此该游戏也将无法具备独创性。因此，在 Manufacturers Technologies, Inc. v. CAMS, Inc. 案❷中，法院在确认侵权过程中所采用的"用户体验"的底层程序对比便可以运用进来。首先，通过与现实呈现的设计图进行比对来认定是否具有独创性；其次，通过底层代码设计体现的理念进行比对；最后，通过数字化表达的最终呈现进行比对。可以发现虽然是基于复制，但底层代码是不同的，因而在推定作品来源合法的基础上，即可认定具备最低程度的独创性。

四、再现性：承认数字化表达的体验感

在任何有形的表达媒介中，"固定"的时间超过短暂的时间，必须是表

---

❶ Juliana Griffo v. Oculus VR, Inc. (8：15 – cv – 01228) District Court, C. D. California.
❷ Manufacturers Technologies, Inc. v. CAMS, Inc., 706 F. Supp. 984, 993 (D. Conn. 1989).

达而不是想法。基于固定性要件较容易满足，在一般情况下再现性是一个较少讨论的问题。因为一件作品只要体现在某些计算机磁盘、书籍或磁带等物理介质中，则作品就视为被固定在有形的表达介质中。如电子游戏的屏幕显示或应用程序就被认为是固定在存储器设备 ROM 或 PROM 的芯片或计算机的印刷电路板中。此外，只要数字化表达是通过程序展现，则也可以被认为是具有"固定性"并且可复制的。就像在 Williams Electronic, Inc. v. Artic Int'l 案❶中，美国联邦第二巡回法院认为，"无论玩家如何操作控件，显示器的许多方面都保持不变"，并且这种"游戏视听中很大一部分的重复顺序"符合版权保护的条件。通过输出的可重复性可以看出用户角色是一种固定性的有限性质。如果将作者身份归属于将产生相同输出的用户，无论哪个用户最终进行游戏的输出，都将成为作者。其实，再现性问题并不在于最终呈现的视听画面，而在于其他的感官环境，例如嗅觉或者触觉是无法作为一种客体还是可以被作为这个画面体验的整体保护。

在 2006 年兰蔻与蔻梵案❷中，荷兰最高法院承认了嗅觉产品在原则上可作为版权客体加以保护。而同年在法国的一件有关香水的案例中，法国最高法院认为香水不具备可版权性。虽然《法国知识产权法典》第 L.112-1 条认为"不论其种类、表达方式、价值和用途的精神作品的作者权利均受本法典保护"，且第 L.112-2 条对受著作权保护作品采用了非穷尽性列举，嗅觉作品没有排除在外，但法国最高法院认为调香师和木匠、管道工具备同种性质，不是一种艺术家。此外，对于嗅觉的固定性来说，可版权性要素中的物理成分包括气味形态，那么气味和物理成分是一个整体还是气味的有形载体仍存在分别。❸ 而香水这一有关嗅觉的案例也为数字化表达中的虚拟化类别提供了重要的价值。在判断独创性的角度上，荷兰最高法院认为从设计者的角度来看，作品具备了主观创作，而非要求是绝对新的东西，则就具备独

---

❶ Williams Electronics, Inc. v. Arctic Intern, Inc., 685 F.2d 870, 875 (3d Cir. 1982).
❷ Kecofa B. V. v. Lancome Parfums et Beauté et CIE S. N. C. Case C04/327/HR.
❸ 何隽. 制度边界 [M]. 北京：知识产权出版社，2019：98-101.

创性。

　　对于香水的固定探讨不足以证明其不具备独创性的体现。可以预见的是，通过数字化技术的载体传输气味信息已不再遥不可及，日本东京工业大学启动的"气味视觉"工程，已经能够记录并复制一些气味同时在电影播放中使用气味。此前香水的保护探讨为人类的感官作品提供了切实的基础，而虚拟化的数字化表达为人机交互提供的沉浸式体验也在对人类的嗅觉以及其他感官作出回应，因此对嗅觉所感知的气味进行一种整体性的作品保护，是对数字化表达的可版权性作出的另类探讨。

本章小结

　　数字化表达仍需要不断提升以及完善才能趋于成熟，因而现有的数字化表达所带来的司法案例微乎其微，但技术的本质在于一脉相承，微乎其微的司法案例仍旧能够从传统表达的认定中得以解释并且基于这些案例原则为其提供出路，甚至反馈出一些问题。

　　在合法使用作品的要件中，日本虽然没有这方面的司法实践，但在立法解释中提出前瞻性的司法适用指引，认为可以通过人类感受来认定是否作为合法使用，这一指导虽能为智能化的数字化表达提供法律规避，但无法为虚拟化的数字化表达提供合法性基础。美国则认为只要是"转换性使用"，就可在具体认定中抛却合理使用的构成要件，而认为是合理使用。故针对合理使用司法认定的细微差别中，应当考量"人类精神"要素，"转换性使用"作为侵权排除认定，在整体看待数字化表达之上可以增加"用户体验"来判定，但最重要的是应当进行利益主体的分配，确保司法实践中原作品作者的版权利益。而在主体要件中，建议通过因果关系而确认最终的人类主体资格，且在因果关系的基础上通过默示要件来推定数字化表达的原有权利人在无明确拒绝的基础上有合作的合意，为合作作者的认定奠定基础，但最终应当通过"署名"或者"版权登记"的形式要件确认主体资格的生效。客体要件的独创性认定中,应当从数字化表达的终端中断定思想,并且通过独创性与随机性的关系认定智能化的数字化表达的独创性程度,而通过底层技术的弥补来确定虚拟化的数字化表达的独创性程度。在客体要件的再现性层面,将人类可感知作为构成要件,增加人类对其他感官的体验而并非单纯仅限于视听层面。

基于整体的法理、立法和司法例的完善,势必需要对我国的数字化表达可版权性问题研究进行深入探讨,我国著作权法的修改历经十年探讨至今,技术也在不断革新,生产资料的快速发展势必提出一个问题,即著作权制度为何不放弃那些困囿于技术发展并最终阻碍经济、精神文明繁荣的考量?因而我国第三次著作权法的修改,对此问题回响的期待值作出肯定,却也应当在未来进一步明确。

第六章　我国数字化表达的著作权法现状审视

在对数字化表达的著作权法保护问题进行国际化考量后，我国相关的著作权法问题也应当深刻而具体地进行本土化设计。我国著作权法保护的客体范畴——作品，是著作权制度体系的重要内容，如果没有作品，著作权制度所保护的客体将不复存在，以作品为核心，才能在著作权制度内制定主体、权利、救济和限制等一系列内容。那么，著作权法保护的作品是什么，便成为著作权制度研究的核心目标。数字化表达催促着新内容的诞生，而数字化表达在我国是否具备著作权法保护要素则需要进一步探究。技术进步出人意表，未来世界，作品的形态未必是现有外延内的具体类型。智能化的数字化表达在我国已有案例出现，但虚拟化的数字化表达仅有一些简单的案例作为参考。我国现行《著作权法》虽于2020年11月进行了第三次修正，但针对现有立法规制和司法救济仍应当进行审视，以期在立足我国作品的演变历程，探寻我国作品变革的扩张因素以及必要价值下，对现有著作权法中作品的范畴和具体类型进行解释，并以此来指导后续可能出现的司法裁判。

第一节　我国作品的著作权立法演变

研究我国数字化表达的著作权法客体问题，就要研究我国著作权制度体系规定的作品定义。纵观我国作品内涵的立法释义，也在不断限缩其著作权法保护的要素，而内涵的限缩意味着外延的扩张，从这一层面来看，研究作品的自然性发展，才是为数字化表达的著作权法保护研究提供根本性突破，于是，研究导致作品立法发展的内因和外因必不可少。从辩证法的角度来说，作品立法发展的内因即作品内部矛盾的凸显，从而决定了作品的发展方向与性质，而外因则是外部因素导致的作品扩张的加速与放缓。单纯以立法视角来看作品发展，起决定性作用的内部因素是技术变迁丰富了作品的外在表达，而其推动作用的外部因素则是国际立法变革的时代驱使。

一、我国作品的法律扩张之现实

学术界通说认为，我国"作品"一词的渊源来自著作权法的法律释义，由《美国版权法》中的"work"翻译而成。但从我国著作权法的立法脉络来看，我国著作权法对作品的内涵一开始并未作出释义。1910年，我国第一部虽未实施但仍具有借鉴意义的《大清著作权律》已为著作权保护的客体规定其外延，即"称著作物者，文艺、图画、帖本、照片、雕刻、模型等是"。1915年，北洋政府颁布的《著作权法》规定的著作权客体有：文书讲义、乐谱剧本、图画帖本、照片、雕刻、模型、关于文学艺术或美术之著作物以及表演作品。其后1928年，国民政府颁布《著作权法》，用"书籍、论著及说部"取代了旧法的"文书讲义"，用"剧本"取代了前者的"戏曲"，用"字帖"取代了"帖本"，用"文学艺术"取代了"学艺"。❶ 有学者认为，该法的第1条第5款之后附加的一项规定，即就乐谱、剧本有著作权者，并得专有公开演奏或排演之权，这一补充规定也是对著作权保护客体范围的扩大。❷

新中国成立后，我国并未制定体系化的著作权法，1957年我国文化部发布《保护出版物著作权暂行规定》，将受保护的著作权客体限定在包括文字著作及口述著作，文字翻译，乐谱、艺术图画、科学图纸及地图等出版物。1982年国务院批转的广播电视部《录音、录像制品管理暂行规定》加强了对录音作品、录像制品的保护。1985年文化部颁布《图书、期刊版权保护试行

---

❶ 1928年中华民国《著作权法》第1条第1—5款。
❷ 李明山. 中国近代版权史[M]. 郑州：河南大学出版社，2003：175.

条例实施细则》，对图书、期刊的保护进一步加强。1986 年颁布的《民法通则》尽管没有列举具体的著作权保护客体，但是其第 94 条和最高人民法院《关于贯彻执行〈中华人民共和国民法通则〉若干问题的意见（试行）》第 133 条规定："作品不论是否发表，作者均享有著作权（版权）。"这意味着受法律保护的作品范围越来越宽泛。

1990 年，我国颁布了新中国成立后的第一部《著作权法》，其中第 3 条以列举方式规定了著作权客体的保护范围，并首次将"计算机软件"纳入著作权客体保护范围。2001 年通过的《中华人民共和国著作权法修正案》第 3 条及其《实施细则》第 4 条在 1990 年《著作权法》规定的作品保护范围的基础上，又将"杂技艺术作品、汇编作品、建筑作品、类似摄制电影的方法创作的作品和模型作品"纳入我国的著作权保护范围。2001 年的《计算机软件保护条例》把"计算机程序及其有关文档"列为著作权客体的保护范围。2006 年颁布的《最高人民法院关于审理涉及计算机网络著作权纠纷案件适用法律若干问题的解释》第 2 条规定，在我国司法实践中，应当将《著作权法》第 3 条规定的各类作品的数字化形式纳入著作权法律制度的保护范围。同时，该条也规定，在网络环境下无法归于《著作权法》第 3 条列举的作品范围，但在文学、艺术和科学领域内具有独创性并能以某种有形形式复制的其他智力创作成果，也是我国著作权法律制度保护的客体，应受到著作权法的保护。依据该司法解释，可以看出诸如网页、数据库等网络产品，只要它们具有独创性并能以某种有形形式进行复制，就能得到著作权法的保护。2006 年颁布的《信息网络传播权保护条例》把"网络作品、数字作品及其保护措施和管理电子信息"纳入著作权客体保护范围。

2020 年的《著作权法》修改了此前《著作权法实施条例》对作品的定义，并对作品的外延进行了扩张。纵观 2011 年《著作权法》第二次修正后，我国《著作权法》的修改便踏上了漫长的征程。十年磨一剑，我国现行《著作权法》对作品的释义以及修改，表明了其对未来法定作品类型的宽容态度，从而为著作权法保护的客体范畴提供缓和空间。2014 年，国务院法制办发布《中华人民共和国著作权法（修订草案送审稿）》（以下简称《送审稿》）。《送审稿》相较现行《著作权法》规定，对作品范畴增加"独创性"和"有形形式固定"的要素，而作品种类增加了实用艺术作品、视听作品、计算机程序等，且将兜底条款变为"其他文学、艺术和科学作品"。❶ 但因这些作品类型以及其他条款存在较多争议，因此在2020年，我国国务院又相继发布了《中华人民共和国著作权法修正案（草案）》（以下简称《草案一稿》）和《中华人民共和国著作权法修正案（草案二次审议稿）》（以下简称《草案二稿》）。《草案一稿》对作品范畴增加"独创性"和"有形形式复制"的要素，而具体作品类型则以"视听作品"取代"电影作品"以及"类似摄制电影方法创作的作品"，但在《草案二稿》中"视听作品"则成为与"电影作品"和"类电作品"并列的作品，且将作品范畴的认定要素改为"独创性"和"一定形式表现"。而在现行《著作权法》中，作品的内涵采用了《草案二稿》中的内容，但外延将《草案二稿》的兜底条款和《草案一稿》的"视听作品"加入。最终，我国现行《著作权法》第3条确定了作品的要件为"独创性"、"一定形式表现"、"智力成果"和"文学、艺术、科学领域"这四个要件。需要解释的是，因"智力成果"和"独创性"中的"思想"产生"人类"要素的重合，故"智力成果"可被"独创性"覆盖探讨，也是本研究中将"独创性"作为重点分析的要素之一。但从整体来看，著作权法的相关修订均表明了著作权保护作品范围的扩张。

我国著作权法自1990年制定并于1991年实施，历经三次修正促成我国现行著作权法，《著作权法》第一次修正是为了适应网络技术的普及和广泛运用，适应高新技术对著作权保护的要求以及满足加入世界贸易组织的需要。❷ 而《著作权法》第二次修正的原因一是《国家知识产权战略纲要》的颁布，二是我国为了适应"后TRIPs"时代网络技术再次变革等需要。❸ 而

---

❶ 参见《送审稿》第3条．
❷ 吴汉东．知识产权法 [M]．3版．北京：北京大学出版社，2012：34．
❸ 吴汉东．中国知识产权理论体系研究 [M]．北京：商务印书馆，2018：334．

2012年《著作权法》第三次修改的启动再次证明了全球化、国际化背景下，科学技术的变革趋势需要著作权制度加以回应。❶ 在技术的发展与变革的伴随下，著作权制度实现了从"印刷版权""电子版权"到"网络版权"的转变。❷ 而现在印刷术、广播和互联网开始迭代，人工智能、混合现实推动"网络版权"走向"数字版权"，数字化表达成为未来趋势。但纵观我国《著作权法》每一次的修改，其总则第1条订立的终极目标却始终未改，依旧是"鼓励有益于社会主义精神文明、物质文明建设的作品的创作和传播，促进社会主义文化和科学事业的发展与繁荣"。可见，著作权制度保护作品的创作，最终目的是通过作品传播，实现促进公众精神与物质文明建设、文化与科学事业发展的价值。伽达默尔从解释学的角度出发，认为传统是一个在历史中不断积淀、汰变、演化的过程，传统不可能靠一度存在过的东西的惯性去推动，它总是需要不断肯定新东西，不断接受新事物，不断产生新意义。❸

二、我国作品的立法发展之因素

2015年《政府工作报告》中首次提出"数字化"一词，并将数字化与网络化、智能化作为一项技术，用以促进工业化和信息化的深度融合，推动中国实现中高端产业结构。❹ 自2016年始，"数字"二字出现在历年政府工作报告中，"数字经济""数字中国"等成为中国推动改革的重要内容。以政府为中心，以企业为主导，以公众为衡量标准的"数字化"逐渐与信息化、数据化、智能化一同迈入新时代，且数字化被作为冠词与政策、法律、经济、产业、服务等融合，呈现在公众视野。虽然数字化被频繁使用，但因其赋予的内涵不同而呈现多维度的释义。诚然，国际上作品的可版权性认定的根源

---

❶ 吴汉东. 知识产权法 [M]. 3版. 北京：北京大学出版社，2012：36.
❷ 吴汉东. 著作权合理使用制度研究 [M]. 北京：中国人民大学出版社，2014：237.
❸ 陈雅琴. 理解与传统——读伽达默尔《时间距离的解释学意蕴》[J]. 海南师范学院学报（人文社会科学版），2000（3）：116-120.
❹ 政府工作报告（全文）[EB/OL].（2015-03-16）[2025-01-02]. https://www.gov.cn/guowuyuan/2015-03/16/content_2835101.htm.

依旧是我国著作权立法中作品变革的根源,但著作权法作为我国制度的舶来品,通常在引进时就已经借鉴了各国制度的精华,不可否认的是,我国虽然制度发展较为缓慢,但在历史长河中形成具备中国特色的一些规则,这些规则被国外立法者借鉴,又被引移植至我国的制度中。因此,各国对作品的立法规定并非一成不变地适用在我国立法规制中,因而在基本要素的影响之下,仍存在细微差异。主要影响我国立法发展因素的一方面是技术的必要条件,另一方面还有制度战略所包含的经济、社会、文化等价值的综合因素。

(一)技术变迁的根源导致作品扩张

如果声称技术诞生了版权,那么印刷术出现而推动的著作权制度应当始现于我国。但正如追溯鸟类的起源一般只追溯到"始祖鸟"而不追溯到三叶虫或地球之始,追溯我国著作权制度的起源,也只应追溯至有具体规定的年代。❶ 据史料发现,虽然世界上公认的第一部雕版印刷品《金刚经》,以及后续发现的更早的印有汉字的《无垢净光大陀罗尼经咒》雕版印刷品,均来源于我国,但我国著作权制度的萌芽在唐朝。五代后唐长兴三年(932年),国子监主持校正一些书籍,并且"刻板印卖",成为世界上第一个官办的、以出售为目的而大规模印刷图书的"出版社"。国子监对监本的刻印出版是一种专有权。宋、元记载,唐朝的国子监印刷书籍,"天下书籍遂广"。南宋时期的《东都事略》一书中有牌记云:"眉山程舍人宅刊行,已申上司,不许复板。"这一牌记可以被看作许多国家图书版权页上"未经允许,不得翻版"之类的"版权标记"。❷ 宋代的官府榜文中还针对违反"不许复板"的禁令作出"追板劈毁"的制裁措施。

与著作权制度诞生相关的另一技术则是我国古代另一重要发明——造纸术。虽然联合教科文组织的《版权基本知识》认为:在活字印刷术引进欧洲之前,雕版印刷品在欧洲是罕见的。但欧美有学者认为,使活字印刷术在欧

---

❶ 郑成思. 版权法(上)[M]. 北京:社会科学文献出版社,2016:7.
❷ 郑成思. 版权法(上)[M]. 北京:社会科学文献出版社,2016:8.

洲发展的必要条件之一则是中国的造纸术。❶ 而无论如何作品的保护是随着著作权制度的制定而建立的，技术作为著作权制度兴起的必要条件，是促进版权内容更迭的重要因素。

（二）战略变革推动客体制度的完善

知识产权战略与知识产权制度的关系已无须再多作解释，战略决定制度的选择与更改，影响着制度内容体系。我国自 1910 年颁布第一部《大清著作权律》，就与国家战略的推动有关。它的诞生是以一段屈辱的历史为背景和基础的，因此，有学者称之为被打出来的近代化的成果。❷ 清朝末年，我国半殖民地半封建化程度逐步加深，西方文化的书籍持续性输入，外国对清政府的层层打压让政府意识到治理国家应当需要理性的立法思维，同时中国相继成立的书业公所和书业商会都在积极呼吁保护著作权，故《大清著作权律》由此诞生。

新中国成立后，真正意义上的《著作权法》于 1990 年正式通过，其制定一方面为了满足 1986 年《民法通则》中著作权的相关条款，另一方面则是为了 1979 年《中美高能物理协议》贸易磋商的达成。但在 1996 年，《著作权法》就启动了第一次修改，其目的在于加入世界贸易组织以及同其他国家的条约签订需要，同时计划经济体制的转变也是一个原因，但并非根本。在被动选择之下，我国增加"杂技艺术作品""模型作品"以及"计算机软件"等作品进行修订。我国在加入世界贸易组织后，于 2010 年对《著作权法》进行第二次修改，虽然并未对作品的概念和类型进行修改，但是对客体的保护进行了修改，删除了"依法禁止出版、传播的作品，不受本法保护"的条款以回应世界贸易组织对中美知识产权执法的裁决。两年后，《著作权法》迎来第三次修改，《送审稿》中对作品的概念作出规定且对作品的具体类型进行了很大程度的扩张，《草案一稿》和《草案二稿》也对相关作品的

---

❶ 郑成思著. 版权法（上）[M]. 北京：社会科学文献出版社，2016：12.
❷ 杨明. 制度与文本：《大清著作权律》的历史审视 [J]. 华中科技大学学报（社会科学版），2013（5）：58 – 66.

具体类型进行规定，同时将作品可版权性的认定改为"独创性"和"一定形式表现"。最终通过的《著作权法》，是我国著作权战略的转折点，各类政策的制定推动着我国著作权制度的主动性选择，虽然其根本也是为了顺应国际形势以及加强国际合作，但更多的政策因素则是：一方面在主动回应《视听表演北京条约》等国际条约，另一方面则是成为我国文化体制改革与促进文化繁荣的重要制度工具。

作品类型的变化体现出《著作权法》每次修改背后所蕴含的战略政策目标：被动性适应阶段，《著作权法》增加作品类型是为了成为有独立话语权的国家；被动性调整阶段，《著作权法》对作品类型没有修改，却以删除不保护违法作品条款来回应作品保护的扩张；但主动性选择阶段，作品类型的修改与增加乃是为了顺应技术发展、产业需求甚至是文化传播的立足点。这些不仅体现出战略的变革，更体现出我国通过《著作权法》修改而保证战略目标稳步实现的价值所在。

三、数字化表达要求著作权法保护客体的制度回应

数字化表达要求的客体制度回应，乃是反映技术对客体制度的回应。数字化表达的出现，不仅在学界引发激烈的探讨，在实践审判中产生同类案件不同判决的结果，更对立法的滞后问题提出质疑方案的必要性。我国《著作权法》面临"十年磨一剑"的修订阶段，此阶段的修订对著作权制度的发展影响重大。客体制度作为著作权制度的核心，更是对整个制度体系有着重要影响。此次法律对客体的修改，旨在明晰作品概念范畴以及作品具体类型，反映出我国此次客体制度完善的决心。数字化表达带来的可版权性问题，也使此次《著作权法》的修改作出回应成为必需。

第一，数字化表达的著作权法问题之一——合法作品来源的认定。数字化表达通过合理使用制度进行作品合法来源的获取，以及其他配套制度进行调适。现行《著作权法》中对合理使用制度作"不得影响该作品的正常使用用，也不得不合理地损害著作权人的合法权益"的条款修改，以及兜底条款

的增加，证明我国《著作权法》仍旧沿袭《伯尔尼公约》所规定的内容，并未在立法例上给予明确的认定标准，依旧只参照具体使用行为进行适用。因配套制度重点在实践中予以突出，而非立法层面的强行性规制，故在我国立法层面不予以讨论。侵权行为诉诸司法也并非数字化表达发展的本意，规制的缺失难为数字化表达的作品使用指明道路，但忽视其与合理使用制度的关联性和冲突也并非著作权法所奉行的价值取向。因此，不仅需要立法技术的弥补，更要反思数字化表达对作品合法使用的非完全适应性。

第二，数字化表达的著作权法问题之二——作品创作主体的特殊解读。我国《著作权法》缺乏自然人主体或拟制主体借助技术而进行表达的规制，这是导致我国作品创作主体陷入"智能化"是否具备人格要素困境的根源。此外，协同主体中合作作品、职务作品、法人作品和委托作品的选择也因构成要件存在交叠而产生适用的困境。此次新修改的《著作权法》虽对合作作品有了共有意识的解读，但并未进行本质上的厘清。

第三，数字化表达的著作权法问题之三——作品范畴与种类的厘定。现行《著作权法》中"独创性"和"一定形式表现"以及具体类型中"视听作品"和兜底条款指明，智力成果首先要符合作品范畴内规定的特征，其次要满足具体类型，可以适当缓和新技术表达带来的作品认定以及具体类型无从适用的困难。而从实际审判来看，我国司法实践中对新技术表达的内容倾向于割裂技术是自然人的使用工具，技术要素与独创性认定无关，以及将作品具体归纳为现有类型，而非模棱两可的兜底条款。

最高人民法院的司法解释在处理网络环境下的作品时，给予一种开放的态度。因此，著作权法保护的作品的具体范围，应当根据立法、司法实践以及学理来共同界定。

第二节 我国数字化表达的著作权法问题探讨之必要性

知识产权制度历来与技术、经济、文化和政策难以分开探讨。数字化表达以技术为基础,也是与这些问题环环相扣,并且共生共进。因此,重塑并研究我国作品可版权性的认定要素,并且在不冲击原有理论本质的基础上,解决这一问题的必要性应当予以探讨。

一、满足市场竞争的需要

知识经济的出现意味着知识成为最重要的生产要素,因此"知识就是力量"演变为"知识就是经济"再到"创新的知识就是经济"。知识经济的一个重要特征就是前移国家、企业的竞争战线,唯有掌握知识经济的主动权,才能掌握市场竞争的制高点。在市场环境下,绝大多数的作品创作都旨在满足市场需求,创作者一般并非作品的利用者,因此唯有通过交易才能实现作品的效用。[1] 交易则是通过"成本—收益"的交换来衡量利益。以作品交换市场的动态收益来看,竞争中的对手如果无须投入研发成本便可在复制他人新作品的基础上,仅以同样的制作成本持续生产该作品,那么作品的新表达将很难继续被竞争市场所研发,尤其是数字化表达所依赖的一些载体、设备。因为企业付出的沉没成本未得回报,却要由研发作品新表达的主体承担这一代价,那么对该作品新表达研发的额外使用将会被过度消费,从而使原主体受到损害。

数字化表达的出现,意味着著作权体系内新"商品"的诞生,而新"商品"唯有在交易模式中产生"商品化权"才有可版权性客体的价值与意义。在商品化权的概念中,表明这一客体只有具备交换的市场价值才能成为商品,则明确表明该客体必须具备一定的价值评价或价值判断,这种判断是该客体商品化的本质。此外,该客体也将受到伦理制度的制约,从而限制客体商品化过程中"人类中心主义"的边界。而将客体进行商品化的过程就是将非财产利益价值化的过程,将著作权中含有的人格性质的、文化性质的内容通过价值化的过程而成为统一的权利内容,并通过商品化这一价值转化的过程将

---

[1] 徐小奔. 人工智能"创作"的人格要素 [J]. 求索, 2019 (6): 95-102.

数字化表达的著作权法问题研究 >>>

著作权的客体分为不同层次,并将著作权的价值定位由控制权和私权转变为价值权或收益权。❶ 现实中,数字化表达本身就是客体商品化演化的体现。智能化的数字化表达通过"算法"载体进行具象化,并最终通过具象化的载体进行"独立"表达。例如,我国 AI 主播和 AI 法官的具象化,以及洛天依、赫兹的虚拟化,最终无论是播报新闻、进行交互式合作,还是为公众呈现一场视听盛宴的演唱会,均在数字化表达的行为中进行并完成了交易。有的交易是通过网络流量计算,而有的交易则是通过支付门票的方式进行。但无论哪种形式,均是以一定交易而达成的。因此,数字化表达具备了商品化的价值属性,这就包括了一定的"创作成本"和"复制(或传播)成本",便会带来市场竞争。

假如在现有著作权的客体制度中,数字化表达不具备可版权性而排除在客体保护之外,则数字化表达将会被其他竞争者仅支付"复制(或传播)成本"的情况下争相竞价,并最终导致价格下跌至复制或传播行为的边际成本。与此同时,数字化表达的"表达成本"将难以收回,数字化表达的发展也将就此止步。如果在传统的复制领域内,复制与传播技术导致成本较高且较缓,数字化表达的所有者还能通过时间差进行部分回收,但数字化表达自身代表着传播和复制的速率和效果,故而如果不纳入保护,则难以利用相应的时间差进行创作成本回收。这种任由市场竞争对手免费复制或传播的结果,即便是拥有众多核心程序和降至最低成本的投资者和创作者也无法填补这种亏损,应对这种风险。

也许有学者认为技术措施能够缓解这一亏损,但技术措施进行的加密手段被破解❷之后,仍旧能够继续传播。况且许多数字化表达都在进行更新,以期为用户提供更多且更好的内容资源,如果采用技术加密手段不仅会给用

---

❶ 肖尤丹. 历史视野中的著作权模式确立:权利文化与作者主体[M]. 武汉:华中科技大学出版社,2011:233-234.

❷ 现代技术表明,技术措施的破解较为容易且成本低廉,否则各国不会对技术规避措施进行限定,同样,我国现行《著作权法》也对技术规避措施进行了例外规定。

户带来不便，也会从侧面增加技术加密带来的负面成本。此外，科斯定理告诉我们，既然能够通过法定权利降低成本，那为何非要交由自由制度解决呢？因此，根据制度规制竞争的需要，寻求实现数字化表达竞争的帕累托效率最优解答，进行相应制度的完善和调适，才是对数字化表达的著作权法问题回应的根本原因。

二、促进文化产业的发展

文化是作品内在生命精神的体现，通过文化，作品能反映出其特定时期内存在的一种理念、精神甚至是信仰。而知识产权制度对文化繁荣的促进作用充分显现，版权不同于其他知识产权，在支撑国家经济发展的同时，也肩负着引导先进文化方向的职能，文化需求与版权产业则是无法割裂探讨的永久话题。2011年，我国通过《中共中央关于深化文化体制改革推动社会主义文化大发展大繁荣若干重大问题的决定》，其中指出，维护著作权人的利益可以为人民提供更多的精神食粮，加快培育版权的要素市场可以健全现代文化市场体系。无论是在我国《著作权法》中通过民间文学艺术作品的相关规定，还是具体文化产业的跨类型改编以适应受众，均是精神文化产业的需求对作品具体类型产生影响的充要条件。

如果说数字化表达的技术是作品类型更迭的根源，那么精神文化的需求是催生作品类型走向变革的深层原因。技术为作品类型的扩张提供了可行性，但受众精神文化的需求才能保证新作品类型产业的稳步发展并且走向繁荣，同时才能让作品类型的制度塑造更有理性工具的价值和意义。印刷术作为我国古代四大发明之一，在唐朝中后期就开始普遍使用，而其发明的深层原因则是唐朝精神文化繁荣致使人民对书籍具有大量需求。早期人们通过发明的符号、语言将其刻画或写在自然材料上，这些自然材料昂贵因而记载较少。秦代统一汉字的使用之后，思想的百家争鸣竞相发展，著作也越来越多，无论是读书出仕的需求还是倡导文化宣扬的需求，印刷术应运而生。可见，技术也是随着社会精神文化需求而逐步发展的。随着我国公民素质的提高，对精神文化的需求与要求也逐步提升,大众文化逐步朝向新兴技术与传统文化的结合,由此催生出数字化表达的文化市场。因此,数字化表达的出现,更大程度上是由于精神文化这种内在需求。

数字化表达的文化需求与作品类型关系更加密不可分,不仅体现为数字化表达能同现代文化作品结合形成新业态文化作品,还能通过数字化表达进行民间传统文艺作品的传播和合理利用。精神文化的内在需求需要外化为对作品类型的需求,才能将其加深并推进。我国作为社会主义国家,版权产业的繁荣和壮大从侧面反映出我国受众对作品以及具体类型的接纳程度和促进文化融合的态度。因此,以作品为主的版权产业的发展离不开我国受众的支持,探寻符合我国先进文化的内在价值和内在精神,并在为受众提供国际文化需求的同时,仍需立足于我国文化之根本,而不可抛却我国应有的文化自信。作品蕴含的内在精神文明有些是被时代抛却的,有些却能历久弥新。唯有践行文化与作品的结合之路,才能保证作品蕴含的思想经久不衰地丰富我国精神文化生活,促进我国具有中华民族特色、时代特色的作品走向世界,并在影响其他各国文化精神的前提下,为作品和作品类型的传播提供良好帮助。

三、适应政策选择的需要

政策与版权客体存在辩证关系,政策变革导致作品范畴的扩张以及具体类型的增加,而正因为客体制度的不断完善才推动政策目标的实现以及新目标的制定与展望,故新的政策目标则需要客体制度的完善来推动实现。知识产权制度本身就是公共政策的一部分,其体现维护正义秩序和效益目标的政策功能。在著作权制度体系下,正义秩序应当是为了保护著作权人的创作利益,而效益目标则是推动各方利益主体对作品的控制与使用。我国著作权法的政策安排经历了被动性接受—选择性安排—调整性适用的阶段,我国现阶段已步入主动性决策的阶段。在数字化表达如雨后春笋般冒出"新芽"并茁壮成长之际,我国已开始主动调整著作权体系的内容,以文化产业占据制高点为目标进行文化创新,以期提升国际竞争力。党的十九大指出我国社会主要矛盾已经转化为"人民日益增长的美好生活需要和不平衡不充分的发展之间的矛盾"。人民日益增长的美好生活需要包括精神文化的满足,而精神文化的满足则推动作品的发展。

我国通过政策对著作权内容的影响,往往体现为知识产权强国战略、版权强国战略、科教兴国战略以及文化繁荣发展规划等一系列总指导或者总措施。版权强国战略是文化强国建设的重要制度支撑,也是缓解甚至消解社会主要矛盾的关键举措。数字化表达的出现,是新兴技术与作品创作结合的体现,无论是小冰诗集的出版,还是网络歌姬通过虚拟化对作品进行演绎,抑或虚拟现实技术下的人机互动,无疑不再证明新技术表达是未来版权客体中不容忽视的重要类型。我国现行《著作权法》的出台以及对原有条款的修改正是对知识产权强国战略、版权强国战略等政策需求的回应。诚然,在分析"人类中心主义"并对其进行矫正的同时,数字化表达仍是人类的表达,但是独创性和可复制性作为作品概念范畴内的要素应当予以修正,以适应数字化表达中的争议内容。而作品的具体类型,仍有一些争议。故本研究在此并不评价这种区分是否有用,但是对作品具体类型的修改仍旧体现出"视听作品"纳入我国《著作权法》,以及对作品的概念进行再次定义,在具体领域内进行扩张,体现出对虚拟化的数字化表达作品具体类型的考量。

第三节 我国数字化表达的著作权法问题检视

我国《著作权法》修改的艰难演进以及对著作权法主体、客体和合法适用内容的争议均是对制度应对技术变革的反馈。数字化表达的出现加深了对这些问题的思考,更反映出客体内容规定不足、协同主体构成要件模糊,使用作品的非黑即白仅扎根于整个著作权制度,而在我国体现尤甚。在数字化表达的环境下,检视这些问题的根源,有助于将我国现行《著作权法》通过司法实践,或者立法解释打造成具有前瞻性且具备实用性、富有逻辑性的较完善制度。

一、客体体系内容规定不足的影响

数字化表达与传统作品表达的不同主要在于作品创作的过程，作品创作的过程则决定了作品的本质以及作品的类型。

（一）作品具体类型影响法律的适用

在漫长的人类发展过程中，人类选择各种方式和媒体从事表达，产生了各种形态的表达性产物，并形成社会发展的表达性资源，不同形式的表达意味着不同的法律意义，尤其是在赋予权利或科以义务的层面。[1] 由前文可知，可版权性的作品需要归入具体的作品类型，因为不同的作品类型会导致不同的法律后果。虽然原则上来看，我国著作权法体系并不会为不同的作品类型提供不同原则的法律保护，但针对特定的作品类型时，以及在单独使用作品组成部分时正确确定作品类型具有重要的规制意义。

法律体系的安排自然是要符合立法技术与立法逻辑。无论是我国还是国外，以概念厘定作品范畴之后，均会通过法定形式规定作品的具体类型，这些具体类型的规定将会对某一表达在符合作品的基本特征后进行具体的判断。而在对作品的认定进行类型化研究时发现，尤其是在电子游戏以及网络直播的著作权纠纷案中，通常在对可版权性要求的独创性和可复制性进行认定后，还要断定其被归为的法定具体作品类型。其实具体作品类型的准确断定对作品的单独使用具有重要意义，因为思想、表达、表达方式和表达载体之间存在重要差别，小说、美术、音乐既是表达又是表达方式，但表达载体和思想不同就会产生不同，而这些不同将导致在确定内容具备独创性后，至少存在四项差异：一是作品的归属主体，电影作品的权属归制片人，相当于法人作品或者委托作品；二是作品类型不同导致权利内容不同；三是作品类型决定着保护期限；四是我国对此类作品的合法使用以及限制规则的不同。

---

[1] 宋慧献. 版权保护与表达自由[M]. 北京：知识产权出版社，2011：29.

作品类型的法定自有其理性价值以及技术应用价值，它不仅能够从法律基础上为一种表达提供可版权性的认定要素，而且决定着在著作权纠纷中司法适用的程度。数字化表达导致的作品具体类型难以确定则在很大程度上影响作品类型的认定，也将影响因类型不定所导致的主体认定、权利内容、保护期限和合法使用以及限制规则的适用。

（二）作品的范畴要素影响法律适用与选择

我国现行《著作权法》对作品的范畴进行了明确规定，同已有的《著作权法实施条例》产生差别，但和国际公约以及其他并无太大差异，仅在于"独创性"和"一定形式表现"两个层面。至于其条款所述文学、艺术、科学领域的范围，通常并不会产生判断误差，其主要争议则在于现行《著作权法》中应如何明示并简要概括出作品的一般性特性并作为作品范畴体现在具体实践中，而现有立法仍未作出释明。

1. 独创性的有无还是高低

各国立法无论是以"原创性"还是"独创性"作为作品基本特征指标，都证明作品中必然含有"与众不同"的内容。所谓"与众不同"，出自我国清朝作家李汝珍的《镜花缘》，形容与其他人不一样。❶ 有学者认为进入公共领域的复制件也应当是一件"作品"，但就我国以及国际制度来看，这件"作品"更适合称为作品的"复制品"。因此，作品的基本特征仍旧是具备与其他作品不同的地方，即独创性的存在。但因独创性认定标准已在司法判例中形成相对统一意见，因此我国此次《著作权法》的修改都未对独创性要件进行修改，而对是否应当在我国立法中明确释义作品应当具有"一定程度的独创性"存在一定争议。存在独创性则是表明"微乎其微"就可认定具备独创性要件，而"一定程度"将决定的是何种程度。

立法决定司法适用的标准和程度。一般来说，作品并非完全独创，无论是公有领域的资料还是其他作品，都是新表达的"启迪"。而在借用的同时，

---

❶ 李汝珍《镜花缘》："这是今日令中第一个古人，必须出类拔萃，与众不同，才觉有趣。"

是否因独创性低就以此评判该表达不具备独创性？以我国两处描写世外桃源的内容相比，唐代王维的《桃源行》便是取材于魏晋南北朝陶渊明《桃花源记》的素材，但形成了不同的七言乐府诗和散文。无论是"惊闻俗客争来集，竞引还家问都邑"取代"村中闻有此人，咸来问讯"，还是"春来遍是桃花水，不辨仙源何处寻"取代"未果，寻病终，后遂无问津者"，都有异曲同工之妙。虽然大体素材相近，但诗歌和散文着重描写不同，诗歌注重意境，惹人遐想；散文则注重叙事，重点在讲故事。此外，两篇之结尾也是不同结局，王维的《桃源行》在结局以"不辨仙源"之遐想勾勒出仙境之感，而陶渊明则以"未果，寻病终"给人些许寻找理想生活的无力感。两相对比，可发现相同取材产生不同表达方式，更有不同表达寓意，若以此评定借用的创作成果因独创性低不具备版权性，则未免过于苛刻。

在数字化表达的过程中，数字化作为人类表达的一种技术手段，在很大程度上是通过程序、算法等客观量化的内容实现的，独创性可以体现在程序设计中，但独创性的高低则很难进行评判，且在虚拟化的场景中，一些虚拟场景呈现出的建模是相似的，但其交互程序并非等同，是否就因程序的外化而认定其中一个数字化表达不具备可版权性要件的独创性因素。因此，独创性应当明确是有无，还是包含高低，这将决定数字化表达因技术而是否具备"独创性"这一构成要件。

2. 一定形式表现与可复制性[1]的关系

作品的另一基本特征，从"有形形式复制"转变为"一定形式表现"。这一转变预示着未来虚拟化的数字化表达将在很大程度上被认可具有可版权性。因此，"一定形式表现"的可版权性认定要素将预示着公众感知成为主流，而非必须固定在纸张、磁盘、胶片等某种有形材质或者载体上。但在此存在争议的是，如果仅注重表达而不再强调可复制，那么作品范畴的这一普遍特征是否就此消失？依照现有著作权法体系中的立法条文，即便是《计算

---

[1] 因我国采用有形形式复制的法律用语进行规制，且在司法实践中以可复制性进行考量，因而可复制性为我国认定标准，实则等同于再现性。

机软件保护条例》，仍旧强调"软件应当被固定在某种有形物体上"。❶ 究其本源，"固定"是为了再现，一般再现就是通过作品的"复制"呈现，但"复制"的首要前提是要把无形的"思想"通过有形的"载体"进行"固定"，这些载体可以是纸张、相片、存储光盘等，而复印机、照相机、网络磁盘以及本研究探讨的智能化和虚拟化的数字化技术均可成为人们进行复制行为的工具。

但为何现行《著作权法》以"一定形式表现"替代了"有形形式复制"呢？修改后的条款旨在强调作品的形式要件能够为人们即时性的感知特征，旨在迎合音乐喷泉、发型设计以及虚拟化的数字化表达和类似现场直播的情况吗？从根本来看，网络并非没有记录或者不能回放的，即便是虚拟化的数字化表达仍可通过摄影、录像等方法将其表达复制，而且数字化表达是一种程序性设定，即便是虚拟现实结合的情况下，也需要在精准的条件下进行数字化表达的再现，且这些再现基于程序并不会消失甚至改变。另外，"一定形式表现"突破了原有"复制"的基础，无论作品能否再现都不再是表达性作品可版权性的探讨要素？

二、对数字化表达认定的司法考量标准不一

即便数字化表达未出现之前，对于内容的著作权保护要件，在不同类型的作品中也呈现不同的认定要素。但在数字化表达之后，呈现出的一些例如"非人格"特征、"虚拟"导致的难以复制等特征，则产生新的挑战。整体来说，通过实际案例的对比分析，发现数字化表达的著作权法保护要件在司法认定的标准之上仍无法脱离作品必须具备的"人格"特征、独创性标准和一定形式表现。"人格"特征的探讨是为了证明作品的创作具有归属意义，无论这一归属是自然人还是拟制人格之法人，独创性标准在于证明智力活动的创作，而可复制性则意味着智力活动最终表达的呈现，是表达的最终的"归

---

❶ 《计算机软件保护条例》第4条："受本条例保护的软件必须由开发者独立开发，并已固定在某种有形物体上。"

宿"。通过对现有相似案例进行归纳，发现数字化表达面临的"人格"争议在于"非人性"，如何将技术要素与独创性有无和高低存在进行关联，从而认定为智力创作，以及以一定形式表现的争议，在此作详细探讨。

（一）主体资格的争议

《北京市高级人民法院侵害著作权案件审理指南》（以下简称《审理指南》）中对作品认定的首要考虑因素则是"属于在文学、艺术和科学范围内自然人的创作"，因此考察数字化表达成为作品并认定可版权性时，自然人参与创作是逻辑前提。目前，法院对数字化表达主体资格的争议包含两个层面，一是智能化的数字化表达是否具备"人格"要素，这是作品的核心标准，也是独创性认定的重要标准；二是数字化表达的协作性应当如何判定。

（1）对于智能化的数字化表达"人格"要素的争议，我国现有司法案例体现在"菲林诉百度网讯"❶和"腾讯诉盈讯科技"❷两个案例中，也正是这两个案例的不同，产生了"人类介入程度"是否是"人类创作"认定的分水岭。但后续，"春风送来了温柔案"❸、"数字人著作权权属案"❹、"奥特曼案"❺和"伴心气膜案"❻均采纳了"腾讯诉盈讯科技案"的审理思路。"菲林诉百度网讯案"中，一审法院认为独创性的前提在于自然人的创作。而该案中，分析报告"系威科先行库利用输入的关键词与算法、规则和模板结合形成的，某种意义上讲可认定威科先行库'创作'了该分析报告"❼。因此，此过程并未有自然人参与，自然人的参与仅在于威科先行库的软件设计以及用户关键词的输入。在二审中，法院认为这些文字内容是应属于作品、却未直面回应自然人"人格"要素的问题。此外，在"腾讯诉盈讯科技案"中，

---

❶ 北京互联网法院（2018）京0491民初239号民事判决书。
❷ 广东省深圳市南山区人民法院（2019）粤0305民初14010号民事判决书。
❸ 北京互联网法院（2023）京0491民初11279号民事判决书。
❹ 杭州互联网法院（2022）浙0192民初9983号民事判决书，杭州市中级人民法院（2023）浙01民终4722号民事判决书。
❺ 广州互联网法院（2024）粤0192民初113号民事判决书。
❻ 江苏省常熟市人民法院（2024）苏0581民初6697号民事判决书。
❼ 北京互联网法院（2018）京0491民初239号民事判决书。

深圳市南山区人民法院同样认为 Dreamwriter 自动生成的涉案文章是因自然人参与创作与软件运行过程中间缺乏同步性而产生该软件"类人创作"的错觉,但"Dreamwriter 软件的自动运行并非无缘无故或具有自我意识,其自动运行的方式体现了原告的选择,也是由 Dreamwriter 软件这一技术本身的特性所决定",故 Dreamwriter 软件主创团队相关人员作为自然人参与了涉案文章的创作。❶ 故针对智能化的数字化表达"人格"要素的争议,在于法院是否将其创作过程作为一个整体肯定自然人软件设计这一前提的参与。

（2）针对数字化表达协作性主体资格的赋予在于构成何种作品。以现有判例来看,案例中通常是对是否构成法人作品存在争议,而非作品权属的争议。在"腾讯诉盈讯科技案"中,法院认定涉案文章虽有多团队的设计者合作,但涉案文章由腾讯公司主持并体现其文章种类意志,并最终以腾讯公司署名来认定法人作品。在"菲林诉百度网讯案"中,在认定威科先行库非作者的情形下,认为菲林公司通过对涉案文章的署名,以及以菲林公司视角进行策划、发表等一系列行为能够证明菲林公司的法人主体资格。但在认定分析报告的主体权属时,"菲林诉百度网讯案"的二审法院提出,软件使用者虽不具备署名资格,但因其需求而进行的报告产生参与,对内容生成"具有进一步使用、传播分析报告的动力和预期"❷,应当基于激励原则表明其权益。因此,数字化表达的协同性问题,体现法人作品并非能认定作品权属的万能之钥,应当在司法认定中进行合理考量并作出裁断。

虽然我国有关数字化表达主体资格的案例少之又少,但对于主体资格和主体认定均具有重要意义,其中的争议如果得以解决,将提升后续数字化表达司法审判的效率以及量化规则的进一步细化。

（二）独创性中技术要素争议

数字化表达作为技术性表达的作品,对独创性认定的核心将会从技术要

---

❶ 广东省深圳市南山区人民法院（2019）粤 0305 民初 14010 号民事判决书。
❷ 北京知识产权法院（2019）京 73 民终 2030 号民事判决书。

素与独创性程度关系中进行考量。但在对技术要素与独创性的司法认定层面，法院对作品所体现出的技术难度与独创性之间关系产生认定分歧，认为技术难度与独创性无关的司法观点在于技术引起的不同不是根本的创作不同，而认为两者相关的司法观点则认为人类参与的数字化表达创作过程，就是人类对程序设计而导致的不同，这一技术就是由人类创作产生的独创性。《最高人民法院关于审理著作权民事纠纷案件适用法律若干问题的解释》第15条指出，独创性包括独立完成和创作性两个方面。实践中，独立完成的判定标准基本达成共识，而创作性的判定依旧存在判定标准不一、术语使用差异的问题。❶《审理指南》认为"独创性"应当具备作者独立创作和作者对表达的选择和判断。

从独创性与技术难度无关的司法观点来看，电影来源于摄影技术，只要将照片进行连贯牵动，那么基于视觉暂留原理，将会造成照片"运动"的画面，即电影技术一旦经过拆分同照相没有任何差异。因此，单由技术因素以及人类很少的参与下，独创性将很难与之关联。而认为独创性与技术难度相关的司法判例则认为，技术难度是通过人类的设定而体现的，如果人类不采用技术这一工具，其操作困难与否将无法反映人类表达程度。因此在"追气球的熊孩子"一案中，一审与二审法院作出了不同的司法裁决。一审法院认为摄像机固定在气球上，而高某等人对摄像机的固定也没有任何的特殊考虑，付出的是体力劳动而非智力劳动，摄像机固定在气球上只是一个拍摄创意，因而拍摄过程没有智力投入，达不到独创性的要求。❷ 二审法院则认为虽然拍摄的过程是自动拍摄，但人类拍摄的意图和对照片的选择以及后期美化处理的过程中形成了最低限度的人类创造因素，且在不同类型作品之间进行的取材的多样性和利用的特殊性对作品最终类型的形成与变异虽有联系却并不矛盾，因而应当是摄影作品。❸ 可见，二审法院认为人类可以通过技术难度

---

❶ 何怀文. 中国著作权法：判例综述与规范解释 [M]. 北京：北京大学出版社，2016：17.
❷ 北京知识产权法院（2017）京73民终797号民事判决书。
❸ 北京知识产权法院（2017）京73民终797号民事判决书。

进行独创性有无的判断,技术仅仅是人类获取重要素材以及形成作品的手段。如同"腾讯诉盈讯科技案"中,深圳市南山区法院也认为不应当割裂看待技术创作过程中人类通过技术难度表达的最终内容中涵盖的人类意志,这种时间差的存在并不能影响技术反映的人类独创性程度。

此外,技术因素还将涉及对原作品转化的程度,例如将全景摄影作品进行虚拟化的数字化表达的过程中,也将带来相应的侵权纠纷。在"华彩光影诉时光梦幻案"中,一审法院认为时光梦幻公司在进行虚拟现实场景的展现时,技术要素不是判断作品是否改编或复制了涉案作品的要素以及独创性的认定,"一种使用作品的行为是属于复制还是属于改编与使用作品的技术条件无关"。❶ 因此,在虚拟现实的场景小样和宣传片中提供用户作为虚拟现实用品使用的宣传片均侵犯了复制权。该案并没有相关二审的内容,可见双方当事人对原判断并没有存在任何疑问,但如果说技术要素和作品的再现没有关系,那么这一证明割裂了虚拟化的数字化表达的整体成像技术,技术带来的独创性部分正是与原有作品内容相区分的核心之处,而基于虚拟现实技术可能并非不具备独创性。

我们无法否认数字化表达因技术要素所带来的独创性认定存在争议,"同案不同判"以及"同类不同判"的司法裁判依旧会在未来出现。技术要素突破技术的本质定位从而作为自然人创作成果表达的价值工具,才是未来司法实践中对数字化表达进行独创性认定过程中的突破口。

(三)一定形式表现的争议

我国认为"copy"是一种可复制性的特征,因此是基于原意作出的翻译,并在《著作权法实施条例》第 2 条中指出,作品是"能以某种有形形式复制的智力成果"。❷ 如果基于"复制"行为来看,现行《著作权法》第 10 条第

---

❶ 北京市朝阳区人民法院(2016)京 0105 民初 51305 号民事判决书。
❷ 2020 年 4 月《著作权法修正案(草案)》第 3 条:"本法所称的作品,是指文学、艺术和科学领域内具有独创性并能以某种有形形式复制的智力成果",同《著作权法实施条例》对作品进行定义的第 2 条之规定完全一样。

1款第5项中针对复制权作出规定,从而推断复制是以印刷、复印、翻拍等方式将作品制作一份或多份。❶ 这一行为是以印刷、复印、翻拍等方式为基础,进行复制的行为主体为著作权人或可授权的公众行使,同时这种复制仍可延及思想领域加以表达。而在司法实践中,法院通常以不可复制的逆向思维来判断该表达的可复制性要素,认为"唯一而不可重复"的自然现象或社会活动则为不可复制。❷ 此外,我国《著作权法第三次修正案(送审稿)》中吸纳了英美法系"固定"的判断标准,认为复制就是固定。

无论将其定位为"可复制性""有形形式复制"还是"再现性",均指作品能够进行后续的传播和使用。基于《草案一稿》第3条与《著作权法实施条例》第2条规定的"以某种有形形式复制",指出作品应当被表达才能受到著作权保护。我国司法实践也承认这一著作权法保护的基本原则,并在具体司法案例中基于不同法理基础进行论证。❸ 一是著作权法不保护人的主观意识层面;❹ 二是思想是公众共有的财富,只有表达才是独特体现;❺ 三是思想的垄断将禁锢自由表达。❻ 质言之,思想无论是仅停留在人的主观意识层面,还是将思想中所包含的素材加以垄断,都不符合著作权制度的基础理论内涵:若著作权法保护主观意识,将突破法律仅调整行为的要素;若著作权法保护公共领域素材,将无法契合著作权法促进文化传播与繁荣的立法目标。我国司法实践中也不对有限的思想表达方式进行著作权保护,因为表达方式的穷尽就意味着穷尽相应思想表达,一旦保护了思想的有限表达方式,就保护了思想本身,与著作权法不保护思想的基本原则相悖。❼

---

❶ 《著作权法》第10条第1款第5项:"复制权,即以印刷、复印、拓印、录音、录像、翻录、翻拍、数字化等方式将作品制作一份或者多份的权利。"

❷ 上海市第一中级人民法院(2013)沪一中民五(知)终字第59号民事判决书,认为"体育赛事是客观发生的,不能进行事先设计,结果亦不可确定";河南省高级人民法院(2006)豫法民三终字第7号,认为"石碑显现的轮廓不具有以某种有形形式复制的特点"。

❸ 何怀文. 中国著作权法:判例综述与规范解释 [M]. 北京:北京大学出版社,2016:172.

❹ 广东省广州市中级人民法院(2003)穗中法民三初字第312号民事判决书。

❺ 上海市第一中级人民法院(2012)沪一中民五(知)终字第112号民事判决书。

❻ 北京市第一中级人民法院(2009)一中民初字第1936号民事判决书。

❼ 北京市第一中级人民法院(2012)一中民终字第9289号民事判决书。

立法例上，我国现行《著作权法》作出"一定形式表现"的修改，认为将更符合未来虚拟性、实时性的作品传输。司法例中，对"可复制性"的认定差异也成为该修改要件的回应。在"中科水景诉中科恒业"的音乐喷泉案中，二审法院认为美术作品的构成要件并未限制其表现形态和存续时间，通过相应喷泉设备和控制系统的施工布局及点位关联，由设计师在音乐喷泉控制系统上编程制作并在相应软件操控下可实现同样喷射效果的完全再现，满足作品的"可复制性"要求。❶ 同时，法官主要认为科技的发展可以突破一般认知下"复制"所强调的静态和持久固定，还要鼓励不同作品类型的创作与发展，实现技术要素的增值。该法院同时也认为，作为依赖技术的计算机软件，虽然是实现编辑环节以及操控呈现的工具软件，但与该案无关。如此，这一裁判则产生一个悖论，计算机软件控制的操控实现了同样的喷射效果，却否定了作为喷射效果呈现的重要工具的价值，将技术与技术的操控完全区分，是不合适的，这一区分也对数字化表达的可版权性产生一定影响，导致否认技术带来的再现与技术本身的关联。

此外，关于可复制性案例中，最具争议的包括直播类节目的认定，而这些案例将为虚拟化的数字化表达的可版权性带来有利的结果。在"梦幻西游案"中，二审法院认为，"可复制性"就是"能够被客观感知的外在表达"，因此涉案游戏不论从计算机软件的角度认定技术本身就可以"被复制（下载）多份并安装存储在不同终端设备中"，还是从游戏整体画面的组成部分能被"复制"，更重要的观点在于"游戏软件运行时在终端屏幕所呈现的连续动态画面即是能够被客观感知的外在表达"，因而涉案游戏能够直播，必然具备可复制性。❷ 在此判例中，法院将"可复制性"解读为"客观感知的外在表达"，从而很好地解释了连续动态画面的客观性、感知性的特点。但二审法院并未解释其整体画面的组成部分的断定有何寓意，"复制"与"客观感

---

❶ 北京知识产权法院（2017）京 73 民终 1404 号民事判决书。
❷ 广东省高级人民法院（2018）粤民终 137 号民事判决书。

知"[1] 毕竟存在不同，也未有解释。但该案开创性地认定了电子游戏满足作品的一般特征，而"客观感知"要素也成为技术推进作品范畴认定的重要转变。

因著作权的立法修改终以"一定形式表现"代替"可复制性"，不仅对作品范畴及具体类型产生重大影响，还会影响司法认定要素的评判。但应当明确的是，在技术推动下，我国现有判例已经对"可复制性"进行突破，因为"复制"的手段随着技术愈发精确，也更为"稳定"。"一定形式表现"的考量将会以人类能够感知为标准，但这一感知应当包括何种感知，是否突破视、听两种而满足人类的多重感知，也是未来的争议所在。

本章小结

现代著作权的保护，不应当困囿于传统的法律思维，但是也不能突破最基本的原则。数字化表达只不过是在传统技术的基础上加深了我国著作权法的制度体系化问题，而这一问题的回应也将影响我国法律的基本原则和未来发展。诚然，无论是哪种结果都会受到非议，但是法律必有理论去说服，立法决定着实务的实操，因而我国数字化表达的著作权法问题现状的审视，更大程度上为其完善进行了分析，有助于制度体系化的完善。

---

[1] 感知即意识对内外界信息的觉察、感觉、注意、知觉的一系列过程，与复制存在一定差异。

第七章 我国数字化表达的著作权法问题应对之策

在制度设计与安排方面,"理性本身是需要加上限制的",但要警惕把某种合理模式强加于社会的危险,这样会扼杀社会逐步改进的自由。❶ 因此,问题的审视能够在一定程度上帮助找到问题的应对方法,但也要保证并非为了达到某种结果而强加于法律。问题应对的方法旨在从立法、司法中提供解决对策,并非一定要求将其法定化,但法定化的对策能更好地预见并解决未来数字化表达可能带来的问题。

第一节 我国数字化表达的著作权立法完善

数字化表达带来的新表达,既对作品的范畴提出了挑战,又要求作品的具体类型进行法定化回应。此外,可版权性的作品必然遵循合法这一前提,虽然我国现行著作权法依照"自动取得"原则,但一旦存在侵权事实,则将被排除在法律保护之外,而作品合法来源一直是数字化表达可版权性探讨的重要逻辑前提。现行《著作权法》虽为完善作品的范畴和具体类型而集思广益,且尊重法律各界人士的观点,但对作品"一定形式表达"的构成要件和"视听作品"类型的划分仍存在一定不妥之处。前文也已分析合理使用应当是数字化表达的"思想源泉",但仍不具备具体使用类型的法律基础。修法

---

❶ 吴汉东. 知识产权总论 [M]. 北京:中国人民大学出版社,2013:169.

的任务是取长补短,而不是刻意压制短板,客观上放纵长板,不当地放大不成问题的问题,无异于无病呻吟。❶ 把握数字化表达带来的可版权性问题的核心,顺应未来技术发展的核心趋势,才能体现我国著作权法此次修改的前瞻性回应和战略性价值。

一、明确数字化表达受著作权法保护的要素

数字化表达不一定带有作者的"人格"烙印,作品中蕴含的作者人格是通过作者的创作表达的,因而"猴子拍照"、小鸭沙滩作画等动物或者机器制造(作者的借助工具除外)出来的东西很难具备作品的特征。但数字化表达与单纯的机器制造区别明显,它是通过人类操纵数字化而将表达思想的方式、类型变得多样化,使他人能够更具感知性、沉浸性甚至交互性。现行《著作权法》的出台为作品赋予了新的内涵与外延,但也有学者提出此定义至少存在三个层面的不足:创作主体是否包括人工智能;"智力成果"是否要蕴含思想;"一定形式表现"的"一定"作何种解释。❷ 因此,明确数字化表达的可版权性要素,即需要对我国现有作品的构成要件进行一定调适。这种调适也对我国现行《著作权法》产生影响,并且使我国现行《著作权法》中作品的定义作出改变,但仍需要更进一步地探寻并不断明晰才能产生实际效果。前文证成"作品—作者"之因果关系,虽然智能化的数字化表达能够自动生成作品,但前提是人类必须做出程序设计,整体来看,智能化仍是人类的创作工具。因此,对于现行《著作权法》中作品含义与作品的具体法定类型,应作如下考量。

(1)"独创性"包含两部分的重要内容:一是强调这一表达应当具备某种"思想"层面的精神内容;二是明示这一"思想"乃自然人所创。数字化表达是一种客观表达,其表达离不开设计者、投资者甚至是用户的参与。而

---

❶ 潘巧. 著作权法修改应注入更多民法思维:专访中国法学会知识产权法学研究会会长、中国人民大学知识产权学院院长刘春田[N]. 民主与法制时报,2020-09-03(2).

❷ 曹新明. 著作权法上作品定义探讨[J]. 中国出版,2020(19):10-16.

第七章　我国数字化表达的著作权法问题应对之策

"独创性"要件是我国认定表达性作品可版权性的基础,因而在"独创性"未作改变的情况下,则应当对"独创性"要件进行明晰。在第一层面,数字化表达会因算法程序而自动生成,但这种生成的根源在于设计者对算法的设计,无论哪种利益主体均可控制智能算法的变量来最终形成的表达。为不排除利益主体借助算法程序而表达的内容,应当明确自然人、法人或非法人组织通过机器,如自动算法而形成的表达同借助文字的表达无区别,无论这类数字化表达最终呈现的具体类型是文字作品、音乐作品还是美术作品。在第二层面,从算法角度来看,算法程序为设计者所创,算法的运作可以凸显设计者中的"思想"根源,故而通过解释,数字化表达的本质就是自然人"思想"的表达。因此,只要明确"独创性"不排除自然人、法人或非法人组织借助智能化的数字化技术而进行表达即可。

(2)明确作品的"独创性"程度应当是具备"最低限度程度",这一限度程度的增加在于作者思想最低维度的体现。现行《著作权法》虽然明确了作品的独创性标准,但是对独创性未作出明晰,现行《著作权法》中的"作品"的定义应当给予阐释,因而可以在《著作权法实施条例》中进行阐明。技术的变革导致作品的法定类型扩张,"独创性"程度的争议却一直存在。以德国"一枚硬币"的认定标准来看,数据库、计算机程序等具备一定程度的"独创性"。美国"额头流汗"的标准也成为作品"独创性"认定的最低标准。同样,数字化表达因技术本身而导致的"独创性"程度问题,不是是否有"作者"主体的参与而决定的。以智能化的数字化表达为例,用户仅用指令操纵算法程序产生的文字作品,则不应认定其因付出类似"额头汗水"的劳动而认为该用户就创作了这一文字作品。同时,如果该文字作品仅是对原有诗歌的朗诵也无法构成新作品。此外,针对虚拟化的数字化表达,通过对美术作品的虚拟化全景还原,这一技术的增加是否是"最低限度程度"?如果数字化表达的随机性问题导致的类似"原样输出"构成著作权侵权事实,数字化表达的"独创性"应当是"最低限度"的独创性,这一"最低限度"体现在全景虚拟的转换可被看作对原作品的转换,应当具备"独创性",

但这种新作品应当通过相应制度对其进行补偿。因此，技术因素可以作为自然人独创性表达的一种工具，从而赋予数字化表达以"最低限度"的独创性。

（3）明确作品是"借助载体的客观表达"。依照现行《著作权法》规定，作品应当是"一定形式表现"，这一"表现"和"一定形式"所暗含的意思在于能够被受众感知，且这种感知并非数学上或者物理上的"一次性"。已有规制中的"可复制性"能够保证作品进入市场并产生价值，促进公共领域精神文化的传递，并在著作权体制内排除"统计次数仅为一次"的表达。但在我国现有司法判例中认定的"音乐喷泉"为作品的实际情况下，也很难保证"音乐喷泉"每次水花是同样喷溅的"非一次性"表达。因而可复制性的固态化与静态化特征发生改变，从而不再强调内容是否能够再现，而是侧重这些"客观性外在表达"是否是人类可以感知的具体形式。例如，将红松树根或者动物作画同数字化表达进行比较，但这本身就是具有区别的，红松树根是树木自然生长情况下的自然表达，动物作画是动物的客观行为而进行的纯行为表达，这些虽能产生贸易价值并进行交易，但忽略了这些并非具备自然人参与的"人格"要素，因而与数字化表达存在本质不同。故现行《著作权法》中的"一定形式表现"，需要强调"客观表达"的意义，应当旨在说明这种"客观"是能被人类感知的，而非仅"表达"却无法感知的。"客观"和"借助载体"强调了"表达"的实际存在，而非人类感知中的主观体验，因而这种"表达"要借助具体的载体并以具体的类型进行展现，从而才能"客观"存在。

（4）明确"感知作品"为法定作品的具体类型。虽现行《著作权法》在作品具体类型的兜底条款变为"符合作品特征的其他智力成果"，有望解决因技术带来的新作品类型，或者对具有争议的作品将来予以著作权法保护提供法律基础。这一改变与原有著作权法规定的"法律、行政法规规定的其他作品"的闭合式兜底相比来看，具备前瞻性。第一，赋予司法机关对作品具体类型的自由裁量权。第二，符合作品特征将为智能化、虚拟化的数字化表达提供应对空间。这一兜底条款的开放性，体现出了一定的原则性。但是符合作品特征的其他智力成果的逻辑前提是作品特征的明确。假设以这一要件作为作品的特征，明确"独创性"和"借助载体的客观表达"的标准，但这些认定要件仅是某类表达可能构成某类作品的一个前提，如果仅满足一般性标准，那么过于简洁的标语、宣传语等均有望成为著作权法保护的作品。可见，数字化表达要求的结果在于明确定位至法定作品类型，因而"感知作品"将以人类五官可感知的客观性表达整体为数字化表达提供法律基础。

总之，现行《著作权法》虽对作品的修改专注了本质，并且高瞻远瞩地极力顺应技术变革的趋势，但仍忽略了一些细微本质的差别，尤其是强调技术作为工具的独创性认可，独创性中蕴含的"思想"内在，"表达"的客观存在性和法定作品类型中与"一定形式表现"相对应的"感知作品"的定位。

二、数字化表达主体权属模式的选择

主体权属的认定不仅关系到数字化表达权利的行使，更是决定了为数字化表达中使用合法来源作品进行买单的主体。数字化表达将作品的创作者由单个主体朝向多个主体的协同化方向发展。协同化通过一种纽带把一个系统的多元化机制联系起来，如同社会因存在共同的发展而将人类社会和自然社会关联一样，从而形成一种共生机制。数字化表达的可版权性对主体资格的考察亦是通过这样一种协同化，将其所体现的网状结构通过主体多元化结合在一起，并因多元主体与数字化表达的互动关系和内在不可分割性而对其进行认定，一旦主体的判断出现问题，则会降低数字化表达的可版权性认定的整体效果。因此，虽然能够通过数字化技术作为工具来解析数字化表达中"人格"要素的存在，但自然人的参与并非最后一定将数字化表达归属于该自然人，数字化技术中存在复杂的利益主体关系，因此数字化表达的可版权性问题研究势必要明确其客体认定后的权属，应当在法律适用层面以著作权法所保护的私权意志为主，以法定要件为辅进行权利归属。

(一) 正确区分现有协同化的主体认定模式

我国现有的协同化主体认定共有法人作品、职务作品、合作作品和委托作品。基于不同的利益关系可以将其分为"雇佣关系"和"合作关系"。"雇佣关系"视角下的协同化模式为法人作品、职务作品和委托作品,而"合作关系"则仅限于狭义的合作作品。诚然,广义的"合作关系"包括"雇佣关系"甚至是"演绎作品",但基于数字化表达的可版权性在于探讨新的作品范畴和法定类型,故而假设数字化表达使用的资料(或作品)来源是合法来源的前提下,依旧仅探讨设计者、投资者和终端用户的合作关系。

(1) 明确"雇佣关系"的协同主体模式,并以我国现行立法为基础,在此类关系下对法人作品、职务作品和委托作品进行区分。我国现行法律规定,职务作品分为普通职务作品和特殊职务作品,但因数字化表达所依赖的技术要件通常很难不通过法人或者非法人组织的物质技术帮助单独完成,故而在此探讨我国规定的特殊职务作品。此三类作品的构成要件重叠主要表现为:一是"作者"与创作者不为同一主体;二是双方基于自由意志的交易而达成的关系;三是特殊职务作品和法人作品通常由"雇主"提供物质技术要件;四是委托作品和法人作品都需要体现"雇主"意志。三类作品的区别在于,法人作品和特殊职务作品通常由"雇主"享有权利,特殊职务作品的署名权归为"雇员",而法人作品和委托作品虽然构成要件基本一致,但其权属可基于自由意志约定,未约定的则由受托人(相当于"雇员")享有。因此,依据法定要件和约定要件对存在"雇佣关系"的三类协作主体进行划分。特殊职务作品,依据法定要件则是特殊职务作品和法人作品,而约定要件则为委托作品,因此基于"雇佣关系"中双方当事人意志是否自由进行的分类,能解决委托作品、法人作品要件完全重合的情况,而特殊职务作品虽与现行法人作品存在一定关系,但只要从简单的劳务合同便可进行区分,从而断定数字化表达的设计者是否具备署名权。

(2) 在"合作关系"中不以共同创作存在时间差距和未确定合作的具体主体为否认要件,只要满足各创作者具有共同创作的意愿,以及数字化表达整体构成合作作品（无论是可分割或不可分割）。数字化表达对合作作品适用的最大困难则在于各创作者是否达成合意，并对合作作品具有实质性的贡献。数字化表达因存在时间差，很难从根本上将其视为各创作者事先已经达成共创作品的合意，因此需要明确只要数字化表达不排除用户（后续创作者）对该作品的使用，并且基于用户已对数字化表达进行了共同创作的事实，则可认定数字化表达的权属主体与后续用户产生合作关系，进而推定合作作品的生成，并以合作主体确认数字化表达的主体权属。因我国存在可分割和不可分割两类合作作品，有关合作作品的后续利用则依照我国现行《著作权法》的规定进行，此内容不在本研究探讨范围之内。

虽然我国现行《著作权法》对协同化主体的认定进行了修改，但无论是法人作品、职务作品还是委托作品，均存在构成要件的重叠，这种重叠使作品类型产生混乱。但从法定性和约定性层面来看，法律规定与意志约定存在主体权属的不同，因而将法人作品和委托作品区分，此外，职务作品因本身具备劳务关系下严格"雇主""雇员"要件同其他两项区分。此外合作作品包括各创作者的合作关系下创作的不同，因而也作出区分。

（二）基于利益关系的数字化表达主体模式适用

不同利益关系的协同化主体模式将决定最终的数字化表达的协同化作品类型，最终影响数字化表达主体模式的适用。

在投资者—设计者的主体关系之间，通常适用"雇佣关系"较为合适。以投资者—设计者的角度来看，投资者和设计者通常具备狭义上"雇主"和"雇员"的劳务关系，因而采用特殊职务作品较为合适。但有时投资者和设计者之间并没有准确的劳务关系，因而就产生委托作品和法人作品，故而通过法定要件和约定要件来具体解决这种"雇佣关系"不失为一种有效方案。

在投资者—投资者的主体关系之间，通常可以采取各种协作化主体模式，但排除"雇佣关系"。通常投资者与投资者之间为合作关系，但在具体数字化表达中，投资者有时并未对此进行具体表达参与，仅提供物质资料的情况下无法将其纳入合作作者，故而产生委托主体和法人主体。

在投资者（设计者）—用户之间，仅适用"合作关系"较为合适。因为用户的后续创作如果没有独创性部分则就不具备可版权性标准，也不具备合作作品的逻辑前提，而如果具备独创性，基于共创行为的事实要件和共同完成数字化表达的客观结果，则应具备"合作作品"的主体资格。

三、合理使用制度的行为认定调适

现行《著作权法》对合理使用采取了限定主体的具体行为列举例，而且在现行《著作权法》中兜底条款虽然将合理使用变为半开放式条款，但是"法律、行政法规规定的其他情形"很难进行合理使用的扩张性适用。一方面，该兜底条款规定了限制主体，即通常是全国人大常委会或国务院，而数字化表达难以适用我国现有合理使用制度规定的具体类型，如若发生侵权案件，则难以进行适用；另一方面，数字化表达虽然因其事实行为而划定在合理使用范畴，但无论智能化的数字化表达的原样输入的起点，还是虚拟化的数字化表达利用技术的终点，均为侵权事实提供可能。数字化表达的过程是一个整体过程，无论是设计者通过算法或程序编写，还是需要全景展示的设计图纸演变为程序设计，最终都要通过算法或程序演算生成，因而最终的数字化表达无论是基于智能化还是虚拟化都将与原作品产生实质性差别；如果并非产生实质性差别，智能化的数字化表达大概率应为算法程序的失误，而虚拟化的数字化表达则是对原有全景设计的侵权。因此，合理使用制度不应当排除数字化表达的合理使用行为，仅将《伯尔尼公约》的条款"照搬"至我国著作权法，而应当对我国著作权法的制度进行精心设计。

避免因技术导致的合理使用制度难以适用而对立法条文进行精心设计的前提，应当首先明确数字化表达与传统的合理使用行为之间的区别。首先，数字化表达因技术需要的输入复制是批量化、自动化且完整化，也有可能是对原作品全景展现再加入程序设计，因而合理使用制度不应当排除这种输入复制。其次，数字化表达的发展需要依赖产业资金的回流而为技术提供更重要的研究支撑，因而合理使用不应当区分数字化表达层面的商业性使用和非商业性使用。再次，数字化表达产生的批量复制因用户需要会产生原样输出，或者仅因技术设备而进行的技术展现，这种商业性使用虽然可以通过合理使用预先排除侵权，但应保留原作品作者的侵权救济，因而我国需要完善批量授权许可以应对商业性使用下的合理使用。最后，版权登记制度可以找寻原作品，著作权使用费可对主体进行补偿，智能化的数字化原样表达以及虚拟化的数字化技术再现需要此类制度解决现有作品使用制度下侵权案件的发生。

第二节 我国著作权法范畴下数字化表达之具体设计

一、数字化表达的作品归类：原样输出与创作输出

通过对作品现有概念范畴以及法理基础的释义，数字化表达通过制度调适可以具备合法作品来源的逻辑前提，设计者参与的"人格"要素，以及独创性标准和一定形式的客观表达的情况下，具备可版权性的标准。数字化表达虽然具备这些逻辑前提，但也会因用户需求有着不同的输出结果，无论是虚拟化还是智能化的数字化表达，均有原样（技术）输出和创作输出的结果。

（一）原样（技术）输出不具备作品可版权性

原样输出，也包括技术输出，这类输出是基于用户需求而对作品不加任何创造或者仅因技术因素改变的结果。比如，智能音箱通过用户指令而播放的歌曲、再现的相声，虚拟游戏或混合现实游戏基于对受版权保护的三维立体作品的技术性全景再现。因此，这种原样输出或者技术输出仅是对原作品的再次利用，这种利用可能会扰乱原作品的市场利益，但因技术研发和用户需求，因而在不赋予其版权的条件下，将其归为限制性合理使用可具有不同的效果。

（二）创作输出具备作品可版权性

著作权法不保护作品通过某种新形式进行的再现表达，例如一部词典通

· 243 ·

数字化表达的著作权法问题研究 >>>

过电子版的再现,一部电影通过虚拟化体验的再现。可见,可版权性的数字化表达唯有完全具备作品的四个构成要件,才能受到著作权制度的保护。因此无论是智能化还是虚拟化的数字化表达,提供合法作品来源以及释义"人格"要素均是为其"独创性"要件进行铺路。而著作权法保护的作品受保护的是每一部作品本身,这些作品属于法定作品种类(作品类型),但是并不是因为它们属于上述的种类才受到保护。❶ 因此,在可版权性的基础上,应当解决数字化表达创作输出的作品类型。

智能化的数字化表达,通常终端输出与现有法定作品类型基本无二致,以"小冰"为例,通常为文字作品、音乐作品、美术作品等。虽然现阶段智能化的数字化表达还未创作虚拟化的数字化表达,但我们在此仍要讨论虚拟化的数字化表达可能产生的作品类型。诚然,有些虚拟化的数字化表达如Faceu激萌相机为人们拍照提供的虚拟"兔耳朵"可以作为动态的美术作品,但以5D电影的全景虚拟为例,即作品被整体虚拟化,虽然人们听觉与视觉作为感知,被《草案二稿》的其他视听作品进行吸收,但已经存在的为了人类交互性沉浸作出触觉和嗅觉努力的5D电影,在触觉和嗅觉等感觉层面为了契合电影而进行的技术操作应当是一种"独创性"的表达,且这种表达是基于特定出现,构成5D电影的整体,因而"借助载体的客观表达"不应当拒绝作品具体类型中出现人类五感感知所呈现的整体表达,感知作品相较于"其他视听作品"涵盖的短视频等传统数字化表达更为全面。

正如贾樟柯评价短视频所述的那样,独创性的判断很具有难度,街拍视频的创作者像纪录片的导演在发现生活中的美并且进行补妆,这些原生态的画面捕捉可以被认定为独创性的体验,是一种创意表达。虽然不能理所当然地认为虚拟化的数字化表达基于技术就可以认定为作品的扩张,但应当将体验触感加以应用。因此,即便类似5D电影为了影片与人类交互所呈现出的体验感,也应当将其作为数字化表达的整体。感知作品纳入法定作品类型将

---

❶ M. 雷炳德. 著作权法 [M]. 张恩民, 译. 北京: 法律出版社, 2005: 111.

有助于解决人类不同感知下的作品。

二、数字化表达下作品合法来源的条款完善

我国合理使用制度不仅能够为数字化表达的创作输出提供合法作品来源，以解决因技术问题而导致批量化、自动化和完整化的复制需要，还能够为原样（技术）输出提供有限的预防侵权举措。这种预防侵权举措需要与原作品作者的侵权救济相匹配，能够在一定程度上缓和司法判决带来的诉累。

我国著作权法并没有对著作权使用费加以规定，但学界针对数字技术的发展，对这一制度进行了理论价值和制度制定的研究，并提出具体的可行性措施。著作权使用费可以通过现行《著作权法》的适用进行完善，并最终适用数字化表达的有限合理使用中。此外，我国虽然对版权登记制度采取非必要措施，但是针对数字化表达的作品使用，应当明确数字化表达的输入端作者（通常是设计者、投资者）对原作品的使用进行备案登记，并且通过版权登记平台进行著作权使用费的预付，并由包括著作权集体管理组织在内的集体管理者进行监管。这样既能通过版权登记进行著作权使用费的支付，又可以减少侵权诉讼的发生，同时在侵权救济中还可作为抗辩事由进行阐明。因此，对数字化表达这一特殊利用作品模式，不仅需要对合理使用制度的条款进行完善，还应当明确数字化表达这种复制模式行为作为有限的合理使用行为进行配套制度的矫正。

合理使用制度的数字化表达应用条款应当具有更明确的条文设计，建议的可行性建议如下："数字化表达分为合理使用和有限制的合理使用。因技术需要而对已发表作品的原样输入或者再行设计，分为非商业性科研领域的使用以及商业性用户研发的需要，均可适用此条款，如果商业性使用最终未流通进市场则无须补偿，如果流通至市场且是数字化表达的原样使用应当通过版权登记制度进行登记，并且经由著作权集体管理组织等法人、非法人组织进行监管，从而采取著作权使用费方式进行利益补偿。利益补偿的方式可以通过现有的标准进行统一支付，如果原作者认为不合适可以进行磋商达成

协议,并由相应组织进行监管并支付给原作品作者。"此外,还应当在合理使用制度之外明确:原样(技术)输出的数字化表达的主体必须进行版权登记,且通过版权登记明确适用的原作品,若与QQ音乐等相应的类似平台签订协议则也应当明确指出;制定著作权使用费制度,并明确著作权使用费制度应用于数字化表达的有限制合理使用制度情形。

此外,因数字化表达技术的批量复制仍产生事实侵权,因此在调适合理使用制度时,也应当将其与侵权责任承担认定标准予以结合。其一,若使用者并未参与数字化表达的进一步加工,则认定服务提供者作为承担侵权责任的适格主体。其二,若使用者参与了数字化表达的进一步加工,从而导致作品的侵权,则仍需要进一步判断。首先,使用者对数字化表达的加工是否仅是文字性修改,即错别字、语句和语序等,若是,则服务提供者仍不满足"尽到注意义务的理性人",由服务提供者承担侵权责任。若不是,则进一步判断服务提供者对数字化表达加工的部分,是对现有内容的糅杂性加工,还是添附性加工,若为糅杂性加工,则使用者不满足"尽到注意义务的理性人"标准,从而认定使用者承担侵权责任;若因添附性加工导致数字化表达产生侵权事实,则可分别对使用者创作作品和数字化表达进行评价,从而认定两者是否共同侵权或者仅因使用者创作作品的内容侵权,进一步分配承担责任的主体。

此外,仍要考虑数字化表达服务提供者是否就侵权责任与使用者作出约定的情形。若使用者与服务提供者事先就侵权责任进行明确,也应当考虑该责任条款是否属于"格式条款"进行进一步认定,即分为:若不属于"格式条款",则直接依据该条款进行侵权归责;若属于"格式条款",则可按上述的两种情况进行参考。

三、数字化表达的著作权权属认定

我国现行《著作权法》规定,如无相反证据,在作品上署名的主体为作品的作者。在此并不认为署名认定权属的规定有何不妥,但数字化表达的署名还应当进行登记,正如计算机软件作品的登记具备的优势一样。现阶段,对数字化表达进行作品使用的备案登记,不区分科研主体还是营利性主体,而这种备案登记基于现行大数据技术并不难实现。

除了登记和署名两类权属认定,应当指明的是协同类作者立法认定的突破。首先是法人作品和委托作品的区分,应当在法人作品中指出法人作品乃强行性规定,且与委托作品并行,以保障版权交易自由。其次,明确合作作品的要素乃合作作品,是指"各创作者具有实际共同创作的行为,且各创作者并非仅提供物质资料、思想等内容",从而在最终表达中展现共同创作的结果。若前一创作者无明确拒绝他人共同创作的意思表示,则应当推定最终共创作品为合作作品。合作作品可以单独使用的由各创作者各自使用,不能单独使用的应当由共创者共同决定。

诚然,数字化技术为人类智力成果的创作提供了一条捷径❶,弱化了人类创作过程的参与程度,增强了数字化技术的贡献程度。但正因如此,数字化表达之时对人类作出的贡献程度愈发模糊。实际上,以"人类中心主义"的理论为基础,从数字化表达的本质来看,其数字化技术所展示出来的"创作能力",不过是人类另一种的钻木取火方式。基于这一理论基础,可以明确将数字化表达的"作者"逻辑起点,归为"人"对智力成果创造的"介入程度"。正如生成式人工智能的适用协议中,明确禁止"将机器生成内容对外以人为创作内容使用"的条款那样,著作权权利归属在以"人"为基础上,进一步反映人类与技术自身的协同关系,以及人类对技术和使用技术所作出的贡献。

在"人类中心主义"的基础上,需要探讨人类参与创作的"自由发挥空间",这些可探讨因素包括但不限于:有创作作品的意志;多大程度上接近最终表达;多大程度上决定了数字化表达;仅作为指令发出的实际使用者决

---

❶ Ryan Abbott. I Think, Therefore I Invent: Creative Computers and the Future of Patent Law [J]. Boston College Law Review, 2016, 57: 225.

定的最终表达；投资等因素。❶ 在明确这些因素之后，还需要在数字化表达技术服务提供者和用户之间进行选择。虽然现有生成式人工智能的使用协议中，明确规定了用户作为其生成内容的权利人，但实际上是因为用户为生成式人工智能进行了付费。而在实际的数字化表达技术运用过程中，需要对数字化表达可能出现的实际使用方式进行分析，进一步作出其生成内容的著作权主体安排。其一，在数字化表达服务提供者和用户之间作出约定的情况下，依照约定安排著作权主体。其二，在未作出约定的情况下，则分为两种情况讨论：若数字化表达服务提供者未收取使用者相应对价，则依据用户对数字化表达是否进一步创作进行安排。若未进一步创作，则以委托作品的方式将权利归属于服务提供者；若进一步创作，则依据是否是融合型创作以合作作品的方式归属于数字化表达服务提供者和用户。

虽然我国对著作权权属的认定仅限于自然人、法人组织或非法人组织，基于协同性对创作主体进行了合作作者、委托作者、职务作者和法人作者的法律考量，这些协同性主体的认定仍不能突破法律规定的作者和"视为作者"的情形，即便合作作者也应当满足其为自然人、法人或非法人组织的要件。同时，以协同视角为数字化表达的主体权属认定赋予可供参考的立法实例。

四、数字化表达下作品之条款具体构思

之所以在探讨作品合理使用和作品权属之后进行作品条款之构思，乃是基于逻辑前提而定。在具体条款构思前，应当明确的是现有数字化表达依旧存在立法例上的条款不适性。立法乃为司法而适用，单纯强调"有形形式复制"则将会产生固定性审判思维，而立法侧重"一定形式表现"则为新技术而产生的内容提供可版权性的思考，也为数字化表达的可版权性问题提供法律支撑。但"一定形式表现"需要首先明确"一定形式"的认定标准。

因此，本研究认为现行《著作权法》中的作品概念可进一步明确，将其

---

❶ 周澎. 算法生成物的著作权保护研究 [D]. 武汉：中南财经政法大学，2021：123.

定义为："本法所称的作品，是指文学、艺术或科学等领域内具有最低限度的独创性，并能以借助载体客观表现的智力成果。最低限度乃与众不同的程度，且借助载体的客观表现不应当排除作者利用现有或未来的机器，这些机器包括但不限于智能化、虚拟化的设备抑或载体。"这里将其独创性以"最低限度"进行程度限制，重点突出"与众不同"的程度，旨在表明独创性强调的是相同思想的不同表达，例如同样是描写送别友人，"不及汪伦送我情"和"海内存知己，天涯若比邻"的表达便存在与众不同之处。增加"客观"二字则在于强调虚拟化的数字化表达仍旧是一种客观表达，是能被感知的表现，从而为作品的具体类型提供逻辑前提。最后，明确增加机器不排除在工具之外，防止他人因技术要素割裂人类与技术的关系。

在明确作品概念之后，本研究认为可以"感知作品"替代现行《著作权法》中的"视听作品"。通过现有体例，对"感知作品"的释义在《著作权法实施条例》中进行阐明："感知作品，即通过一定载体能直接为人类听觉、视觉、触觉、嗅觉和味觉五感所感知的作品。这一作品中的人类感知是为该作品的整体，虽常表现音乐、戏剧、曲艺、舞蹈、美术、摄影、讲演和其他表演内容，但和这些以人类为载体的作品不同，必须借助适当的装置才能反映作品形式和内容。"

第三节 我国数字化表达的可版权性认定之司法完善

一、明确数字化表达合法使用作品的逻辑基础

事实上，一种文化如果更多地强调原创性，即便复制成本微乎其微，传播速度快而精准，原创性作者获得的回报仍存在不确定性，且该回报并不必然以针对复制行为提供法律救济的形式出现。❶ 随着洛天依、赫兹等虚拟歌

---

❶ 威廉·M. 兰德斯，理查德·A. 波斯纳. 知识产权法的经济结构 [M]. 2 版. 金海军，译. 北京：北京大学出版社，2016：63.

姬的演唱会召开，小冰诗集的出版，以及 AI 合成主播、AI 虚拟法官的数字化人物的诞生为我国公众提供了更加便捷、自由的作品获得平台和在线资源。数字化表达受众需求增多不容忽视，如果不能为数字化表达提供合法的作品来源，就会使数字化表达面临巨大的侵权风险，数字化也将因数据资料的不充分导致难以继续发展，无法为受众提供更多作品。但具体至每一类数字化表达中，无论是智能化还是虚拟化，均因用户需求以及算法或程序的偏差而导致潜在侵权的发生，因而司法认定作品合法使用应当对此进行一定的区分，合理排除相应的要素，避免诉累的叠加。

（一）区分数字化表达中蕴含的非限定因素

我国目前合理使用中没有针对人工智能对作品的应用，虽然现行《著作权法》中针对"以科学研究为目的"的合理使用略微存在关联，但无论是个人学习还是课堂教学均与机器学习存在明显区别，无法进行适用。现行《著作权法》中虽增加合理使用其他适用情形的兜底条款，仍无法针对数字化表达的作品使用认定具备客观且具体的规则。为避免对数字化表达的作品来源因不具备合法要件而产生阻碍，在保证合理使用制度稳定性的基础上，应当对数字化表达纳入合理使用进行特殊的司法标准考量。在分析数字化表达的同时，基于不同类型的数字化表达需要，分为原样（技术）输出和创作输出，因此针对不同的输出类型，在进行具体的司法认定中需要进行不同的合理使用制度考量。

针对原样（技术）输出的数字化表达类型，无论是其前期的整体性输入，还是后期的技术性呈现，都无法突破我国现有合理使用制度所包含的具体行为。这些原样（技术）输出的数字化表达在实际的市场中却是不可或缺的，例如一系列的人工智能音箱，GPS 导航系统，对美术馆、博物馆的全景虚拟展现等，均在很大程度上满足受众的需要，并且这些受众的需要是驱使对原作品进行原样（技术）输出的根源。基于此，这些数字化表达的结果可能在定性为事实行为后出现侵权结果。为了防止侵权结果的发生，市场可能在一定条件下自动调整，但如果这种市场调整无法收取良好效益，则建议仍归法律调适。因此，前文针对合理使用制度的矫正制度，包括著作权使用费、著作权登记制度来对原样（技术）输出的数字化表达进行调整。首先，司法认定的过程中无论是对智能化还是虚拟化的数字化表达，都要调整其受众需要而产生的原样（技术）输出的类型，并且针对该类型的输出首先看作有限制的合理使用。其次，在认定合理使用的过程中，如果最终的输出端是原样（技术）型输出，则需要证明这些输出的前提是获得了原作品作者的授权许可。再次，如果这些原作品作者未授权许可数字化表达的主体，那么就需要证明这些主体通过一定的形式，比如本研究内容中多次强调的版权登记以及著作权使用费的预先支付方式，已经对原作品作者进行了补偿。最后，如果原作品作者的补偿虽未领取，但数字化表达的权属主体已采取这种邀约行为，则可看作一种有限制的合理使用，则可认定不侵权，至于著作权使用费的支付可通过法院进行协商达成。

针对创作输出的数字化表达类型，这些数字化表达的输出结果是具备独创性的，只是在输入时智能化的数字化表达需要进行自动化、批量化、完整化的资料输入，而虚拟化的数字化表达则需要对原有作品进行全景展现的设计。因而，对此类创作输出的数字化表达，不应当对技术存在主体资格的歧视，且应当将数字化表达从人类创作为起点至最终输出作为终点看作完整且无法分割的过程。将数字化表达纳入合理使用制度的本质就是在于两者行为性质的共通，且合理使用的发生不以意思表示为前提，才能为数字化表达提供法律适用基础，如果承认事实行为即便不需要意思表示，还需要因技术的过程性阶段而过分强调数字化表达前端输入的"质"与"量"，以及人为行为在某一过程中的缺失，而不强调整个过程以及终端的数字化表达呈现的结果，那么即便是合理使用制度，基于事实行为与数字化表达的客观过程很好地吻合，也难以进行两者制度适用的连接，从而实现数字化表达发展、满足受众需求以及促进文化传播的价值目标。因此，将创作输出的数字化表达看作整体不可分割的客观事实过程，并且不因某一阶段的数字化表达过程而产生片面认定的结果，则对于合理使用制度来说，即使是商业目的的使用，也能从范畴内很好吸纳数字化表达的行为。

对虚拟化的数字化表达来说，如果是平面到全景的展现，则应当认定这种展现是一种创作，因为全景展现更为真实，并不单纯依靠技术输出可以完成。不过从"平面"到"立体"的作品认定，司法界对复制、改编还是创作均有不同的看法。这种裁量需要剖析程序来看创作的程度，如果全景展现的仍旧是同平面一样的内容，则较大程度上应为改编，改编的侵权则可以通过合理使用的配套制度进行调适，如下文中建议的"低分辨率"的共享内容。

（二）版权登记交易模式的合理使用制度

通过对作品的开放，可以促进数字化表达产业市场对二次作品进行开发和市场拓展，并且能够促进文化创意产业的发展。基于开放共享的"数字化交易平台的版权登记"不失为一种可以借鉴的途径。这种开放理念是本研究设想的一种回归文化价值，并借助新技术手段促进数字化表达的创意源泉，在复活各类作品的同时，能够创造新的财富，并且催生出数字化时代下作品授权和利用的新模式。因此，这种版权登记模式极大程度上适用数字化表达这种需要大量前件作品的技术展现。而版权登记的重要之处一方面在于能够提供合理的内容共享，另一方面则是通过版权登记实现内容共享的交易。

在我国，有一些图片分享网站供作者进行图片的分享，这些图片通常是有水印添加的图片或者低分辨率的图片，如果有人想要使用这些图片，则需要通过付费的方式进行获取。这些图片分享网站就是一个市场竞争下产生的一个小型版权交易市场。不妨将这一微缩版的版权交易扩大，变为供数字化表达的版权登记交易模式，并且对这些资源上传的版权内容进行监管，从而为以后的司法纠纷提供相应的证据。

在进行具体的版权登记交易模式的设计时应当考量以下几点。（1）在对共享的作品内容纳入合理使用时，应区分数字化表达的商业性使用和非商业性使用。（2）对于商业性用途应当是收费并加以使用限制的，而对于非商业性使用，则可以在一些具体作品类型上进行可控性操作，例如对感官作品可以进行低分辨率或者添加特殊标记进行上传，而对于高分辨率的作品，则可以在提出授权申请的情况下，依照不同的使用目的，进行费用的收取。（3）这种上传可能会带来新一轮的侵权，比如使用技术进行特殊标记的去除，或者低分辨率的还原等。但这些内容一旦产生，基于现有的传播速度很难不被发现，一旦被发现，该行为则就不乏排除数字化表达侵权的可能性，从而较容易地通过该版权登记交易平台证明侵权人的事实行为。（4）版权登记交易平台不应当仅交由集体管理组织进行管理，因为数字化表达的应用很大程度上是基于商业目的的使用，且版权登记交易凭条的研发也需要技术的支撑以及经济的支持，如果仅由公共机构研发并支撑，则很难产生良性的平台运营循环。而在网络服务提供商利用网站屏蔽技术的研发，通过借助阿里巴巴、腾讯等大公司的平台的实际来看，通过技术公司的合作，且以政府管控运营的合作模式不失为一种良性且可行的做法。

版权登记交易的合理使用配套制度的设立，不仅可以预先假设合理使用制度之外的原样（技术）输出的数字化表达仅仅存在侵权的可能，而非确实侵权的结果，而且通过这类配套制度能够有效提供证据证明数字化表达的权属主体不愿侵权结果发生的主观意图，进而极大地减少侵权诉累，减轻证据收集的困难。概言之，良好的制度设立旨在解决现实困境，法律可以为现实困境提供解决方案实施的法律基础，而后续的困境解决仍需制度的实施加以保障。版权登记制度在我国乃可行性法律规范，具体的实施仍需要具体的主体推动。有限制的合理使用制度则是对现有立法例的完善，是需要立法者进行衡量而作出采纳与否的完善。本研究仅立足于数字化表达以及后续技术发展带来的著作权法保护问题，在此提出的突破性建议，至于采纳与否仍需看立法者基于立法技术而进行价值位阶的衡量。

二、突破现存立法障碍的传统认定标准

在我国仅存的两例智能化的数字化表达案件中，出现了不同判决结果，证明现有司法认定标准会因法官的自由裁量不同而导致对同类型案件的可版权性认定标准不同。有的法官基于限缩解释，认为"独创性"的"创"在于

"作者个性","作者个性"则在于自然人的创作,而在智能化的数字化表达过程中,自然人仅作为算法程序的设计者,并没有参与创作活动,因而创作活动无法通过"独创性"的认定标准。而有的法官认为虽然不能将软件自动生成的数字化表达看作凝结了设计者、投资者甚至是用户的投入,但这些投入者均为数字化表达的传播产生一定价值,而这些主体具备了权益回报的资格,且应当赋予一定的权益保护。因此,合理的方式保护利益主体,就应当在自动生成的内容上赋予其享有权益。❶ 有的法官则基于自动生成软件的整体性分析,认为软件自动生成的内容在外观上与原有作品存在差异就应当具备独创性,设计团队与自动生成内容之间存在智力活动的直接联系,因而生成过程也具备独创性。可见,基于不同的法理解释,不同法官对数字化表达整体过程的差异化是导致判决结果不同的原因。

综上,强调数字化表达的整体原理,并且将"作者个性"的主观标准转移至"表达呈现"的客观标准,实为防止司法裁量不当限缩或过度扩张的有效建议。

(一) 避免"独创性"的认定歧视

通常对数字化表达中"独创性"认定要素的歧视包括两个方面:一是对智能化的"主体"资格排除,二是数字化表达过程中技术中立原则导致的技术与主体的割裂。单就本土化方面,我国无论是学理还是具体司法判例层面,智能化既不会吻合自然人主体,也不会被法律拟制主体所吸收,而这一主体认定的歧视也将对主体所使用的数字化技术产生影响。因为技术中立原则下的技术不会因为主体的使用而对其本身产生任何影响,技术与使用主体产生分离,技术不再是人类进行表达的借助工具,而工具因为不具备价值则无法成为人类表达过程中所借助展现"独创性"的延伸。因此,避免"独创性"认定过程中的歧视,是使数字化表达司法认定步入正轨的第一步。

---

❶ 北京互联网法院(2018)京 0491 民初 239 号民事判决书。

（1）应当明确技术因人类主体的使用而具有价值，这一价值可以蕴含人类的"独创性"。就像"追气球的熊孩子案"中，虽然绑在气球上的摄影为自动拍摄，但对视频的后期选择以及人工处理仍体现了人工干预和选择，这种选择和干预则为整个视频以及照片的生成产生了智力活动，是一种具有明确目的的选择，即便拍摄过程乃机器自动完成，最终呈现也蕴含人类的"独创性"表达，因而不能就此否认其为作品。虽然法院在可版权性的认定中，没有明确指出机器的自动拍摄因为人类的使用和选取具有价值，但将人类后期的干预作为一种"独创性"的展现则明确了技术作为工具对人类的影响。"心有多大，舞台就有多大"的原理同样可以"思想多远，技术就能有多远"来回应，因此人类无法通过独立飞行的情况下借助工具拍摄，是技术蕴含"独创性"的客观呈现之一，此外人类通过技术获取资源并进行筛选乃技术蕴含"独创性"之二。同样，数字化表达中技术的智能化效果也是人类通过算法程序干预对"独创性"要素的展现，同机器自动拍摄在实质上没有任何不同。类似洛天依等虚拟歌姬的数字化体现，也同样是人类借助数字化程序将歌曲、舞蹈等进行的"独创性"呈现。抛却技术中立价值，并且承认工具乃人类思想表达的"独创性"延伸，是司法裁量客观化的基础。

（2）通过客观呈现来判断"独创性"要素的体现。现行《著作权法》中"一定形式表现"与"借助载体的客观表现"都是想借助立法来为司法的可版权性判断的"独创性"的客观标准认定提供立法基础。如果数字化表达从最终的呈现与原有作品存在"与众不同"，就应当认为数字化表达的客观表现具备最终的"独创性"要素。数字化表达的过程是基于人机交互而产生，其本质在于算法或算法与其他技术叠加，并最终通过指令输入而产生，即便是人类创作的计算机软件也是由人类编写而成。因而，在避免人类利用技术产生歧视的前提下，通过数字化表达的最终表现来判定"独创性"要素的具备是较为可行且合理的。

（3）应当避免对数字化表达终端输出结果的歧视。数字化表达乃因社会发展需要、用户精神需求而进行的技术突破和创新。数字化表达即便具备智能化也分为原样输出与创作输出，原样输出的智能化需要法官以具体情形进行判断。一方面，如果智能化乃因算法出错而导致的原样输出，则应当基于宽容且审慎的态度预设不侵权。另一方面，因为技术需求而导致的原样输出应当认定虽然存在侵权，但因优化适用合理使用制度，而在版权登记和著作权使用费预先支付的情况下判定其不侵权。

概言之，突破原有技术中立原则的限制，避免因技术中立而导致的人机交互不具备"独创性"的歧视。将技术看作因人类的使用或者操作仍产生一定的价值，是人类使用工具的本质体现，也是技术作为生产要素进一步发展的重要原因。人类实现的技术性最终表达，如果在最终的表达过程中与原作品不同，且客观上"与众不同"，那么这个表达应当是蕴含"独创性"要素的表达，因而数字化表达便可借助此类客观判断来进行"独创性"的可版权性要素认定。此外，还要避免算法或程序因技术误差或因技术需要的歧视。

（二）保证数字化表达过程的整体考量

保证数字化表达过程的整体考量，以应对数字化表达过程因人类对算法或程序设计与最终呈现不同步的情况。数字化表达过程前期需要算法或程序设计，虚拟化状态下还需要其他技术的加入，中期需要人机交互的指令输入并进行运算，最后才会进行数字化表达。前期算法或程序设计只有在指令输入时才能运转，最终呈现数字化表达，如果用户主体不进行使用，那么数字化表达的算法或程序仅仅呈现静态展现，导致与人类参与呈现不同的结果，这是由数字化技术的基本特征导致。因此，法院在判决时才会认为机器自动生成中没有人类"独创性"的体现。

前文已经分析数字化表达的过程应当是完整的过程，且这种过程是一种具体且不可分割的客观行为，只因在"创作"这一行为层面而割裂地看待算法或程序运行，从而刨除人类对算法或程序设计中体现出的"独创性"实乃过于片面。在判断智能化的数字化表达创作，或者虚拟化的数字化表达进行技术创作的再现时不能割裂分析,正如不能割裂看待智能化的"复制"以及虚拟化的"全景展现"一样。这就证明在具体适用过程中,存在某一过程并没有人类的参与,没有人类参与的过程阶段将会被法院认定其不具备"独创性"的思想以及"个性"体现而否定其整个过程的"独创性"体现。为了矫正这一整体过程的认知偏差,应当明确数字化表达的可版权性考量必须通过整体过程来认定"独创性"的要素具备。

可见,解决因"独创性"要素认定存在偏差而导致的不同判决结果,需要明确数字化表达的整体过程的客观性与不可分割性。这一要件的明确,能够避免法院对某一阶段认定的片面而导致"独创性"要件的缺失,从而不当地限制"独创性"的认定价值。

三、作品类型的适当性突破

作品类型的适当突破乃是对数字化表达适用"一定形式的客观表现"的体现。如果本研究所建议的"感官作品"无法作为一种具体作品类型纳入法定,则依据现行《著作权法》中的兜底条款,在满足作品基本特征的情况下,可以对作品类型进行适当突破。

基于现行《著作权法》中的作品具体类型的兜底条款,法院可以作为作品认定的主体,且具有认定资格,那么在针对具体的类型认定时可以突破现有法定类型自由裁量数字化表达所呈现的作品。例如虚拟歌姬的出现,是通过数字化的人声采集而由人类进行的编创,这种编创不再通过简单的音乐作品展现,而是通过具体的数字化人物形象呈现。但与通常的动漫人物不同,虚拟化的数字化技术可以将洛天依、赫兹这些虚拟歌姬通过技术表达至现实世界,且通过技术赋予人类独特的感官体验,这一感官体验在本质上仍旧是视觉与听觉的结合,可以归类为视听作品的范畴。同样,虚拟化的数字化表达在5D技术下附加的嗅觉和触觉体验,也应当是数字化的整体表达,但由于现有立法中并未提及视觉和听觉之外的感官体验,在视障者中却以"能够感知的方式"进行了法条的创设。法不做无意义的安排,既然视障者可以通过"能够感知的方式"进行作品的获取,那么人类以"能够感知的方式"对数字化表达进行感知,可以实现不同作品类型的形式要件认定。法院通过此类方式的认定进行数字化表达在嗅觉、触觉等人类其他感官层面的作品突破也未尝不可。一旦这种突破对数字化表达有了进展,那么传统的化合分子式的香水作品、发型作品、音乐喷泉等此类展现也将会有不同于现在的认定。

我国作为大陆法系国家,法官造法实为不可取,但法官在现有立法中基于法理解释,通过价值、体系、历史的解读,仍旧可以找到立法体系中的相互关联之处,从而在具体层面解决数字化表达的可版权性问题,突破现有立法技术而导致的适用障碍。

本章小结

依照我国现行《著作权法》对作品构成要件的相关规定,不应当仅从单列的法条中割裂看待一个条款,而应当从著作权制度的体系中进行剖析。著作权制度下表达应当基于合法且能够被著作权保护的逻辑前提,并且是由"人类"主体创作而成,无论是法人作品、合作作品还是委托作品、职务作品等均是自然人的创作,同时这一表达应当是借助人类可感知的设备,并且蕴含思想内容。数字化表达中,合法来源这一逻辑前提需要进行一定程度的放宽,法不做无意义的安排,作品能够合法使用依赖于社会公益价值的最优选择,诉争是相对低下效率的解决,因而合理使用在不突破其设定标准之下,应当将数字化表达整体过程的终端表达作为最终认定标准。但数字化表达的前端复制并非属于传统复制,这种复制即便在终端呈现出完全的独创性也会造成原作品利益的相对流失。因而,相较于不付费模式,著作权使用费更加有助于维护原作者的权益,也更利于作品的流通和使用,更有助于数字化表达的发展。

结　　语

数字化表达的著作权法问题研究是对国际著作权制度体系回应的必然趋势，也是我国在制度规则体系内应当明晰并加以完善的必然选择。数字化表达的可版权性认定需要立法予以原则化、科学化和体系化指导，理论基础予以说服性和完备性奠基，司法予以甄别性、创新性和个案性裁量。可版权性的认定需要主体资格的确认、作品要件的构成。在数字化表达的探寻中，这些认定要素必须探讨，但数字化基于其对于前件作品复制的批量化、自动化的输入和部分还原化的输出，前件作品使用的合法来源则应当作为逻辑前提进行探讨。在国际版权体制语境下，数字化表达的作品合法使用，是通过预先设定数字化表达的整体过程为合法过程，为其进行可版权性问题的正式探讨进行铺垫，并对侵权行为作出预设，减少诉累。立足于数字化表达的客观性过程，将其客观表达的事实行为与合理使用制度所规制的事实行为进行链接，并通过价值位阶的选择以及赋予数字化技术价值的法理基础加以证成，从而为其实操性提供理论。将数字化表达分为原样输出和创作输出，数字化表达的频繁侵权并诉诸司法也并非技术发展之所预见，因而立法层面可通过合理使用制度的预设，建立版权登记以及著作权使用费辅助制度。在司法层面，将数字化表达看作整体输出，不拘泥于输入复制以及原样输出，并对比中层、底层的程序设计以及还原度，适度借助受众体验和利益分配，并结合辅助制度来减轻司法诉累，缓解审判难度，同时将辅助制度作为侵权免责的前提也不失为一种双赢的规制。

创作主体的资格认定中，作品的创作必须由自然人创作，也可以通过法律规制赋予非创作自然人以权利。在此语境下，必须探讨数字化表达的智能化能否成为创作主体以及能否赋予权利。首先，基于数字化表达的符号学本质以及"人类中心主义"的核心，无论数字化表达过程有多随机化和"类人化"，始终都是人类的借助工具，且无法偏离技术为人类服务的中心。其次，根据数字化表达的协同化创作趋向以及立法体制中已有的协同化作者规制，在广义的投资关系和合作关系中，以雇佣和委托作品解决数字化表达设计者和投资者的关系，以合作作者解决用户与两者之间的关系，并在形式要件中加上署名或登记的相关要求。最后，通过司法实践中整体性原则、因果关系、默示合作意图来肯定自然人和多方利益主体的权属。

而在作品认定的构成要件中，首先是立法层面的作品定义和作品类型法定的探讨。数字化表达因为虚拟性和感官性导致作品概念的一定形式表现以及具体作品类型存疑，但即便是虚拟化的或者伴随人类触觉和嗅觉的数字化表达仍旧可以借助工具得以被人类感知并且得以储存再现，因此在肯定数字化表达客观实在性而进行作品概念修订为"借助载体的客观表达"之上，并通过《北京条约》视听作品定义延伸出"感官作品"，以此完善立法的体系化。此外，在司法实践的认定中，既然数字化表达离不开自然人，那么数字化表达的独创性认定便可进行"独"与"创"的探讨。基于人类赋予数字化表达的思想活动且数字化表达为创作输出的整体性特征，以及数字化表达设定的随机性和底层程序对技术性再现不具备独创性的弥补，可以由法官进行创新性的独创性认定。而在一定形式表现上，司法实践增加受众体验便可承认嗅觉、触觉等五感体验均可作为作品"一定形式表现"的构成要件。

在我国视域下，虽然第三次《著作权法》修改已经通过，但是数字化表达的著作权法问题还未通过检验，并且相关立法条文仍存在争议。现行《著作权法》中的作品定义未明确独创性程度以及其蕴含的人类思想，且"一定形式的表达"也未阐明这一表达是否可以是"统计学上一次性"以及"一定形式"与客观存在的关系。随着数字化技术的进步，人类感官也随之表现形式丰富而具备多样化感知，那么感官表达未法定的情况下，其他感官是否要进行割裂也是问题。此外，合理使用仍旧没有肯定数字化表达的预先使用前件，合作作品的默示意图也并未进行肯定。因此，立足于国际视野的回应，对我国立法的作品概念应当进行回应，并且增加感官作品的类型法定，即便合理使用制度没有明示批量化复制的合理使用输入，也应当具有预设的条款和辅助原则。在司法实践中，针对合理使用制度设置非限定性因素，避免独创性认定歧视，通过司法突破立法作品类型均为在国际著作权制度体制的借鉴下对我国问题另附的相应建议。

本研究对数字化表达的著作权法问题阐明，旨在通过对数字化、数字化表达的探析以及其本质和客观过程的理论基础，进行理论价值的证成，以求在国际视野下进行立法和司法的体系化完善，并在具体域外可供参考的借鉴中，进行部分完善建议的本土化考量并加以细化。这些观点的论证或观点有些可能并非成熟观点，立法完善的思考可能需要更激烈的头脑风暴和学术碰撞得以支撑，司法的相关裁量建议可能需要实务界进一步论证。在此借助这一议题的研究能够具备前沿性的基础上引发更进一步的研究，因此为我国现行《著作权法》的相关解释和司法界的判定标准贡献绵薄之力。

参考文献

一、中文类

(一) 中文著作

[1] 安连成.民事法律制度研究[M].天津：天津人民出版社，2018.

[2] 陈锦川.著作权审判原理解读与实务指导[M].北京：法律出版社，2014.

[3] 崔国斌.著作权法：原理与案例[M].北京：北京大学出版社，2014.

[4] 冯晓青.动态平衡中的著作权法"私人复制"及其著作权问题研究[M].北京：中国政法大学出版社，2011.

[5] 郭庆光.传播学教程[M].2版.北京：中国人民大学出版社，2010.

[6] 何怀文.中国著作权法判例综述与规范解释[M].北京：北京大学出版社，2016.

[7] 何隽.制度边界[M].北京：知识产权出版社，2019.

[8] 黄孟洲.自然辩证法概论[M].成都：四川大学出版社，2006.

[9] 孔祥俊.司法哲学[M].北京：中国法制出版社，2017.

[10] 梁慧星.民法总论[M].北京：法律出版社，2011.

[11] 刘春田.知识产权法[M].2版.北京：中国人民大学出版社，2002.

[12] 吕炳斌.网络时代著作权制度的变革与创新[M].北京：中国民主法制出版社，2012.

[13] 付继存.著作权法的价值构造研究[M].北京：知识产权出版

社,2019.

[14] 毛高杰.著作权起源的社会结构[M].郑州:郑州大学出版社,2019.

[15] 庞小宁.哲学技术概论[M].西安:西北工业大学出版社,2008.

[16] 彭学龙.商标法的符号学分析[M].北京:法律出版社,2007.

[17] 彭诚信.人工智能与法律的对话[M].上海:上海人民出版社,2018.

[18] 沈宗灵.法理学[M].北京:高等教育出版社,2009.

[19] 施文高.比较著作权法制[M].台北:三民书局,1993.

[20] 史尚宽.民法总论[M].北京:中国政法大学出版社,2000.

[21] 宋慧献.版权保护与表达自由[M].北京:知识产权出版社,2011.

[22] 孙永生.民法学的新发现[M].桂林:广西师范大学出版社,2018.

[23] 佟柔.民法总则[M].北京:中国人民公安大学出版社,1990.

[24] 王洪友.著作权制度异化研究[M].北京:知识产权出版社,2018.

[25] 王利民.论当代民法精神与中国民法典[M].北京:中国法制出版社,2018.

[26] 王利民.民法道德论[M].北京:法律出版社,2019.

[27] 王利民.民法的精神构造:民法哲学的思考[M].北京:法律出版社,2010.

[28] 王太平.商标法:原理与案例[M].北京:北京大学出版社,2015.

[29] 吴汉东.知识产权多维度解读[M].北京:中国人民大学出版社,2021.

[30] 吴汉东.知识产权总论[M].北京:中国人民大学出版社,2021.

[31] 吴汉东.中国知识产权理论体系研究[M].北京:商务印书馆,2018.

[32] 吴汉东.著作权合理使用制度研究[M].北京:中国人民大学出版社,2021.

[33] 吴廷俊,舒咏平,张振亭.传播素质论[M].郑州:河南人民出版社,2015.

[34] 杨红军.版权许可制度论[M].北京:知识产权出版社,2013.

[35] 俞鼎起.智本论:第1卷 劳动与思想[M].北京:中国经济出版社,2017.

[36] 袁博.著作权法解读与应用[M].北京:知识产权出版社,2018.

[37] 张凤.文本分析的符号学视角[M].哈尔滨:黑龙江人民出版社,2008.

[38] 张文显.法理学[M].4版.北京:高等教育出版社,2015.

[39] 章启群.意义的本体论[M].北京:商务印书馆,2018.

[40] 赵毅衡.哲学符号学:意义世界的形成[M].成都:四川大学出版社,2017.

[41] 郑成思.版权法(上)[M].北京:社会科学文献出版社,2016.

[42] 钟东,鲁敏.信号与系统[M].成都:电子科技大学出版社,2018.

[43] 周枏.罗马法原论(上)[M].北京:商务印书馆,2017.

(二)中文译著

[1] 彼得·德霍斯.知识财产法哲学[M].周林,译.北京:商务印书馆,2017.

[2] 黑格尔.法哲学原理[M].范扬,张企泰,译.北京:商务印书馆,2017.

[3] 罗伯特·洛根.什么是信息[M].何道宽,译.北京:中国大百科全书出版社,2019.

[4] 保罗·戈斯汀著.著作权之道.从谷登堡到数字点播机[M].金海军,译.北京:北京大学出版社,2008.

[5] 丹尼尔·贝尔.后工业社会(简明本)[M].彭强,编译.北京:科学普及出版社,1985.

[6] 贾斯汀·彼得斯.理想主义者[M].程静,柳筠,译.重庆:重庆出版社,2018.

[7] 唐·泰普斯科特.数据时代的经济学[M].毕崇毅,译.北京:机械工业出版社,2016.

[8] 威廉·M.兰德斯,理查德·A.波斯纳.知识产权法的经济结构[M].金海军,译.北京:北京大学出版社,2018.

[9] 山本敬三.民法讲义.I.总则[M].3版.解亘,译.北京:北京大学出版社,2012.

[10] 永井成男.符号学[M].东京:北树出版社,1989.

[11] 中山信弘.多媒体与著作权[M].张玉瑞,译.北京:专利文献出版社,1997.

[12] 德利娅·利普希克.著作权和邻接权[M].联合国教科文组织,译.北京:中国对外翻译出版公司,2000.

[13] 以赛亚·伯林.概念与范畴[M].凌建娥,译.南京:译林出版社,2019.

[14] 哈特.法律的概念[M].张文显,译.北京:中国大百科全书出版社,1996.

[15] 洛克.政府论(下篇)[M].叶启芳,瞿菊农,译.北京:商务印书馆,1964.

[16] 特伦斯·霍克斯.结构主义与符号学[M].瞿铁鹏,译.上海:上海译文出版社,1987.

[17]《十二国著作权法》翻译组.十二国著作权法[M].北京:清华大学出版社,2011.

[18] M.雷炳德.著作权法[M].13版.张恩民,译.北京:法律出版社,2004.

[19] 考默萨.法律的限度:法治、权利的供给与需求[M].申卫星,王琦,译.北京:商务印书馆,2007.

[20] 莱曼·雷·帕特森,斯坦利·W.林德伯格.版权的本质:保护使用者权利的法律[M].郑重,译.北京:法律出版社,2015.

[21] 李明德.美国知识产权法[M].2版.北京:法律出版社,2014.

[22]《保护文学和艺术作品伯尔尼公约(1971年巴黎文本)》指南(附英

文文本)[M].刘波林,译.北京:中国人民大学出版社,2002.

[23] 尼古拉·尼葛洛庞帝.数字化生存[M].胡冰,范海燕,译.北京:电子工业出版社,2017.

[24] 山姆·里基森,简·金斯伯格.国际版权与邻接权:伯尔尼公约及公约以外的新发展(上卷)[M].2版.郭寿康,刘波林,万勇,等译.北京:中国人民大学出版社,2016.

[25] 山姆·里基森,简·金斯伯格.国际版权与邻接权:伯尔尼公约及公约以外的新发展(下卷)[M].2版.郭寿康,刘波林,万勇,等译.北京:中国人民大学出版社,2016.

[26] 谢尔登·W.哈尔彭,克雷格·艾伦·纳德,肯尼思·L.波特.美国知识产权法原理[M].宋慧献,译.北京:商务印书馆,2013.

(三) 中文论文

[1] liron71.一种实现人工智能程序自进化的概念原理[EB/OL].(2017-04-01)[2024-11-29].https://blog.csdn.net/liron71/article/details/8242670.

[2] 包成成.人工智能法律主体文献综述[C]//上海市法学会.上海市法学会农业农村法治研究会文集,2019:191-198.

[3] 曹新明,咸晨旭.人工智能作为知识产权主体的伦理探讨[J].西北大学学报(哲学社会科学版),2020,50(1):94-106.

[4] 曹新明,杨绪东.人工智能生成物著作权伦理探究[J].知识产权,2019(11):31-39.

[5] 曹新明.著作权法上作品定义探讨[J].中国出版,2020(19):10-16.

[6] 曹源.人工智能创作物获得版权保护的合理性[J].科技与法律,2016(3):488-508.

[7] 常亮.法哲学的当代社会性[J].农家参谋,2019(3):223.

[8] 陈虎.著作权领域人工智能"冲击论"质疑[J].科技与法律,2018(5):68-73.

［9］陈雅琴.理解与传统：读伽达默尔《时间距离的解释学意蕴》[J].海南师范学院学报(人文社会科学版)，2000(3)：116－120.

［10］丛立先,王茜.人工智能创作物的国际发展及现状[EB/OL].(2018－11－07)[2024－10－28].https：//baijiahao.baidu.com/s?id＝1616441173801892971&wfr＝spider&for＝pc.

［11］董凡,关永红.论文本与数字挖掘技术应用的版权例外规则构建[J].河北法学，2019，37(9)：148－160.

［12］樊昌杨.黑格尔异化思想初探[J].社会科学研究，1982(1)：25－32.

［13］樊宇.论视为作者原则：以中美两起著作权纠纷案为视角[J].政法论坛，2020，38(2)：44－59.

［14］冯晓青,刁佳星.转换性使用与版权侵权边界研究：基于市场主义与功能主义分析视角[J].湖南大学学报(社会科学版)，2019，33(5)：134－143.

［15］弗洛朗斯－马里·皮里乌,陆象淦.作者享有知识产权的合法性[J].第欧根尼，2005(1)：50－74，111.

［16］高荣林.知识产权发展历程的反思[J].南通大学学报(社会科学版)，2010，26(6)：49－55.

［17］郭明龙,王菁.人工智能法律人格赋予之必要性辨析[J].交大法学，2019(3)：20－31.

［18］郭壬癸.认识论视域下人工智能著作权主体适格性分析[J].北京理工大学学报(社会科学版)，2019，21(4)：145－154.

［19］郭雨洒.新技术时代广播组织权制度变革与重塑[D].武汉：中南财经政法大学，2018.

［20］华劼.版权转换性使用规则研究：以挪用艺术的合理使用判定为视角[J].科技与法律，2019(4)：26－33.

［21］华劼.美国转换性使用规则研究及对我国的启示：以大规模数字化

与数字图书馆建设为视角[J].同济大学学报(社会科学版),2018,29(3):117-124.

[22] 蒋舸.雇佣关系与法人作品构成要件[J].法律科学(西北政法大学学报),2014,32(5):102-109.

[23] 卡拉·赫茜.知识产权的兴起:一个前途未卜的观念[J].金海军,钟小红,译.科技与法律,2007(1).

[24] 李爱君.人工智能法律行为论[J].政法论坛,2019,37(3):176-183.

[25] 李钢.大数据时代文本挖掘的版权例外[J].图书馆工作与研究,2016(3):28-31,46.

[26] 李俊.论人工智能生成内容的著作权法保护[J].甘肃政法学院学报,2019(4):77-85.

[27] 李晓慧.美国法视角下合作作品中共同创作意图的法律解释[J].法律方法,2015,18(2):330-339.

[28] 李扬,李晓宇.康德哲学视点下人工智能生成物的著作权问题探讨[J].法学杂志,2018,39(9):43-54.

[29] 李永明,向璐丹,章奕宁.开放创新范式下知识产权权利归属问题研究:基于用户创新、同侪创新典型实践之内在特征[J].浙江大学学报(人文社会科学版),2024,54(02):60-74.

[30] 刘强,刘忠优.人工智能创作物思想与表达二分法问题研究[J].大连理工大学学报(社会科学版),2020,41(3):80-88.

[31] 刘鑫.人工智能生成技术方案的专利法规制:理论争议、实践难题与法律对策[J].法律科学(西北政法大学学报),2019,37(5):82-92.

[32] 卢海君.论合理使用制度的立法模式[J].法商研究,2007(3):24-30.

[33] 鲁甜.音乐采样法律规制路径的解析与重构:以美、德规制路径为视角[J].法律科学(西北政法大学学报),2019,37(4):130-141.

[34] 梅术文,宋歌.论人工智能编创应适用版权合理使用制度[J].中国编辑,2019(4):78-82.

[35] 南长森,卢鑫.跨媒体传播与文本版权困境与进路[J].中国编辑,2014(4):55-59.

[36] 彭诚信.论民事主体[J].法制与社会发展,1997(3):14-23,42.

[37] 彭晓涛.马克思异化劳动理论的逻辑学基础:兼论私有财产和异化劳动的"循环论证"问题[J].天津大学学报(社会科学版),2020,22(1):57-62.

[38] 评述WTO版权第一案:美国版权法第110节条款案[J].WTO经济导刊,2007(6):73-76.

[39] 钱弘道.法律经济学的理论基础[J].法学研究,2002(4):13-14.

[40] 乔宜梦.增强现实技术最终成像版权问题研究[J].科技与出版,2017(11):82-86.

[41] 乔宜梦.增强现实图书出版物著作权侵权风险及应对:兼评《著作权法》第三次修改[J].编辑之友,2018(3)90-93.

[42] 全红霞.略论著作权地域性的演变[J].科技与法律,2008(2):87-89.

[43] 日本《版权法》修正案提出作品使用的豁免条款[N].中国新闻出版广电报,2019-03-28(7).

[44] 孙山.人工智能生成内容著作权法保护的困境与出路[J].知识产权,2018(11):60-65.

[45] 司晓.奇点来临:ChatGPT时代的著作权法走向何处:兼回应相关论点[J].探索与争鸣,2023(5):79-86,178-179.

[46] 唐劲军.论法人作品[D].重庆:西南政法大学,2019.

[47] 汪玲,郭德俊,方平.元认知要素的研究[J].心理发展与教育,2002(1):44-49.

[48] 王克迪.虚拟现实的哲学解释[N].学习时报,2004-06-21.

[49] 王坤.论著作权保护的范围[J].知识产权,2013(8):20-24.

[50] 王迁.技术措施保护与合理使用的冲突及法律对策[J].法学,2017(11):9-25.

[51] 王迁.论人工智能生成的内容在著作权法中的定性[J].法律科学(西北政法大学学报),2017,35(5):148-155.

[52] 吴汉东.关于合理使用制度的民法学思考[J].法学家,1996(6):54-62.

[53] 吴汉东.美国著作权法中合理使用的"合理性"判断标准[J].外国法译评,1997(3):45-58.

[54] 吴汉东.人工智能生成发明的专利法之问[J].当代法学,2019,33(4):24-38.

[55] 吴汉东.人工智能生成作品的著作权法之问[J].中外法学,2020,32(3):653-673.

[56] 吴汉东.人工智能时代的制度安排与法律规制[J].法律科学(西北政法大学学报),2017,35(5):128-136.

[57] 吴汉东.论人工智能生成内容的可版权性:实务、法理与制度[J].中国法律评论,2024(3):113-129.

[58] 吴汉东."平台经济+数字知识产权"的反垄断问题研究[J].法治研究,2024(2):28-46.

[59] 肖峋.论我国著作权法保护的作品[J].中国法学,1990(6):60-66.

[60] 谢晶."5G+混合现实"出版物著作权侵权风险及其应对[J].出版发行研究,2020(4):84-89.

[61] 熊琦.著作权法定许可制度溯源与移植反思[J].法学,2015(5):72-81.

[62] 虚拟:哲学必须面对的课题[N].光明日报,2000-01-18(7).

[63] 徐小奔.论人工智能生成内容的著作权法平等保护[J].中国法学,

2024(1): 166-185.

[64] 徐小奔,杨依楠.论人工智能深度学习中著作权的合理使用[J].交大法学,2019(3): 32-42.

[65] 徐小奔.人工智能"创作"的人格要素[J].求索,2019(6): 95-102.

[66] 许中缘.论智能机器人的工具性人格[J].法学评论,2018,36(5): 153-164.

[67] 阎维博.信用评级机构声誉机制的兴衰与重塑[J].私法,2019,32(2): 140-160.

[68] 易磊.对我国当前合理使用修改的思考:以德国"合理使用"为视角[J].电子知识产权,2019(2): 4-13.

[69] 张力,陈鹏.机器人"人格"理论批判与人工智能物的法律规制[J].学术界,2018(12): 53-75.

[70] 张凌寒.中国人工智能立法需凝聚"总则式"立法共识[J].探索与争鸣,2024(10): 9-13,177.

[71] 张凌寒.人工智能立法的理论阐释[J].华东政法大学学报,2024,27(5): 5.

[72] 张凌寒.生成式人工智能的法律定位与分层治理[J].现代法学,2023,45(4): 126-141.

[73] 张诗雅.深度学习中的价值观培养:理念、模式与实践[J].课程·教材·教法,2017,37(2): 67-73.

[74] 张世柱.数字时代网路环境中合理使用原则之研究:以欧美立法及案例为重心[D].北京:中国政法大学,2008.

[75] 张学工.关于统计学习理论与支持向量机[J].自动化学报,2000(1): 36-46.

[76] 张玉洁.论人工智能时代的机器人权利及其风险规制[J].东方法学,2017(6): 56-66.

[77] 赵海明.虚拟身体传播与后人类身体主体性探究[D].重庆:西南大

学,2020.

[78] 朱艺浩.人工智能法律人格论批判及理性应对[J].法学杂志,2020,41(3):132-140.

(四) 国内案例

[1] 北京互联网法院(2023)京0491民初11279号民事判决书。

[2] 北京互联网法院(2018)京0491民初239号民事判决书。

[3] 北京市朝阳区人民法院(2016)京0105民初51305号民事判决书。

[4] 北京市第一中级人民法院(2009)一中民初字第1936号民事判决书。

[5] 北京市高级人民法院(2013)高民终字第1221号民事判决书。

[6] 北京知识产权法院(2017)京73民终797号民事判决书。

[7] 北京知识产权法院(2019)京73民终2030号民事判决书。

[8] 《关于新形势下加快知识产权强国建设的若干意见》(国发〔2015〕71号)。

[9] 广东省广州市中级人民法院(2003)穗中法民三初字第312号民事判决书。

[10] 广东省深圳市南山区人民法院(2019)粤0305民初14010号民事判决书。

[11] 广州互联网法院(2024)粤0192民初113号民事判决书。

[12] 杭州互联网法院(2022)浙0192民初9983号民事判决书。

[13] 杭州市中级人民法院(2023)浙01民终4722号民事判决书。

[14] 上海市第一中级人民法院(2012)沪一中民五(知)终字第112号民事判决书。

[15] 上海市普陀区人民法院(2013)普民三(知)初字第295号民事判决书。

[16] 上海市杨浦区人民法院(2013)杨民三(知)初字第16号民事判决书。

[17] 重庆市高级人民法院(2012)渝高法民终字第257号民事判决书。

二、国外参考文献

(一) 外文著述

[1] Arthur R. Miller, Michael H. Davis. Intellectual Property: Patents, Trandmarks, and Copyright in a Nutshell[M]. Fifth Edit. Thomson / West, 2012.

[2] Adolf Dietzn. International Copyright Law and Practice[M]. New York: Matthew Bender & Company, Inc., 2006.

[3] Estelle Derclaye, Matthias Leistner. Intellectual Property Overlaps: a European Perspective[M]. Oxford: Hart, 2011.

[4] Lydia P. Loren, Joseph S. Miller. Intellectual Property Law: Cases & Materials[M]. Oregon: Semaphore Press, 2010.

[5] Melvile Nimmer, David Nimmer. NImmer on Copyright[M]. New York: Mattew Bender & Company, Inc., 2009.

[6] Melville B. Nimmer, David Nimmer. Congressional Committee Reports on the Digital Millennium Copyright Act and Concurrent Amendments[M]. Lexis Pub, 2000.

[7] Neil Postman. Amusing Ourselves to Death: Public Discourse in the Age of Show Business(20th Anniversary Edition)[M]. Penguin Books Ltd, 2006.

[8] Paul Goldstein. Copyright vol. Ⅱ, § 10.1[M]. 2d Edit. Little, Brown & Co., 1996.

[9] Peter Drahos. A Philosophy of Intellectual Property[M]. Farnham: Ashgate Publishing Limited, 1996.

[10] Richard A. Posner. Economic Analysis of Law[M]. 8th Edit. New York: Wolters Kluwer Law & Business, 2011.

[11] Robert P. Merges, John F. Duffy. Patent Law and Policy: Cases and Materials[M]. New York: Matthew Bender & Company, 2002.

[12] Robert P. Merges. Justifying Intellectual Property[M]. Cambridge:

Harvard University Press, 2011.

[13] Robert P. Merges, Peter S. Menell, MarkA. Lemley. Intellectual Property in the New Technological Age[M]. 6th Edit. New York: Wolters Kluwer Law & Business, 2012.

[14] Robert Tomkowicz. Intellectual Property Overlaps: Theory, Strategies and Solutions[M]. London: Routledge, 2012.

[15] Sam F. Halabi. Intellectual Property and the New International Economic Order: Oligopoly Regulation and Wealth Redistribution in the Global Knowledge Economy[M]. Unite Kingdom: Cambridge University Press, 2018.

[16] Shipley, David E. A Transformative Use Taxonomy: Making Sense of the Transformative Use Standard[M]. Detroit: Wayne Law Review, 2018.

[17] Mihail C. Roco, William Sims Bainbridge. Converging Technologies for Improving Human Performance: Nanotechnology, Biotechnology, Information Technology and Cognitive Science[M]. Holland: Kluwer Academic, 2003.

[18] Greg Kipper, Joseph Rampolia. Augmented Reality: An Emerging Technologies Guide to AR[M]. New York: Syngress. 2013.

[19] William Cornish, David Llewelyn, Tanya Aplin. Intellectual property: Patents, Copyright, Trademarks and Allied Rights[M]. 6th edit. London: Sweet & Maxwell, 2007.

(二) 外文论文

[1] Shlomit Yanisky – Ravid. Generating Rembrandt: Artificial Intelligence, Copyright, and Accountability in the 3A Era – the Human – Like Authors Are Already Here – A New Model[J]. Michigan State Law Review, 2017: 659 – 726.

[2] Victor M. Palace. What If Artificial Intelligence Wrote This? Artificial Intelligence and Copyright Law[J]. Florida Law Review, 2019, 71(1): 217 – 242.

[3] Alexis Dunne. Copyrighting Experiences: How Copyright Law Applies to Virtual Reality Programs[J]. The Journal of Business, Entrepreneurship & the Law,

2019, 12(2): 329 - 360.

[4] Alfred C. Yen. A First Amendment Perspective on the Idea/expression Dichotomy and Copyright in A Work's "Total Concept and Feel"[J]. Emory Law Journal, 1989, 38: 393 - 436.

[5] Ana Ramalho. Will Robots Rule the(Artistic) World? A Proposed Model for the Legal Status of Creations by Artificial Intelligence Systems[J]. Journal of Internet Law, 2017, 21(1): 12 - 25.

[6] Andres Guadamuz. Do Androids Dream of Electric Copyright? Comparative Analysis of Originality in Artificial Intelligence Generated Works[J]. Intellectual Property Quarterly, 2017(2): 169 - 186.

[7] Andrew H. Rosen. Virtual Reality: Copyrightable Subject Matter and the Scope of Judicial Protection[J]. Jurimetrics, 1992, 33(1): 35 - 65.

[8] Andrew J. Wu. From Video Games to Artificial Intelligence: Assigning Copyright Ownership to Works Generated by Increasingly Sophisticated Computer Programs[J]. Aipla Quarterly Journal, 1997, 25(1): 131 - 178.

[9] Copyright and Artificial Intelligence, 2018 WL 701327, 2018/1/30.

[10] Danielle Keats Citron, Neil M. Richards. Four Principles for Digital Expression(You Won't Believe #3)[J]. Washington University Law Review, 2018, 95(6): 1353 - 1388.

[11] Dina Moussa, Garrett Windle. From Deep Blue to Deep Learning: A Quarter Century of Progress for Artificial Minds[J]. Georgetown Law Technology Review, 2016(1): 72 - 88.

[12] Muhammad Masum Billah. Resale of Digital Works Under Copyright Laws: A Legal and Economic Analysis[J]. The John Marshall Review of Intellectual Property Law, 2018, 62(18): 123 - 143.

[13] Edward C. Wilde. Replacing the Idea/expression Metaphor with A Market - Based Analysis in Copyright Infringement Actions[J]. Whittier Law Review, 1995,

16(3): 793-844.

[14] Erez Reuveni. On Virtual Worlds: Copyright and Contract Law at the Dawn of the Virtual Age[J]. Indiana Law Journal, 2007, 82: 216-308.

[15] Fred H. Cate. The Technological Transform of Copyright Law[J]. Iowa Law Review, 1996, 81: 1395-1466.

[16] Glynn Lunney. Protecting Digital Works: Copyright or Contract? [J]. Texas A&M University Schoolof Law, 1999(10): 1-30.

[17] Harry Surden. Machine Learning and Law[J]. Washington Law Review, 2014, 89: 87-115.

[18] Howard H. Frederick. International Information Relations, New World Orders and International Law[J]. The National Lawyers Guild Practitioner, 1989, 46: 6-35.

[19] Jani McCutcheon. The Vanishing Author in Computer-Generated Works: A Critical Analysis of Recent Australian Case Law [J]. Melbourne University Law Review, 2013, 36: 915-969.

[20] James Grimmelmann. There's No Such Thing as a Computer-Authored Work-and It's A Good Thing, Too[J]. The Columbia Journal of Law & The Arts, 2016, 39: 403-416.

[21] Justim Hughes. The Philosophy of Intellectual Property[J]. Georgetown Law Journal, 1988, 77: 287-250.

[22] Kalin Hristov. Artificial Intelligence and the Copyright Dilemma[J]. The Journal of the Franklin Pierce Center for Intellectual Property, 2017, 47(3): 431-454.

[23] Kelly Cochran. Facing the Music: Remixing Copyright Law in the Digital Age[J]. Kansas Journal of Law & Public Policy, 2011(Spring): 312-328.

[24] Ketherine Elizabeth Macdonald. Speed Bump on the Information Superhighway: Slowing Transmission of Digital Works to Protect Copyright Owners

[J]. Louisiana Law Review, 2003, 63: 411–439.

[25] Michael J. Meurer. Price Discrimination, Personal Use and Piracy: Copyright Protection of Digital Works[J]. Boston University School of Law, 1997(12): 1–44.

[26] U. S. Government Publishing Office. Virtual Reality: Hearing Before the Subcommittee on Science, Technology, and Space of the Committee on Commerce, Science, and Transportation, and United States Senate[R]. Washington, 1992.

[27] Paul I. Kravetz. "Idea/Expression Dichotomy" and "Method of Operation": Determining Copyright Protection for Computer Programs[J]. DePaul Business Law Journal, 1995(8): 76–118.

[28] Russell W. Jacobs. Copyright Fraud in the Internet Age: Copyright Management Information for Non–Digital Works Under the Digital Millennium Copyright Act[J]. Science and Technology Law Review, 2012, 13(1): 97–155.

[29] Stef van Gompel. Formalities in the Digital Era: An Obstacle or Opportunity? [J/OL]. Intellectual Property: Copyright Law eJournal, 2012. DOI: 10.4337/9781849806428.00038.

[30] Todd David Marcus. Fostering Creativity in Virtual Worlds: Easing the Restrictiveness of Copyright for User–Created Content[J]. New York Law School Law Review, 2007, 52(1): 67–92.

[31] Victor M. Palace. What If Artificial Intelligence Wrote This? Artificial Intelligence and Copyright Law[J]. Florida Law Review, 2019, 71(1): 217–242.

[32] Warwick A. Rothnie. Ideaand Expression in a Digital World[J]. Journal of Law and Information Science, 1998, 9(1): 59–76.

[33] 日本文化庁著作權課:《ニーズ募集に提出された課題の整理(詳細版・番号順)》, 平成29年.

[34] 日本文化庁著作權課:《デジタル化・ネットワーク化の進展に対応した柔軟な権利制限規定に関する基本的な考え方(著作権法第30条の4,

第47条の4及び第47条の5 関係)》,令和元年10月24日.

(三) 国外案例

[1] Getty Images(US), Inc. v. Stability AI, Ltd., et al., C. A. No. 23 - 135 (GBW).

[2] United States Copyright Office, Re: Zarya of the Dawn(Registration # VAu001480196), 21 February, 2023.

[3] Copyright Review Board of US Copyright Office, Re: Second Request for Reconsideration for Refusal to Register A Recent Entrance to Paradise (Correspondence ID 1 - 3ZPC6C3; SR # 1 - 7100387071), Copyright gov. (14 February 2022).

[4] Thaler v. Perlmutter, Civil Action No. 22 - 1564 (BAH), August 18, 2023.

[5] Copyright Review Board of US Copyright Office, Re: Second Request for Reconsideration for Refusal to Register Théâtre D'opéra Spatial (SR # 1 - 11743923581; Correspondence ID: 1 - 5T5320R), 5 September 2023.

[6] Copyright Review Board of US Copyright Office, Re: Second Request for Reconsideration for Refusal to Register SURYAST (SR # 1 - 11016599571; Correspondence ID: 1 - 5PR2XKJ), 11 December 2023.

[7] Naruto v. Slater, 888 F. 3d 418(9th Cir. April 23, 2018).

[8] 464 U. S. 417, 104 S. Ct. 774, 78 L. Ed. 2d 574(1984).

[9] 471 U. S. 539, 105 S. Ct. 2218, 85 L. Ed. 2d 588(1985).

[10] Abrams V. U. S., 250 U. U. 616 630(1990).

[11] Acohs Pty Ltd v. Ucorp Pty(2012) FCAFC 16.

[12] Authors Guild v. Google Inc., 804 F. 3d 202, 220, 225(2d. Cir. 2015).

[13] Baker v. Seldon. Supreme Court of the United States. 101 U. S. 99(1879).

[14] Benjamin L. W. Sobel, Artificial Intelligence's Fair Use Crisis, 41

Colum. J. L. & Arts 45, 46(2017).

[15] Black's Law Dictionary(8th ed. 2004), p. 12.

[16] Bleistein v. Donaldson Lithographing Co., 188 U. S. 239, 23 S. Ct. 298, 47 L. Ed. 460(1903).

[17] Burrows – Giles Lithographic Co. v. Sarony.

[18] Case C – 604/10 Football Dataco, at 39 and case law cited therein.

[19] Cf Burrow – Giles Lithographic Co. v. Sarony, 111 U. S. 53(1884).

[20] Copyright Law Revision, H. R. Rep. No. 94 – 1176, 94th Cong., 2d Sess., 51 – 58(1976).

[21] Edward B. Marks Music Corp. v. Jerry Vogel Music Co. 140F. 2d at 267.

[22] Encyclopaedia Britannica Educ. Corp. v. Crooks, 558 F. Supp. 1247(W. D. N. Y. 1983).

[23] Express Newspapers Plc v. Liverpool Daily Post & Echo Plc[1985] 3 All E. R. 680.

[24] Feist Publications, Inc. v. Rural Tel. Serv. Co., 499 U. S. 340, 351 – 352, 111 S. Ct. 1282, 113 L. Ed. 2d 358(1991).

[25] FireSabre Consulting LLC v. Sheehy, No. 11 – CV – 4719 CS, 2013 WL 5420977(S. D. N. Y. Sept. 26, 2013).

[26] Gyles v. Wilcox. 26 Eng. Rep. 489(Ch. 1740).

[27] H. R. Rep. No. 1476, 94th Cong., 2d Sess. 46, 52(1976), reprinted in 1976 U. S. C. C. A. N. 5659, 5665(hereinafter House Report).

[28] IceTV Pty Ltd. v. Nine Network Australia Pty Ltd(2009) 239 CLR 458.

[29] Int'l News Serv. v. Associated Press, 248 U. S. 215, 39 S. Ct. 68, 63 L. Ed. 211(1918).

[30] Lotus Dev. Corp. v. Paperback Software Int'l, 740 F. Supp. 37, 53(D. Mass. 1990).

[31] Manufacturers Technologies, Inc. v. CAMS, Inc., 706 F. Supp. 984,

993(D. Conn. 1989).

[32] Mazer v. Stein, 347 U. S. 201, 206(1954).

[33] Roth Greeting Cards v. United Card Co., 429 F. 2d 1106(9th Cir. 1970).

[34] Shyamakrishna Balganesh, Causing Copyright, 117 COLUM. L. REV. 1, 62(2017).

[35] Sony Corp. of Am. v. Universal City Studios, Inc., 464 U. S. 417, 429 (1984).

[36] Stern elecs, Inc. v Kaufman, 669 F. 2d 852, 855 n. 4(2d Cir. 1982).

[37] U. S. Congress. Intellectual Property Rights in an Age of Electronics and Information[R]. America Office of Technology Assessmen, 1986.

[38] U. S. Copyright Office, Compendium of U. S. Copyright Office Practices § 313. 2(3rd ed. 2014).

[39] U. S. Copyright Office. Compedium of U. S. Copyright Office Practices (3rd edition, 2014). Section 306.

[40] UAB"Planner 5D" v. Facebook, Inc. et al, No. 3:2019 cv 03132 - Document 112.

[41] Williams Electronics, Inc. v. Arctic Intern, Inc., 685 F. 2d 870, 875 (3d Cir. 1982).